시인의 삶으로
역사를 읽다

시인의 삶으로
역사를 읽다

김정남 지음

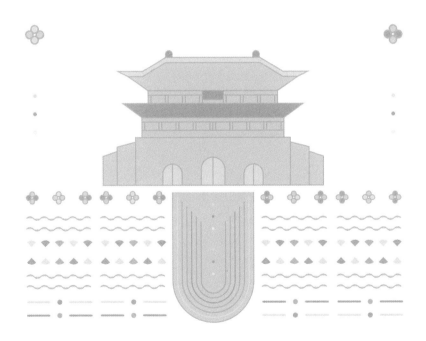

한권의책

시인들, 할 말이 있다

허균은 이이첨에게 속아 처형이 확정되자 광해군을 향해 "하고 싶은 말이 있다!"라고 외쳤고, 함석헌도 이승만 정권 때 〈할 말이 있다〉라는 글을 썼습니다. 이 책의 시인들은 모두 당대의 사회를 향해 말하고 싶은 것을 시로 썼습니다. 그들의 외침은 시대를 초월하여 오늘날 우리에게 하는 말이기도 합니다.

시(詩)에는 시인의 감정이나 느낌, 의지가 담겨 있습니다. 이 책의 글들은 시인의 시와 삶을 통해 당대인의 시대 고민이 무엇이었는지 추론해본 것입니다. 이 책에 등장하는 시인은 정도전·허균·정약용·전봉준·한용운·이육사·신석정·김수영·함석헌 등 9명입니다. 이 글들의 밑바탕에 흐르는 공통된 주제 의식은 '민(民)'입니다. 정도전·허균·정약용 시기에 민은 객체로 인식되었으나, 전봉준 시기에 민은 능동적으로 인식하게 되었고, 그 토대 위에 한용운 시기에 와서 민은 주체로 이해되었습니다. 이육사·김수영·

함석헌 시기에 민은 역사의 주인으로 자리 잡았습니다. 민에 대한 이들의 고민은 주인으로서의 민의 각성이었습니다. 민의 각성에 대해 이육사는 '초인'으로서의 의식을 노래하였고, 김수영은 4·19혁명을 경험하면서 "하여간 세상은 바뀌었다. 무엇이 바뀌었느냐 하면, 나라와 역사를 움직여가는 힘이 정부에 있지 않고 민중에게 있다는 자각이 강해져가고 있"다고 썼습니다. 역사의 주체로 민중을 경험한 것입니다. 함석헌은 "씨올 그 자체는 영원히 불멸"이라고 전제하고 "민중이 스스로 자기 생명이 불멸체임을 인식하게 되면", 비로소 "비폭력·평화주의 정신이 깨어날 수 있을 것"이라고 말했습니다. 민에 대한 이들의 생각을 바꿔 말하면, 민이 깨어나지 못하면 속된 말로 '개·돼지' 같은 삶의 세상에서 살아야 한다는 말입니다.

'시 〈자조〉에 드러난, 민을 위한 정도전의 혁명과 삶'에서 주제 시는 〈자조(自嘲)〉입니다. 이 시에는 정도전의 혁명가로서의 고민과 삶이 고스란히 담겨 있다고 보입니다.

'허균, 신분보다 능력이 중심인 세상을 그리다'의 주제 시는 〈명연(鳴淵)〉입니다. '울음소리 들리는 연못'이라는 뜻으로 허균의 시 중에서는 많이 알려지지 않았습니다. 하지만 그의 시 중에서 허균 혁명의 뜻을 담은 시를 고르라면 이 시가 될 것 같습니다. 이 글에서는 2번에 걸친 허균의 혁명이 무엇인지에 대해 추론하고 있습니다.

'정약용, 이게 나라냐'에서는 〈고양이(狸奴行)〉라는 시에 주목했습니다. 이 시를 통해 정조와 정약용 등이 중심이 된 개혁과 개혁의 실패가 민의 생활에 어떠한 결과를 미쳤는지에 대해 말하고 싶었습니다.

　'〈절명시〉 속, 나라를 위한 전봉준의 붉은 마음'은 〈전봉준 공초〉를 토대로 전봉준 등 농민들이 '민이 하늘인 세상'을 열기 위한 혁명의 과정을 다시 더듬어보고자 했습니다.

　'한용운, '님의 침묵'에 사랑의 노래로 화답하다'에서는 "날카로운 첫 키스의 추억"이 한용운에게 어떤 의미인지를 염두에 두면서 독립운동에 대한 글들을 담았습니다.

　'이육사, 시에 독립투쟁을 담다'의 주제 시는 많이 알려진 〈광야〉입니다. 시 중 "내 여기 가난한 노래의 씨를 뿌려라"와 "백마 타고 오는 초인"이라는 문구는 신채호의 〈조선혁명선언〉의 한 구절과 오버랩되어 이를 바탕으로 이육사의 시를 분석해봤습니다. 그의 시를 탐구할수록 이육사는 김원봉의 독립투쟁 노선을 시에 충실하게 담아냈다는 느낌이 들었습니다.

　'신석정의 꽃덤불 세상'은 주제 시가 〈꽃덤불〉입니다. 국어교사의 추천을 받고 처음 대하면서 할 말이 떠올랐습니다. 특히 "그러는 동안에 몸(맘)을 팔아버린 벗도 있다"는 구절에서는 친일파를 다루고 싶었고, "오는 봄엔 분수처럼 쏟아지는 태양을 안고 / 그 어느 언덕 꽃덤불에 아늑히 안겨보리라"에서는 해방 전후 건국 준비

활동에 대해 말하고자 했습니다.

'김수영, 민초들의 자유와 사랑을 읊다'의 주제 시는 김수영의 대표작 〈풀〉입니다. 풀의 수동성과 능동성을 통해 민초들이 역사에서 어떠한 역할을 하는지에 대해 서술했습니다. 이 글에서는 이승만의 독재와 4·19혁명, 박정희의 5·16군사쿠데타에 대해 다루었습니다.

마지막 편 '함석헌이 가진 사람들'에서 주제 시는 〈그 사람을 그대는 가졌는가〉입니다. 몇 년 전, 학생들을 인솔하고 함석헌 기념관에 방문했을 때 나에게 너무나 깊은 울림을 주었던 시였습니다. 이 시의 내용을 어떻게 역사의 맥락 속에서 풀어낼 것인지, 꽤나 고민을 많이 했습니다. 총 6연으로 구성되어 있는 시의 구절을 떠올리며, 함석헌이 가진 친구들로 '맘 놓고 갈 만한 사람, 김교신'(독립운동), '저 맘이야 하고 믿어지는 사람, 장준하'(5·16쿠데타, 한·일회담과 3선개헌 반대 투쟁, 반유신 투쟁), '다 죽여도 너희 세상 빛 위해 저만은 살려두거라 일러줄 그 사람, 문익환'(3·1민주구국선언, 반유신 투쟁), '너만은 제발 살아다오 할 사람, 김대중'(5월 광주), '저 하나 있으니 하며 빙긋이 웃고 눈을 감을 그 사람, 김수환'(6월 민주항쟁), '알뜰한 유혹을 물리치게 되는 그 사람, 씨올' 등으로 구상하여 글을 썼습니다.

3년 전, 2학년 학생들을 대상으로 '역사, 시를 비평하다'라는 주제로 방과후수업을 한 적이 있었습니다. 통섭 교육의 일환으로 편성된 교육 활동이었고, 각 차시별로 급하게 수업을 구상하고 내용을 연구하여 수업을 진행했습니다. 시와 역사의 만남이 기계적이지 않을까 생각했는데, 학생들은 재미있다고 평했습니다. 졸업식 날 복도에서 마주친 한 학생은 그때의 수업 얘기를 하면서 인사를 건넸습니다. 마음 한편에서는 부족한 연구와 수업으로 미안하기도 했습니다. 그 미안함이 3년간의 연구 활동으로 이어졌습니다. 이 책은 그 학생들에게 좀 더 나은 강의가 되었으면 하는 생각에서 썼다고 할 수 있습니다. 교사에게 연구할 수 있는 동기를 준 학생들에게 고맙다는 말을 전하고 싶습니다. 관련 없는 것들을 연결 고리를 찾아 이어 만드는 능력이 창의성 중 하나인데, 필자의 능력이 거기에 닿지 못한 것 같습니다. 또한 시에 대한 분석이 학계의 견해와 다를 수도 있습니다. 그런데도 초고들을 꼼꼼히 읽고 코멘트해준 한권의책 김남중 대표의 고민이 있었기에 끝맺을 수 있었습니다. 다시 한번 감사의 마음을 표합니다.

2020년 2월
김정남

차례

정도전 시비(단양 도담삼봉)

시 〈자조〉에 드러난, 민을 위한
정도전의 혁명과 삶

해동 육룡이 나르샤, 일마다 천복이시니

고성이 동부하시니

－〈용비어천가〉, 1장

이 시는 고등학교 1학년 국어 교과서에 실려 있는 〈용비어천가〉의 맨 앞부분으로, 〈용비어천가〉는 조선 왕조를 세운 선조 6인을 칭송하는 내용이다. 그중에는 조선 1대 임금인 태조 이성계와 3대 임금인 태종 이방원이 들어 있다.

그러나 고려 말기에 이성계와 이방원 못지않게 역사의 중심에서 역사를 만들어나간 사람이 있다. 삼봉(三峰) 정도전이다. 그는 극심한 양극화로 곪아 썩은 고려 사회를 갈아엎기 위해 이성계를 택했다. 이성계의 입장에서는 정도전의 선택을 받았기 때문에 선조들과 함께 〈용비어천가〉에 이름을 올릴 수 있었던 셈이다. 정도전은 고려 말기의 여러 인물 중에 왜 이성계를 선택했을까? 그리고 어떤 사회를 꿈꾸었을까?

정도전의 시 〈자조〉에 담긴 뜻

고려 말, 동북아의 국제 정세는 급박하게 움직이고 있었다. 한족의 명나라가 중국 남쪽에서 북쪽의 원나라로 뻗어나가고, 원나라는 마지막 힘을 모아 버티고 있었다. 국내에서도 공민왕이 반원 자주 정책을 펴면서, 명과 손을 잡고 원나라 기황후의 오라버니인 기철을 비롯한 권문세족과 어려운 싸움을 벌이고 있었다. 더군다나 북쪽에서는 홍건적, 남쪽에서는 왜구마저 기승을 부리는 최악의 조건이었다.

이런 상황에서 공민왕은 고려를 바로 세우려 최영·이성계 등 신흥 무인 세력과 이색·정몽주 등의 신진사대부에 의지해 힘겨운 사투를 전개하고 있었다. 그러나 공민왕이 승하하면서 고려 조정은 걷잡을 수 없는 상황으로 빠져들었다. 최영과 이색을 중심으로 한 대다수의 신진사대부는 고려 왕조의 틀 내에서 개혁하길 원했고, 이성계와 정도전 등 소수의 신진사대부만이 완전한 개혁을 위해 새로운 왕조를 건설하길 바랐다.

새 왕조 건설 프로젝트의 한가운데에 정도전이 있었다. 정도전은 이성계의 '배후'였고, 위화도 회군, 사전혁파 등의 커다란 사건에 관여했다. 그 과정에서 신진사대부 내에서 스승과 제자, 선배와 후배끼리 생과 사가 갈렸다. 정도전이 쓴 시 한 편으로 그 상황을 살펴보자.

> 양심 보존과 내면 성찰에 온 힘을 다하여
> 성현이 책 속에 남긴 뜻을 저버리지 않고
> 삼십 년 동안 부지런히 학문을 했건만
> 송정(松亭)에서 한 번 취해 허사가 되었네
>
> — 정도전, 〈자조(自嘲)〉

고려를 무너뜨리고 조선을 세운 것은 역사에 기술되어 있듯이 태조 이성계다. 하지만 조선은 사실상 정도전의 작품이다. 조선의 사상과 정치·경제의 제도적 틀을 만든 사람이 바로 정도전이기 때문이다. 정도전이 없었다면, 조선도 없었을 것이다. 러시아혁명에 빗대자면, 정도전은 이론과 실천 면에서 마르크스와 레닌을 합친 듯한 인물이다. 그는 성리학의 이상을 실제로 펼쳐볼 수 있는 혁명을 꿈꾸었다. 허균이 "대왕(이성계)은 황옥(임금의 수레)에 오르려고 마음을 두지 않았지만, 정도전이 추대의 계책을 먼저 내었다"라고 말한 것처럼, 역성혁명은 정도전에게서 시작되었다.

〈자조〉는 정도전의 절명시(絶命詩), 즉 목숨을 내놓고 쓴 시에 가깝다. 하지만 이 시는 젊은 시절인 1383년(우왕 9년) 가을, 동북면의 이성계 막사에 가기 전에 지었다고 한다. 마지막 구절의 '송정'을 정도전이 죽음을 맞이한 송현정이라 해석하면서 절명시로 알려진 것이다[1]. 정도전이 자신의 운명을 예견한 듯, 이 시에는 그의 인생역정이 잘 표현되어 있다. 왜 그는 스스로(自)를 비웃었을까(嘲).

친명이냐, 친원이냐

정도전은 신분적인 핸디캡이 있었던 것으로 보인다. 그의 부계는 호장(戶長)을 지냈다. 호장은 조선 시대의 아전에 해당하며, 중류층이다. 아버지 정운경은 과거에 급제해 중앙과 지방에서 관직을 지냈다. 어머니는 첩의 딸로, 서녀였다. 더군다나 정도전의 외할머니는 승려와 노비 사이에서 태어났다고 한다. 한마디로 말해 정도전은 가문의 배경을 기대할 수 없었다.

정도전은 어린 시절에 고향인 봉화와 안동의 향교에서 유학을 익혔을 것이다. 정운경이 그랬기 때문이다. 아들의 재주가 남다르다고 여긴 정운경은 정도전의 나이 15세(공민왕 6년)쯤 개경에 있던 대학자 이색에게 성리학을 익힐 수 있도록 다리를 놓았다. 이색의 문하생이었던 정몽주·이숭인·권근 등 훗날 고려 말, 조선 초 개혁의 주류들이 새로운 정치사상인 성리학을 익히고 있었다.

이곳에서 정도전은 정몽주와 더불어 단연 두각을 나타내었다.

이색은 제자 정도전에 대해 "삼봉(정도전)은 뜻을 세운 것이 대단히 높아, 그가 연구해 밝히는 것은 포은(정몽주)과 같고 저술하는 것은 도은(이숭인)과 같았으니, 은미한 말을 분석하고 옛 시에 화답하는 데는 한때의 거벽들이 모두 팔짱만 끼고 앉아서 감히 겨루지 못했다"고 평한 적이 있다.[2]

 썩어 문드러진 고려 사회에서 정도전에 대해 스승이 기대한 바가 매우 컸다는 사실이 잘 드러난다. 당시 이색의 제자 중에 5살 연상인 정몽주가 정도전을 아꼈는데, 정도전이 부모상을 당해 영주에서 삼년상을 치르고 있을 때 정몽주가《맹자》를 보내주었다. 정도전은 그 책을 정독하며 그 의미를 마음속 깊이 새겼다. 어쩌면 이 순간이 역사의 큰 흐름을 바꾼 시작이었는지도 모른다.

 1370년(공민왕 19년), 28세의 정도전은 성균박사(정7품)에 임명되어 이색 · 정몽주 등과 함께 성균관에서 성리학을 강의했다. 이듬해에는 예의정랑 · 성균태상박사 등을 겸직하며 권문세족과 대립했다. 당시 정도전 등 신진사대부는 명나라 중심의 외교를 폈고 중소 지주로서 성리학의 가치를 익혀 공민왕의 반원 자주 정책에 찬성했기 때문에, 친원적 · 친불교적이며 대농장을 소유한 권문세족과 함께할 수 없었다.

 반원 개혁 노선을 추구했던 고려의 개혁 군주 공민왕이 시해당한 후, 이인임 등 수구파가 정권을 장악했다. 그들은 친원에 가까웠는데, 권력의 기반이 원나라였기 때문이다. 친명의 입장이던 정도전 등 신진사대부는 수구파의 외교 정책에 강한 반감을 가졌다.

그러자 이인임 · 경복흥 등은 강경 반원파인 정도전에게 원나라 사신을 영접하라고 명령을 내렸다. 정도전이 반발할 줄 뻔히 알면서도 이 같은 명령을 내린 속셈은 따로 있었다. '정도전 항명 사건'을 조장하여 친명파를 제거하려던 것이다. 이에 정도전은 불가하다고 말하고, 원나라 사신의 목을 베거나 오랏줄에 묶어 명으로 보내겠다고 반발했다. 이 일로 정도전은 전라도 나주 거평부곡 소재 동으로 유배길에 올랐고, 약 10년간 정치에서 밀려났다. 정몽주나 이숭인 등도 함께 유배당했는데, 그들은 2년 만에 정계로 복귀했다. 이것만 봐도 수구파들이 정도전 죽이기에 얼마나 열을 올렸는지 알 수 있다.

백성의 마음이 곧 정도전의 마음이다

정도전이 유배지에서 가난한 농민들과 더불어 지낸 경험은 이후에 친농민적 토지 개혁안을 제시한 배경이 되었다.[3] 가난한 사람들과 함께 살았다고 해서, 모두 그런 사회를 꿈꾸지는 않는다. 그렇기에 정도전이 사상가이자 혁명가로 불리는 것이다.

정도전의 유배지 거평부곡(지금의 나주시)은 최하층민들이 살던 곳이다. 고려 시대 향 · 부곡 · 소의 백성은 일반 농민보다 못한 취급을 받았다. 무거운 세금이 그들의 생활을 짓눌렀다. 그런데 그런

하층민들이 죄인이었던 정도전을 따뜻하게 대해주었다. 그곳에서 그는 농민이나 승려와 술을 마시며 세상 이야기를 들었다. 그들은 지식과 신분을 떠나 술로 맺어진 정도전의 친구였다.

부곡 백성들과의 교류는 정도전의 시각을 혁명적으로 바꿔놓았다. 성리학의 이론가이자 중소 지주의 시각에서 벗어나, 부곡민, 수탈당하는 소작인, 토지를 빼앗기는 가난한 농민의 시각으로 세상을 바라보게 된 것이다.[4] 정치란 궁극적으로 백성들의 삶이며 그들을 위한 것임이 가슴속에 신념으로 각인되었다. 이러한 의지는 공감 능력을 뛰어넘는 감각이다.

유배 초기 시절, 그는 신세를 한탄하고만 있지 않았다.

> 가을 그늘 막막하고 사방 산 비었는데
> 낙엽은 소리 없이 떨어져 온 땅이 붉구나
> 시내 다리에 말 세우고 돌아갈 길 묻노라니
> 자신이 그림 속에 있는 줄 깨닫지 못하네
>
> — 정도전, 〈김 거사를 찾아가다가(訪金居士野居)〉

가을의 풍경을 화폭에 담은 것 같다. 3구까지는 갈데없는 자신의 처지를 읊었지만, 4구에서 정도전 자신이 그림 속에 있다는 것을 깨우친다. 즉, 스스로에게 '희망'을 말하고 있는 것이다.

정도전은 맹자의 말 중 "민이 가장 귀하고, 사직이 그다음이며,

임금은 가볍다. 그래서 구민(丘民, 백성)을 얻는 자는 천자가 되고, 천자를 얻는 자는 제후가 되며, 제후를 얻는 자는 대부(大夫)가 된다"는 구절에 주목했다. 그래서 '구민을 얻는 자'를 기존의 썩어빠진 고려 조정에서 찾기를 포기하고, 새로운 조정에서 찾기로 마음먹었다.

정도전, 장량을 자처하다

마침내 1383년(우왕 9년) 가을, 정도전은 함흥의 함주 막사로 이성계를 찾아갔다. 이것이 이성계와의 첫 대면이었다. 이성계는 고려 정치에서 변방에 속했지만, 왜구와 홍건적을 격퇴하여 이름을 날리고 있었다. 이성계도 정몽주를 통해 정도전이라는 큰 그릇에 대해 익히 들었을 것이다. 이성계는 1361년(공민왕 10년)에 홍건적을 물리치고 나하추를 격퇴하여 북쪽 백성들에게 신망을 얻고 있었다. 또한 1380년(우왕 6년)에는 운봉전투에서 왜구를 격퇴하여 남쪽 백성들이 의지하는 대상이었다. 그는 고려 제일의 무장으로 떠올랐다. 운봉전투 때는 정몽주 역시 조전원수의 직책으로 이성계와 함께했다. 당시 그는 이성계의 무공을 칭송하며 시를 썼다.[5]

인품과 재덕이 뛰어남은 화봉의 매이고
지략이 깊고 웅대함은 남양의 용이라

묘당에서 나랏일 판단하고

유악에서 이길 계책 결정하네

큰 바다에서는 큰물의 흐름을 막고

서쪽의 바다에서는 해돋이를 도왔네

서적에서 예전 사람 찾아보니

공과 같은 사람 거의 드무네

　　– 정몽주, 〈송헌 이시중의 화상을 기리며(松軒李侍中畵像贊)〉

　정도전이 이성계를 찾아갔을 때, 한번은 동북면지휘사 이성계의 군세를 보고 "이런 군대라면 무슨 일인들 못하겠습니까!"라고 이성계에게 말한 적이 있었다. 이성계가 무슨 뜻이냐고 묻자, 왜적을 칠 수 있다는 뜻이라고 말을 돌렸다. 그러나 정도전과 이성계는 그 말의 의미를 마음으로 알고 있었다. 정도전은 이성계를 만남으로써 역성혁명의 첫발을 뗀 것이다. 이때가 정도전이 41세, 이성계가 48세였다. 이성계와 첫 만남 때 정도전은 군영 앞의 늙은 소나무에 시를 썼다.

한 그루 소나무가 오랜 세월 동안

첩첩 청산 속에서 자랐구나

언제 다시 볼 수 있을는지

세상일은 문득 지난 일 되고 마니

정도전이 이성계를 '한 그루 소나무'에 비유해 표현한 시다. 그와 함께할 혁명의 훗날을 미리 회상한 것이다. 정도전은 혁명의 성공을 두고 취중에 "한 고조 유방이 장량을 이용한 것이 아니라, 장량이 한 고조를 이용해 한나라를 세웠다"고 말했는데, 정도전이 장량의 역할이라는 자평이 빈말은 아니었을 것이다.

거평 부곡에서 정치 낭인으로서 보낸 10년간 정도전은 혁명에 대한 꿈을 키웠다. 그는 이 꿈을 현실화시키기 위해 이성계를 만나 희망을 보았다.

《맹자》, 정도전의 혁명 사상이 되다

> 국정을 돕고 시폐 바로잡음에 재주 이미 부족하니
> 어릴 때 익힌 것 나이 들어 어지러워짐을 스스로 한탄하네
> 삼봉의 은자 누구 닮을 수 있으리
> 처음에 세운 뜻 평생 변하지 않네
> ─정몽주, 〈경지의 시에 차운하여 삼봉에게(次敬之韻贈三峰)〉

정몽주는 권문세족과 원나라의 횡포에 대항할 인재로서 정도전의 의기를 높이 샀다. 이 시에서 정몽주는 자신을 낮추며 정도전의 의지를 띄우고 있다. 그가 정도전에게 《맹자》를 보내준 것은 고려

말기의 개혁 주체로 함께하자는 의도였을 것이다. 그러나 정도전에게 《맹자》는 민이 고통받는 현실을 완전히 갈아엎는 혁명 사상이 되었다. 권근이 정도전을 가리켜 "맹자를 계승한 분"이라고 평가[6]할 정도로, 맹자의 정치철학은 정도전에게 혁명 이념으로 가슴에 새겨진 것이다.

정도전은 왜 《맹자》에 몰입했을까? 힘의 정치와 무한 경쟁이 이루어지던 중국 전국시대에는 왕이나 제후가 사욕을 채우기 위해 일반 백성을 전쟁의 나락에 떨어뜨렸다. 그때 맹자는 '어진 임금의 어진 정치'를 주장했다. 서로 이해하고 아끼는 정치가 확립되어야 백성의 편안한 삶이 보장될 수 있다고 여긴 것이다.

하지만 충의 가치를 목숨보다 소중히 여기는 유교 윤리로 봤을 때, 과연 정도전은 역성혁명에 대해 어떻게 생각했을까? 이성계를 전면에 내세운 위화도 회군은 표면적으로는 군사 쿠데타였다. 조선 왕조 개창도 쿠데타의 연장선상에서 이루어진 것이다. 《맹자》에 나오는 다음 글을 보자.

> 인을 해치는 자를 적(賊)이라 하고, 의를 해치는 자를 잔(殘)이라 합니다. 이렇게 잔적을 일삼는 사람은 일개 지아비입니다. 일개 지아비인 주를 베었다는 말은 들었어도 임금을 죽였다는 말은 듣지 못했습니다.
>
> – 《맹자》

탕왕이 폭군 걸왕을 내쫓고 은 왕조를 세운 것이나, 무왕이 주왕을 몰아내고 주나라를 세운 것에 대해 제나라 선왕이 맹자에게 의견을 묻자, 맹자가 답한 말이다. 인과 의를 잃은 임금은 일반 사람이지, 임금이 아니라는 주장이다. 그렇다면 임금은 누구에 대해 인과 의를 실천해야 하는가?

> 걸과 주가 천하를 잃은 것은 그 백성을 잃었기 때문이고, 그 백성을 잃은 것은 백성들의 마음을 잃었기 때문이다. 천하를 얻는 데는 원칙이 있으니, 그 백성을 얻으면 곧 천하를 얻을 것이다. 그 백성을 얻는 데는 원칙이 있으니, 백성의 마음을 얻으면 곧 백성을 얻을 것이다. 백성의 마음을 얻는 데는 원칙이 있으니, 백성들이 원하는 것을 해주고 싫어하는 것을 하지 않는 것이다.
>
> ─《맹자》

임금의 정치는 백성의 마음을 얻는 데 있다. 백성이 바라는 것을 정책으로 행하고, 싫어하는 것을 집행해서는 안 된다는 말이다. 이렇듯 백성의 사정을 살펴 나라를 다스리는 것이 도덕 정치다. 정도전이 《맹자》를 읽고 또 읽으면서 그 의미를 내면화시킨 이유가 여기에 있다.

정도전이 새로운 왕조에서 펴고자 하는 도덕 정치는 어떠한 것이었을까?

> 대개 임금은 나라에 의존하며, 나라는 백성에 의존하는 것이
> 다. 백성이란 나라의 근본인 동시에 임금의 하늘이다. 그러므
> 로 《주례》에서 백성의 호구(戶口) 수를 왕에게 바칠 때에는 왕
> 이 절을 하면서 받았다고 하니, 이것은 자기의 하늘을 존중하
> 는 까닭이었다. 임금이 된 사람이 이러한 뜻을 안다면 백성을
> 사랑함이 지극해야 할 것이다.
>
> — 정도전,《조선경국전》

임금은 나라에 의존하고, 나라는 백성에 의존한다고 정도전은
밝혔다. 간략히 말하면 임금은 백성에 의존한다는 것이다. 백성은
임금의 하늘이라고까지 했다. 이것이 바로 '민본주의'다. 그리고
임금이 옳은 정치를 펴기 위해서는 백성들을 향해 항상 귀를 열어
놓아야 한다. 왜 임금은 백성의 생활을 살피는 정치를 해야만 하는
가?

> 백성의 어른 된 사람은 법을 집행하여 백성을 다스려서 다투
> 는 자와 싸우는 자를 평화롭게 해주어야 민생이 편안해지는
> 것이다. 그러나 백성을 다스리는 일은 농사를 지으면서 병행
> 할 수는 없다. 그래서 백성은 10분의 1을 세(稅)로 바쳐서 백성

의 어른(통치자)을 부양하는 것이다.

– 정도전, 《조선경국전》

백성이 직접 정치를 할 수 없기 때문에 세금을 내어 정치가들을 기른다는 말이다. 그리고 정치가들은 법으로 사회질서를 확립해 민생을 편안하게 해야 한다. 이렇듯 민본주의 이념의 실현이 그가 생각하는 정치였다. 민본 사상의 실현은 인정(仁政), 즉 왕도 정치를 통해 나타난다. 분명한 점은, 인정이 아니라 애민(愛民)이 정치의 궁극적 목적이라는 것이다. 다시 말해 애민을 달성하기 위해 인정을 하는 것이다. 정도전 정치사상의 요체는 바로 애민에 있었고, 이 땅의 백성 모두가 사람다운 삶을 살도록 하기 위해 역성혁명을 일으킨 것이다.

이성계, 고려 무인으로 명망을 키우다

이성계는 본래 고려에 혈연 의식이 약했던 인물이다. 당시에 그의 고향인 함흥은 원나라 땅이었기에, 원나라 땅에서 나고 자란 셈이었다. 아버지 이자춘은 공민왕이 쌍성총관부를 회복할 때 고려 편에 서서 큰 공을 세웠다. 1356년(공민왕 5년)에 이성계는 만 21세의 나이로 처음 고려 조정에서 공민왕을 알현했고, 이때 비로소 고려인이 되었다.[7]

그때부터 이성계는 북으로 홍건적의 침입을 격퇴하고, 남으로 왜구를 무찔렀다. 그러면서 그는 고려군이 형편없다는 사실을 알았다. 권문세족들이 나라의 토지를 모두 소유했으니, 군인에게 줄 토지도 없었다. 그러니 직업군인제가 무너진 것은 당연했다. 그러나 이성계에게는 전장에서 목숨을 내걸고 싸우는 사병이 있었다. 그의 사병은 여진족, 몽골족의 연합 부대였다.[8] 이자춘이 쌍성총관부를 회복할 때에도 이들이 전면에 나서서 전투마다 승리로 이끌었다.

성인이 돼서 고려인이 된 이성계는 많은 전투를 통해 고려 왕조가 쇠약해진 모습을 눈으로 직접 확인했다. 더군다나 국제적으로는 신생 왕조인 명나라가 원나라를 북으로 밀어붙이던 상황이었다. 동아시아가 전반적으로 혼란스러운 시기였다.

공민왕이 시해당한 후, 이인임은 재상인 경복흥에 이어 서열 2위였지만 10살에 불과한 우(禑)를 적극적으로 밀어 왕위에 앉혔다. 권력의 실세이자 사실상 최고 권력자가 된 것이다. 그런데 우왕이 즉위한 직후, 명나라 사신 일행이 압록강 건너에서 살해되는 사건이 일어났다. 이 사건으로 명나라와의 관계가 악화되었고, 고려 조정은 원나라와 급격히 가까워졌다. 이인임은 우왕의 즉위를 허락해줄 것을 원나라에 요청했고, 신진사대부는 반발했다.

결국 최영이 우왕의 명을 받들어 이성계 등 신흥 무인 세력과 이색 · 정몽주 등 신진사대부의 힘을 모아 이인임 · 염흥방 · 임견미

일당을 제거했다. 이 시기에 정도전은 정몽주의 서장관으로 명나라에 다녀왔고, 이성계의 천거로 성균대사성(정3품)에 올랐다.

위화도 회군 vs 창왕 옹립, 권력의 향배는?

명나라는 계속해서 고려에 많은 공물을 요구했다. 원나라와의 전쟁 비용을 고려에서 마련하려 한 것이다. 최영은 명나라의 횡포를 보며 군사를 일으켜 명나라를 치려는 생각도 품고 있었다. 그는 기본적으로 권문세족에 속했지만, 고려의 국익을 우선했다.

그러던 중에 이인임 정권이 붕괴되자, 명나라가 철령위 설치를 통보했다. 공민왕이 무력으로 회복한 쌍성총관부 지역(철령위)이 원나라의 땅이었으므로 명이 차지하겠다는 말이었다. 이에 우왕과 최영은 요동이 본디 우리 영토였으니 고려가 차지하겠다고 주장했고, 이를 실천에 옮겼다. 그러나 요동 정벌에 대해 이성계가 4불가론[9]을 내세우며 반대했다. 결국, 우왕과 최영의 결정에 따라 이성계는 우군도통사가 되어 좌군도통사 조민수와 함께 3만 8,830명을 거느리고 출정했다. 팔도도통사 최영은 우왕의 부탁으로 출정하지 않고 서경(평양)에서 현지의 보고를 받으며 지휘했다.

사실 우왕과 최영은 이성계와 정도전 무리들의 야망에 대해 이미 알고 있었을 것이다. 이성계를 총사령관으로 삼아 전쟁에서 그를 제거하는 계책도 고려했을 것이다. 정벌에 실패하면 책임을 물을 수 있었고, 전사하면 자연히 새 왕조를 꿈꾸던 세력이 약화될 것이며, 요동을 차지하면 그만큼 우왕과 최영의 권력이 확고해지기 때문이다.

그러나 그들의 예측은 완전히 빗나갔다. 이성계는 명나라로 향하지 않고 조민수를 설득하여 위화도에서 군대를 돌렸다. 회군을 결정하는 데는 이성계를 중심으로 남은 · 조인옥을 비롯하여 정도전 등 혁명파 사대부들이 참여했다.[10]

우왕과 최영은 이성계를 잘못 알고 있었다. 이성계는 반원을 내걸고 고려인이 되었기 때문에 '친명'에 대해 선택의 여지가 없었다. 4불가론 중 하나인 '작은 나라로서 큰 나라를 거역해서는 안 된다'는 조항도 그런 생각에서 나온 것이다. 골수 친명파인 정몽주가 위화도 회군을 지지하는 입장이었던 것을 봐도 알 수 있다. 결국 우왕은 폐위되고, 최영은 참형을 당했다.

이제는 차기 왕위를 놓고 온건파 사대부와 혁명파 사대부가 대립했다. 이성계 등은 그들이 폐위시킨 왕의 아들을 새로운 임금으로 맞아들이지 않으려 했다. 그러나 온건 개혁파 사대부의 대부 격인 이색이 조민수를 끌어들여, 9살이 된 우왕의 아들인 창왕을 세웠다. 이색은 창왕을 옹립함으로써 온건 개혁파 사대부들이 권력을 장악하여 새 왕조를 개창하는 상황을 막아보려 했던 것이다.

혁명파 사대부가 토지개혁을 단행한 까닭은?

정국이 급격하게 요동치는 와중에, 혁명파 사대부인 조준이 토지개혁 카드를 꺼냈다. 조준은 "그 빚은 아내를 팔고 자식을 팔아도 갚을 수 없고, 부모가 굶주리고 떨어도 봉양할 수 없으니, 원통하게 부르짖는 소리가 위로 하늘까지 통합니다"《고려사절요》, 창왕 1년)[11]라고 하며 사전 혁파를 강력하게 주장했다. 혁명파 사대부들은 사전 혁파에 대한 상소문을 잇달아 올렸다. 정책의 방향을 구민(救民)으로 잡은 것이다.

고려 말기에는 권문세족의 권세가 대단해서, 최고 정무기관인 도평의사사를 통해 임금의 권한까지 막을 정도였다. 당시 가장 중요한 재산은 토지여서 권문세족은 농민의 토지를 강탈했고, 양인을 사노비로 삼았다.《고려사》에 따르면, 그들이 가진 토지의 크기는 "산천으로 경계를 삼는다"고 할 정도였다. 한강과 북한산 등을 경계로 서울 땅을 단 몇 명이 소유했다는 말이다. 농민이 작은 땅을 가지고 있어도, 이미 자기 소유가 아니다. 권문세족이 한번 눈짓만 해도 빼앗기는 형편이었다.

권문세족의 토지 욕심은 농민의 몰락에서 끝나는 것이 아니다. 그들은 세금도 내지 않았기 때문에 나라의 재정은 텅 비었다. 그래서 관리는 물론 국방을 지키는 군인에게도 지급할 토지가 없었던 것이다. 이렇듯 고려 말은 한 줌의 무리가 횡포를 부려, 백성도 없고 나라도 없는 모양새였다. 극단적인 양극화가 백성은 물론 나라의 먹까지 끊어놓을 지경이었다. 이러한 상황은 이색도 깨닫고 있었다.

> 백성이 하늘처럼 여기는 것은 오로지 밭에 있을 뿐이다. 몇 무(畝)밖에 안 되는 밭을 1년 내내 부지런히 갈아봤자 부모와 처자를 먹여 살릴 만큼도 안 되는데, 소작료를 걷는 자들은 이미 와 있다. 밭 주인이 한 사람이면 그나마 다행이다. 적은 곳은 3~4명이요, 많은 곳은 7~8명이다. 어찌해보려 해도 할 수 없으니, 누가 기꺼이 소작료를 갖다 바칠 것인가. 밭의 수확으로는 소작료도 다 낼 형편이 못 되는데, 어디에서 이자를 낼 것이며 무엇으로 부모를 봉양하고 처자를 먹여 살릴 것인가. 백성의 곤궁함이 이런 지경이다.
>
> – 《고려사》, 〈이색 열전〉[12]

1년간 농사를 지어봤자 가족의 입에 풀칠할 만큼도 되지 않는데, 소작료를 받는 자들이 많게는 7~8명이니, 백성들의 삶은 절망에 가까웠다. 결국 극심한 양극화 문제, 즉 토지문제를 해결하지 못하면 고려 왕조는 끝날 수밖에 없는 운명이었다.

그런데 이색과 함께 움직이던 조민수가 사전 혁파에 반대하다가 오히려 그가 제거됐다. 이어서 최영의 잔당들이 이성계를 암살하려는 사건이 발생했다. 이성계와 정도전 등은 이 사건을 계기로

'우'와 '창'은 공민왕의 아들이 아닌 신돈의 아들이라 주장하며 창왕마저 폐위시켰다. 혁명파 사대부는 새 임금으로 신종의 7대손 정창군을 공양왕으로 내세웠다.

하지만 공양왕 즉위를 계기로 정몽주는 이색 · 길재 · 권근과 갈라서고 이성계와 뜻을 같이하게 되었다. 정몽주는 이미 이성계와 정도전 무리들이 큰 흐름을 잡았다고 판단했던 것이다. 그리고 대세를 따르되, 고려 왕조를 존속시킬 방법을 모색했다.

정도전이 생각한 양극화 문제의 해법은?

정국의 주도권을 장악한 정도전은 토지문제를 어떻게 해결하려 했을까? 토지는 혁명파 사대부가 백성의 마음을 얻는 데 가장 중요한 문제였다. 백성의 마음을 '천명'이라고 했으니, 천명을 얻어야 새 왕조 개창이 정당화될 수 있다.

> 경내의 토지를 모두 몰수하여 국가에 귀속시킨 다음에 민구(民口)를 헤아려서 토지를 나누어줌으로써 옛날의 올바른 토지제도를 부활시키려 하였다.
>
> – 정도전, 《조선경국전》

이는 권문세족이 소유하고 있는 사전을 혁파하자는 이성계의 말을 정도전이 상기시키는 토지개혁안이다. 물론 이성계가 아니라, 정도전의 생각이었다. 국경선 안에 있는 모든 토지를 나라의 소유로 하고, 백성들의 인구수를 헤아려 토지를 분배하자는 주장이다. 이를 '계민수전'이라 한다(백성[民]의 수를 헤아려[計] 토지[田]를 나눠준다[授]). 그야말로 기존의 지배층의 사회·경제적 기반을 허무는 친농민적이고 혁명적인 발상이었다. 농민에게 토지를 분배하자는 정도전의 주장은 맹자에게 공감했기 때문일 것이다. 맹자는 왕도 정치에서 가장 중요한 것이 백성의 경제적 안정이라 주장했다.

> 어진 정치는 반드시 토지의 경계를 바르게 하는 것에서 시작됩니다. 토지의 경계가 바르지 않으면 농토가 고르지 않으며, 관리에게 주는 녹봉도 고르지 않을 것입니다. 그렇기에 포악한 임금과 탐관오리들은 토지의 경계를 정하는 문제에 소홀합니다. 토지의 경계를 바르게 정하면 밭을 나누고 녹봉 정하는 일을 앉아서도 할 수 있습니다.
>
> – 《맹자》

그래서 정도전은 맹자가 말한 주나라 시대의 정전제가 극심한 토지 불균등 문제를 해결할 방법이라 여겼다.

옛날에는 토지를 국가에서 소유하여 이를 백성에게 주었다. 백성이 경작하는 토지는 모두 국가에서 받은 것이다. 천하의 백성으로서 토지를 받지 않은 사람이 없고, 경작하지 않는 사람이 없었다. 따라서 백성은 빈부나 강약의 차이가 그다지 심하지 않았으며, 토지의 소출(所出, 곡식의 수확량)이 공가(公家, 나라)에 들어갔기 때문에 나라도 역시 부유하였다.

– 정도전, 《조선경국전》

온건 개혁파의 대부였던 이색도 고려 말 권문세족의 토지 침탈과 농민의 궁핍한 생활에 분개했지만, 토지개혁에 대해 정도전만큼 과감하게 주장하지는 못했다. 대신, 7~8명에 이르는 토지 주인을 1~2명으로 줄이는 방법을 제시했다. 즉, 중소 지주의 시각에서 토지문제를 풀어보려 한 것이다.[13]

1390년(공양왕 2년) 9월, 혁명파 사대부는 나라의 것이든, 개인의 것이든 상관없이 모든 토지 문서를 개경 시내에 쌓아놓고 불살라버린다. 기존의 토지제도를 완전히 무효로 만든 것이다. 이는 이성계의 의지이기도 했다. 정도전은 《조선경국전》에서 "전하께서는 왕위에 오르기 전부터 의논을 받아들여, 사유재산을 모두 혁파하여 국가 재산으로 귀속시킬 것을 요청하였다"라고 밝히고 있다. 그리고 1391년 5월, 새로운 토지제도인 과전법을 공포했다.

그러나 과전법은 정도전의 토지개혁안을 온전히 담지는 못했다. 기득권층의 반발이 심했기 때문이다. 기득권층에는 권문세족도 있었지만, 개혁파 신진사대부도 있었다. 역사에서 개혁의 적은 외부와 내부에 동시에 존재한다. 토지개혁 논의에 참여한 관리 53인 중에 반대자가 34~35명이나 되었다.[14]

결국 토지개혁안은 자영농 육성이라는 원래의 관점에서 벗어나, 농민의 경작권을 인정하되 관리들의 수조권(收租權, 조세를 걷을 수 있는 권리)을 보장하는 선으로 크게 후퇴했다. 처음에 주장한 토지개혁안이 후퇴한 이유 중 하나는 이성계의 입장 때문이기도 했다. 이성계는 왕씨를 대신하는 이씨 왕조를 창건하는 데 처음 토지개혁안에 반대했던 신하들까지 포함하여 모든 신하의 추대를 받길 바랐던 것이다.[15]

정몽주의 반격과 재반격

조선 왕조를 개창하기 약 1년 전, 친이성계 입장을 취해왔던 정몽주가 이색·우현보 등과 재결합하며 반격해왔다. 그는 친명 정책이나 권문세족의 적폐 청산에는 함께했지만, 성리학을 익힌 사람으로서 새 왕조 개창에는 강하게 저항했다. 그러자 정도전은 새 왕조 개창의 마지막 걸림돌이라 여긴 이색과 우현보를 제거하기 위해 화력을 집중했다. 이에 정몽주도 이색의 편을 들면서, 상소의 칼날을 정도전에게 겨누었다. 이성계의 책사인 정도전만 제거하면 역성혁명을 막을 수 있다고 생각한 것이다.

정몽주는 대간(臺諫, 왕이나 신하들의 비리를 들어 탄핵할 수 있는 권한을 가진 벼슬아치)을 장악하고 있었고, 대간들은 매일같이 정도전이 대간을 비판했다며 극형을 주장하고 나섰다. 정몽주도 정도전 비판에 가세했다. 결국 정도전은 전라도 광주로 유배됐다. 조준도 같은 위기에 처했다. 이때 이성계가 사냥하다가 말에서 떨어져 드러눕는 일이 일어났다. 이성계의 군사력을 걱정할 필요가 없어지자, 정몽주의 사주를 받은 대간들은 연일 정도전과 조준의 목을 베어야 한다는 상소를 올렸다. 또 정몽주는 김구현과 이반을 보내 정도전 등을 살해하려고까지 했다. 이 기회에 이성계의 왼팔과 오른팔을 모두 자르려 한 것이다.

정도전의 목숨이 경각에 달린 상황에서, 혁명은 무위로 돌아갈 공산이 컸다. 이때 이방원이 나섰다. 그는 이성계를 급히 개경에 오게 했다. 공양왕이 정도전 등에 대한 사형집행 명령을 내리지 못하게 하려는 조치였다. 이어서 이방원은 중대한 결정을 내리게 된다. 정몽주는 반드시 제거되어야 할 인물이었으니, 그 일을 이성계의 허락 없이 자신이 해결하기로 마음먹은 것이다. 어느 날 이방원은 정몽주를 초대하여 술잔을 권하며 〈하여가(何如歌)〉를 읊었다.

이런들 어떠하며 저런들 어떠하리
만수산 드렁칡이 얽혀진들 어떠하리

우리도 이같이 얽혀서 백년까지 누리리라

  비록 정치적 입장은 달랐지만, 정몽주는 아버지 이성계에게 둘도 없는 벗이며 아버지가 끝까지 설득하고 싶어 하는 인물이라는 것은 이방원도 잘 알고 있었다. 의미는 없지만 정몽주를 한 번만이라도 더 붙잡고 싶었을 것이다. 이에 잘 알려진 것처럼 정몽주는 〈단심가(丹心歌)〉로 화답한다.

  이 몸이 죽고 죽어 일백 번 고쳐 죽어
  백골이 진토 되어 넋이라도 있고 없고
  임 향한 일편단심이야 가실 줄이 있으랴

  정몽주는 이방원이 자기를 살해하리라고는 전혀 생각하지 못했다. 그래서 자신은 고려조에 충성을 다할 것이니 회유하려 들지 말라고 단호하게 못 박았다. 정몽주는 병문안을 핑계로 이성계의 상태를 살피고 우원의 초상집에 들른 후 집으로 가는 도중, 선죽교에서 이방원의 심복인 조영규에게 살해당했다. 정몽주가 피살된 지 3개월 후인 1392년 7월, 이성계는 백관의 추대를 받아 조선 왕조를 개창했다.

정도전이 재상 중심의 정치를 펴려 했던 이유는?

정도전은 새 왕조 조선을 어떤 나라로 만들기를 원했을까? 일단 정치 체제에 대한 구상을 먼저 보자.

> 임금의 자질에는 어리석은 이도 있고 현명한 이도 있으며, 강력한 이도 있고 유약한 이도 있어서 한결같지 않다. 그러므로 재상은 임금의 장점을 살리고 단점을 고쳐야 하며, 옳은 일은 받들어 봉행하고, 옳지 않은 일은 바꾸도록 해야 한다. 그리하여 임금으로 하여금 지나치거나 부족함이 없이 가장 올바른 길로 인도해야 하는 것이다.
>
> — 정도전, 《조선경국전》

임금의 자질은 모자라기도 하고 현명하기도 하며, 강력하기도 하고 유약하기도 하다고 평가했다. 그럴 수밖에 없는 것이 임금은 혈통으로 계승되기 때문이다. 훌륭한 스승 밑에서 교육을 받는다고 해도 항상 세종과 같은 인물만 나오라는 법은 없다. 역사상 최악의 폭군으로 평가받는 연산군도 임금이었다. 그래서 정치에 있어 신하(재상)의 역할이 중요하다고 본 것이다. 재상은 능력으로 입증된 존재다. 당연히 과거 시험을 통해 관료가 되고, 경연(유교 경전을 토대로 임금과 신하들이 한자리에 모여 나라의 정책을 토론하는 제도) 시간에도 신하들을 대표하는 자였다. 정도전은 성리학의 이론에 능한 재상이 임금을 잘 보필해야 임금이 '가장 올바른 길'에 들 수 있다고 주장한다. 그러면 정치에서 임금의 역할은 무엇인가? 제갈공명처럼 강직하고 명석하며 정직한 사람을 가려 뽑아 재상에 임명하는 것이다. 그렇다면 재상은 어떻게 임금에게 가장 올바른 길에 들게 할 수 있을까?

> 대저 임금이 나라를 세움에, 그 방향을 변별하고 모든 위치를 바르게 해야 한다. …… 그리고 관료를 설치하고 그 직책을 효율적으로 분담시켜 민극(民極)을 확립해야 한다. 이에 천관총재를 세워 모든 관료를 그에게 속하게 하여 통솔케 하고, 나라의 다스림을 관장케 한다. 그리하여 임금을 보좌케 하고 나라를 균등하게 한다.
>
> — 정도전, 《조선경국전》

나라를 세운 임금은 방향을 살펴 궁궐, 종묘, 사직 등을 세워야 하며, 관직을 설치하고 그 역할을 효율적으로 분배함으로써 백성들의 삶이 질서 있게 이루어질 수 있도록 해야 한다. 이 글에서 주목할 점이 천관총재, 즉 재상의 역할이다. 재상은 모든 관료를 통솔하고 나라를 실제로 다스린다. 재상이 나라를 다스리는 일은 임금을 보좌하는 행위이며, 나라를 균등하게 하는 행위라고 한다. '균(均)'이란 조화를 뜻하며, 정치의 조화를 나타낸다. 다시 말해 정치의 주체가 재상이라는 뜻이다. 서양의 근대정치인 입헌군주제를 지향했음을 알 수 있다. 동양에서 이상 국가 중 하나로 평가받는 중국의 주나라 수준으로 문화를 끌어올리겠다는 것이 정도전이 새 왕조를 개창한 이상이고 목표였다.

정도전은 한양에 종묘와 사직을 건립하고 경복궁을 설계하여 완공했다. 성리학의 이상 정치를 실현하기 위해 의정부와 6조 등 관료 제도도 정비했다. 그 요체를 담은 정도전의 저서가 《조선경국전》으로, 성종 때 조선의 근본 통치 법전인 《경국대전》의 모체가 되었다.

정도전이 요동 정벌을 단행한 배경은?

또한 신생 왕조 조선을 굳건히 하는 데 무엇보다 중요한 것이 군사력과 영토 문제였다. 영토의 확대는 국력의 크기를 나타낸다. 당시 영토 문제는 정도전이 추진했던 '요동정벌론'에 드러난다. 명나라 주원장은 새로 탄생한 조선에 친절하지 않았다. 상국의 입장에서 트집을 잡아 조선을 길들여놓자는 속셈이었을 것이다. 그 공격은 정도전에게 집중되었다. 명나라도 정도전이 조선의 실세라는 것을 잘 알고 있었다. 그 트집의 절정이 '표전문 사건'이었다.

표전문은 조선이 명나라 황제 주원장에게 보낸 국서였는데, 그 글에 '경박하게 희롱하고 모멸하는 문구'가 있어 주원장을 능멸했다고 주장했다. 그 주모자로 정도전을 특정하여 그를 명나라로 압송하라고 요구했다. 조선은 표전문을 정탁이 작성하고 정총이 교정했으며, 정도전은 이 글과 무관하다는 해명서를 명에 보냈다. 명나라는 표전문과 관련하여 명에 억류되어 있던 정총·김약항·노인도를 멋대로 사형에 처하기도 했다. 이성계는 주원장의 무도한 처사에 분개했다.

　정도전 문제로 외교적 대립이 격화되다가, 결국 이성계와 정도전은 요동을 정벌하기로 뜻을 모았다. 그들은 완전한 친명파도 아니었다. 그들에게 '친명'은 왕조를 세우고 나라를 보존하는 방법이었다. 정도전은 요동 정벌을 위해 군사력을 강화시키는 정책을 추진했다. 그것은 왕권을 위협할 수 있는 사병 혁파와 연계되어 추진됐다. 대군들이나 공신들이 가지고 있는 사병을 혁파하여 국가의 정규군으로 편입하려 한 것이다. 그러기 위해 그는 병권을 장악했고,《진도(陣圖)》라는 군사 운용 책도 써서 모든 부대가 이를 익히게 했다. 진법 훈련을 게을리 한 부대장들을 처벌했고, 훈련에 참가하지 않은 이방원 등 대군들을 대신하여 그 부하 장수들에게 태형을 가했다. 사병 혁파 정책으로 정도전과 이방원 사이에는 보이지 않는 갈등이 더해갔다.

정도전 vs 이방원

정도전의 그림자가 너무 커 보여서였을까? 조선의 건국과 건국 후 개혁의 중심에 있던 정도전을 바라보는 이방원의 시선은 달갑지 않았다. 이미 세자 책봉 문제로 이방원은 정도전을 제거해야 할 인물로 여기고 있었던 것이다. 세자 책봉에 있어 공신 배극렴, 조준, 정도전 등이 나이와 공을 따져 세우자고 했으나, 이성계는 신덕왕후 강씨를 고려하고 있었다. 그는 이미 죽은 신의왕후 한씨의 아들 대신에 신덕왕후의 맏아들 방번을 세자로 점지해두었던 것이다. 배극렴과 조준은 방우나 방원을 강력하게 밀었지만, 이성계는 방번을 고집했다. 결국 타협책으로 신덕왕후의 둘째 아들 방석으로 합의를 보았다.[16] 정도전은 세자 책봉 문제에 대해 겉으로는 적극적으로 의견을 내지 않았던 것으로 보인다. 그러나 방석을 세자로 확정한 후에 쓴 《조선경국전》의 〈정국본〉에는 세자는 장자로 삼아야 하지만, 현자(賢者)를 세워 덕을 높이는 것도 왕위 계승의 방법이라고 밝히고 있다. 허균도 "그 공을 자부하고 임금에게 나이 어린 아들을 세자로 세우도록 권해 자기의 권세를 굳히고자 했다"라고 정도전을 평한 바 있다. 사실상 10살짜리 방석을 지지했기 때문이다. 정도전의 입장에서는 자기 생각이 너무 강했던 방원보다는, 정치 개혁을 실행해 나아가는 데는 방석이 한결 나았을 것이다. 그는 스승이 되어 세자 방석의 교육까지 맡았다. 그래서 정도전은 세자로 책봉된 방석에게 자신의 혁명 이념인 《맹자》를 가르

치기도 했다.[17]

그러다 결국 일이 벌어졌다. 요동 정벌을 위해 진법 훈련을 한창 실시하고 있을 때, 이성계가 병석에 누웠다. 이 기회를 이용해 이방원이 '왕자의 난'을 일으켰다. 이방원은 정도전이 대군들을 죽일 것이라고 말하며 선수를 쳤다. 1398년 8월 14일 밤, 처남 민무구 형제와 측근 이숙번이 사병을 이끌고 방번과 방석을 죽였다. 그때 정도전은 남은ㆍ이직과 송현에 있던 남은의 첩의 집에서 술을 마시고 있었다. 이방원의 군사들이 집을 포위하고 불을 질렀다. 곧 붙잡힌 정도전은 이방원 앞에서 57세의 나이로 숨을 거두었다. 그는 《조선경국전》에서 "전쟁이 바야흐로 일어나고 있으므로, 무사가 가장 먼저 관직에 임명되어야 할 것이다"라고 하며 요동 정벌 전쟁에 의욕적이었지만, 그의 죽음으로 요동 정벌은 중단되었다.

이방원이 정도전의 정책을 계승ㆍ발전시켰다?

왜 정도전은 이방원의 쿠데타에 대비하지 못했을까? 한마디로 말해서 방심했을 가능성이 크다. 그리고 그 틈을 이방원이 은밀하게 파고들었다. 당시 정도전의 온 신경은 요동 정벌 문제에 쏠려 있었다. 정도전의 사병 혁파는 단순히 '아버지' 이성계가 아니라 '조선의 임금' 이성계의 강력한 의지와 지지를 바탕으로 추진되고 있었다. 그러므로 아무리 이방원이라 해도 반대하지 못할 것이라

판단했던 것이다. 그러나 그는 이방원의 성격을 잘 알지 못했다. 이방원은 옳다고 판단하면 곧바로 실천에 옮기는 인물이었다. 이성계와의 관계가 나빠질 것을 알면서도 정몽주를 격살했던 이유도 옳다고 여겼기 때문이다. 그는 불안하기만 한 신생 왕조 조선이 강력한 왕권을 중심으로 국가 체제를 다잡아야 왕조가 지속될 것이라 확신했다. 신권(臣權)이 중심이 되는 정도전의 정치 구상으로는 왕조의 토대가 깊이 뿌리내리기 어렵다고 본 것이다.

이방원은 정몽주를 격살함으로써 새 왕조 계획이 좌초될 절체절명의 위기에서 구했다고 생각했다. 그렇기에 역성혁명에 이성계와 정도전에 못지않게 지분이 있다고 여겼을 것이다. 그러나 그는 공신 목록에 이름도 올리지 못했다. 이성계와 정도전에 의해 철저하게 소외되었다고 느꼈을 것이고, 이를 참고 견뎌낼 수 없었다.

이방원은 아버지 이성계보다 결단력이 강한 인물이었다. 태종으로 재위할 당시, 양녕대군에게 양위 파동을 일으켜 민무구 등 처남 4명을 처형했다. 또 측근 중의 측근인 이숙번을 서인으로 만들어 다시는 보지 않았다. 양녕이 임금의 자질이 없다고 판단하여 폐세자시켰으며, 충녕(세종)의 장인 심온이 권력을 농단할 가능성이 있자 그도 사형하고 가족들을 관노비로 삼았다.

하지만 그가 무자비한 것만은 아니었다. 공신들에게는 가차 없이 대했지만, 신문고를 설치하는 등 백성들의 목소리에 귀를 귀울였다. 또한 정도전이 백성으로 여기지도 않았던 노비들을 대상으로 노비종부법[18]을 시행하여 노비 수를 획기적으로 줄이려 했다. 고려조에 문과에 급제할 정도로, 그는 성리학의 이상 정치와 민본 정치가 무엇인지 잘 알고 있었다. 성군의 자질 또한 갖추고 있었던 것이다. 그는 정도전이 추진했던 사병 혁파를 이루어냈으며, 정도전의 정책들을 계승하여 제도를 정비했다.

　그는 정도전을 죽이긴 했지만, 정도전이 추구했던 정치적 지향을 왕권을 중심으로 한 제도로 정착시켰다. 그리고 이를 통해 다음 왕인 세종이 왕도 정치를 펼 수 있는 토대를 마련했다. 세종의 왕도정치는 정도전의 재상 중심의 정치와 태종의 왕권 중심의 정치라는 두 정치 이념을 바탕으로 가능했던 것이다.

　고려 말 조선 초의 격동기에 이방원은 악역을 도맡았다. 이는 어렵게 일구어낸 조선 왕조에서 왕권이 신권에 휘둘려 허수아비 왕이 될 가능성이 있다고 판단한 결과였을 것이다. 정도전과 이방원의 차이점은 한마디로, 정도전은 조선 왕조 개창과 더불어 긴장의 끈을 놓았으나, 이방원에게는 이씨에 의한 조선 왕조 개창이 현재 진행형이었다는 것이다.

　애민은 정도전의 혁명 이론의 처음이자 끝이었다. 정도전에게는 새 왕조를 세우는 것이 인생의 목표가 아니었다. 그가 익힌 민본 사상을 실현하기 위해 새 왕조가 필요했던 것이다. 그래서 역사는 그를 혁명가라고 평가한다.

1) 정도전/심경호,《삼봉집─조선을 설계하다》, 한국고전번역원, 2016.
2) 조유식,《정도전을 위한 변명》, 휴머니스트, 2014.
3) 한영우,《왕조의 설계자 정도전》, 지식산업사, 2004.
4) 이덕일,《정도전과 그의 시대》, 옥당, 2014.
5) 장성식,《도학의 단서를 열다 정몽주》, 성균관대학교출판부, 2009.
6) 한영우,《왕조의 설계자, 정도전》, 지식산업사, 2004.
7) 이덕일,《부자의 길, 이성계와 이방원》, 옥당, 2014.
8) 이덕일,《부자의 길, 이성계와 이방원》, 옥당, 2014.
9) 요동 정벌이 불가한 네 가지 이유 : 첫째, 작은 나라로서 큰 나라를 거역하는 일이므로. 둘째, 여름철에 군사를 일으키는 것이 불가하므로. 셋째, 요동을 공격하면 왜구에게 침입할 틈을 주게 되므로. 넷째, 장마철이라서 아교가 녹아 활이 눅고, 많은 군사들이 역병을 앓게 되므로.
10) 이덕일,《부자의 길, 이성계와 이방원》, 옥당, 2014.
11) 이덕일,《정도전과 그의 시대》, 옥당, 2014. 재인용.
12) 이덕일,《정도전과 그의 시대》, 옥당, 2014. 재인용
13) 이덕일,《정도전과 그의 시대》, 옥당, 2014.
14) 이덕일,《부자의 길, 이성계와 이방원》, 옥당, 2014.
15) 이덕일,《정도전과 그의 시대》, 옥당, 2014.
16) 한영우,《왕조의 설계자 정도전》, 지식산업사, 2004.
17) 한영우,《왕조의 설계자 정도전》, 지식산업사, 2004.
18) 신분제 사회 조선에서 모친보다는 부친의 신분이 높은 경우가 대부분이었다. 부친의 신분을 기준으로 하면 노비 수는 획기적으로 줄어든다. 그러나 황희를 비롯한 신하들 대부분은 노비종모법을 주장했다. 노비 또한 토지와 더불어 중요한 재산이었고 종모법을 통해 노비 재산을 늘리려 했던 것이다.

허균 시비(강릉 허난설헌공원)

허균, 신분보다 능력이 중심인
세상을 그리다

아비를 아비라 부르지 못하고

형을 형이라 부르지 못하니

최초의 국문소설인 《홍길동전》에 나오는 유명한 문구다. 물론 《홍길동전》의 원작자가 허균이 아닐 수 있다는 주장이 있고 지금 전해 내려오는 판본이 30여 종이나 되기에 어느 것이 진본인지 알 수 없다는 등 논란은 있지만, 강력한 신분제 사회였던 조선 사회에 던진 충격과 새로운 세상을 꿈꾸었던 당시의 민의가 투영된 작품이라는 가치는 변하지 않을 것이다.

《홍길동전》의 원작자 허균이 살았던 시대를 간략하게 살펴보자. 1545년, 훈구와 사림 사이에 피 튀기던 을사사화를 마지막으로, 훈구는 역사의 뒷문으로 퇴장했다. 이제 권력을 장악하기 위한 싸움이 새롭게 시작됐다. 그것이 선조 재임 시기에 발생한 붕당정치다. 처음에는 이조전랑직(삼사의 중하위직 인사권 담당 관직) 문제로 서인과 동인으로 갈렸다. 다시 동인은 정여립 모반 사건을 계기로 남인과 북인으로 갈라섰다. 남인은 유성룡 등 이황의 제자들이고, 북인은 조식과 서경덕의 학문을 따르는 선비들이었다. 서인, 남인, 북인의 정치적 대립 속에 1592년 조·일전쟁(임진왜란과 정유재란)이 발발했다. 당시 선조에게는 적자가 없었다. 만일의 사태에 대비하기 위해 선조는 서자인 광해군을 세자로 삼았다.

조·일전쟁 중 북인은 광해군을 도와 의병 활동을 적극적으로 지도했다. 그 결과, 북인이 새롭게 정권을 차지했다. 전쟁이 끝난 직후인 1602년, 51세인 선조는 19세인 인목왕후 김씨를 새 왕비로 맞이했다. 그리고 적자인 영창대군이 태어났다. 선조는 영창대군을 세자로 삼기를 원했고, 북인 중 일부에게 그런 뜻을 알렸다. 북인 중 영창대군을 지지하는 세력이 소북파를 형성했고, 광해군을 지지하는 사람들이 대북파가 되었다. 대북파의 중심인물이 정인홍·이이첨 등이었다.

그런데 1608년에 선조가 영창대군 문제를 해결하지 못하고 승하하면서, 광해군이 조선 제15대 임금으로 즉위했다. 그에게는 영창대군·인목대비·소북파 등이 부담이었고, 서인과 남인은 정권을 장악할 기회를 노렸다. 이 시기, 허균 집안은 동인 중에서도 북인에 속했고 허균은 붕당정치에 거리를 두고 있었다.

이런 배경을 바탕으로,《홍길동전》과 허균을 통해 당시 조선 사회의 모순과 그것을 타파하길 꿈꾸었던 허균의 새로운 세상을 만나보자.

신선 세계를 꿈꾸다

그늘진 웅덩이를 엿보니 까마득히 깊어
거뭇한 물안개가 물굽이를 둘러쌌네.
그 밑엔 천년 묵은 이무기가 있어
꿈틀꿈틀 깊은 곳에 똬리치고 사네.
때때로 흰 기운을 토해내면
흩어져 연기 아득할 뿐이지만,
언젠가는 천둥과 비를 일으키며
날아서 신선 세계로 올라가리라.

– 허균, 〈명연(鳴淵)〉

이 시는 허균이 관직에서 쫓겨난 후 금강산의 영원사를 지나 명연이라는 연못을 바라보며 지은 것이다. 명연은 '울음소리 들리는 연못'이라는 뜻이다. 깊은 연못을 바라보며, 천년 묵은 이무기가 때만 되면 용이 되어 하늘로 날고 싶은 한이 그곳에 서려 있다고 말한다. 자신도 지금은 관직에서 내쫓겨 이렇게 거닐지만, 언젠가는 이무기가 용이 되듯이 자신도 용이 되어 신선 세계로 날아오르 겠다고 다짐한다. 허균이 용이 되고픈 이유가 무엇이며, 그가 그리 는 신선 세계는 어떤 모습일까?

먼저 《홍길동전》에서 그가 꿈꾸던 세계를 찾아보자. 길동은 홍 판서가 용꿈을 꾸고 낳은 서자로, 8살 때 "총명이 과인하여 하나를 들으면 백을 통하니" 크게 사랑받았다. 그는 홍 판서에게 "대개 하 늘이 만물을 내시매 오직 사람이 귀하오나 소인에게 이르러는 귀 하옴이 없사오니 어찌 사람이라 하오리까"라고 하며 서얼 차별 제 도를 비판한다. 그러자 홍 판서는 "재상가 천비 소생이 비단 너뿐 이 아니거든, 네 어찌 방자함이 이 같으뇨"라고 하며 체제에 순응 하라는 논리로 야단친다.

나중에 의적 활동으로 나라에서 체포 명령이 떨어지자, 길동은 경상감사인 형을 찾아가 자수한다. 그때 길동은 형에게 "당초에 천 한 길동을 위하여 부친을 부친이라 하고 형을 형이라 하였던들, 어 찌 이에 이르리이꼬"라고 말한다. 이 말은 길동이 의적 활동을 한 동기를 보여준다. 신분의 제약 없이 능력에 따라 인재를 쓰지 못하 는 체제가 혁명의 동기라고 이야기한 것이다.

시대의 이단아이자 조선의 서자, 허균

당시의 시각으로 보자면 허균은 시대의 이단아였다. 핏줄로는 꿇릴 것 없는 명문가 집안이지만, 그의 언행은 서자 그 자체였다. 조선의 주류 정치나 문화를 거부한 시대의 서자였던 셈이다. 허균에 대한 기득권층의 평가는 부정적인 내용 일색이었다. "허균은 어릴 적에 도참의 책을 써서 세상을 불안하게 했다. 문장은 일세에 홀로 우뚝했지만, 경박스럽기 짝이 없었다."《하담록》[1] "전 목사 허균은 본디 경망스럽고 아첨을 잘하는 사람인데, 조그마한 재주가 있는 것을 무기로 삼아 일생 해온 일이라곤 그저 은밀히 자기 사욕을 채우는 일밖에 없었습니다."《광해군일기》[2] 이외에도 허균에 대한 비난은 다 비슷했다. 이러한 말로 미루어 보아 당시에 허균은 꽤 많은 양반 기득권층에게 시기의 대상이었던 것 같다.

신분에 상관없이 능력 있는 서얼이 능력을 펼 수 있어야 한다는 허균의 생각은 어디에서 싹텄을까? 첫째는 어릴 적 아버지의 영향이다. 아버지 허엽은 노비 출신의 화원 이흥효와 신분에 상관없이 친하게 지냈다. 나이 어린 허균은 사대부인 아버지가 노비 집안의 사람을 허물없이 대하자, 그 이유를 물었다. "그는 아름다운 선비다. 책 읽기를 좋아하고 옛 현인을 좋아하고 시를 좋아하며, 거문고와 바둑을 이해하고, 속이 탁 트여 세속에 얽매이지 않는다"[3]라고 말했다. 어린 허균은 아버지의 이 말을 가슴속에 간직했을 것이다. 사람을 사람으로 대해야 한다는 믿음, 이것이 허균 혁명의 처음이자 끝이다.

둘째는 스승 손곡 이달이었다. 어린 시절에 그에게 지대한 영향을 미친 스승이 손곡 이달이었다. 이달은 대제학을 지낸 이첨의 서손으로, 문장이 뛰어나 한리학관을 지냈다. 그러나 있으나 마나 한 관직이었다. 그는 서자에게 벼슬길이 막혀 있는 세태를 비판하며 술과 시, 방랑으로 세월을 보냈다. 특히 이달은 허균의 둘째 형인 허봉과 막역한 사이였는데, 당나라 시에 뛰어나 허균은 누이인 허난설헌과 함께 그에게서 시를 배웠다. 그러나 당나라 시를 배우고도 허균만의 시를 써서 조선 최고의 천재 시인으로 평가받았다. 이달은 최경창, 백광훈과 함께 삼당시인으로 이름이 높았다. 허균은《손곡산인전》에서 이달에 대해 "(사대부들이) 그의 시는 귀중하게 여기면서도 사람은 버리고 쓰질 않았다"라고 평했다. 명나라 때 뛰어난 문인으로 조선에 사절로 온 주지번은 이달의 시를 보고 "이 작품이야말로 이태백에 비해 뒤떨어지지 않는다"라고 칭찬했을 정도였으나, 서출이기 때문에 그의 재능은 인정받지 못했다.

셋째는 조광조·조헌·유성룡·성혼 등이 적서 차별을 철폐하자고 주장한 데 공감했기 때문일 것이다. 이이도 국방비를 마련하기 위해 '납미허통(納米許通, 쌀을 내면 문과 응시 자격을 주는 것)'을 건의했다. 서류 출신인 선조도 "해바라기는 해를 향하여 가지를 치지 않는다. 이처럼 인신의 충성심이 어찌 적자에게만 있을쏘냐"[4]라고 하며 적서 철폐에 대한 의지를 드러냈지만, 기득권 양반층의 반대로 그 뜻을 접어야 했다. 조·일전쟁 당시에 허균의 스승 유성룡은 의병의 전투력을 끌어올리기 위해 서얼과 천민에게도 관직의

문을 열어주자고 건의했다. 전쟁 와중에는 서얼과 천민이 등용되었으나, 전쟁이 끝나자 없던 일이 돼버렸다. 전쟁에 이용해먹고 버린 것이다. 이에 불만을 품고 허균의 동지들인 서양갑 등 7명의 서류들이 서얼에게 벼슬길을 열어줄 것을 요구하며 연명 상소를 올렸다. 상소가 무시되자, 그들은 무력봉기를 획책했다. 이에 대해서는 뒤에 자세히 다룰 것이다.

허균은 신분이나 나이와 상관없이 친구를 사귀었다. 허균의 절친 중 한 명이 노비 집안 출신의 화원 이정이었다. "가난하여 남에게 밥을 얻어먹고 지냈으나, 의가 아닌 것은 한 점도 얻지 않았고 마음에 들지 않으면 아무리 권력이 있고 지위가 높은 사람이라도 비루하게 여겨 버려서 자신마저 더럽히지 않으려는 듯했다"며, "나는 소탈하고 영리하되 행동거지를 단속하지 못하는 것이 서로 비슷하므로, 나이며 벼슬을 가리지 않고 누구보다도 깊이 서로 아껴왔다"[5]라고 언급했다. 그는 20살 정도 아래인 당대의 명필 한석봉하고도 스스럼없이 사귀었다. 그에게는 마음 맞는 친구가 중요했다. 사귐에 나이는 이유가 되지 못했다. 또한 기생 계생(매창)과는 시를 주고받으며 친구로서 정신적인 사랑을 나누기도 했다.

큰 세상의 눈으로 사회를 통찰하다

허균이 능력 중심주의를 주장한 것은 단순히 능력 있는 사람들의 처지를 동정했기 때문은 아니다. 〈유재론(遺才論)〉에서 "하늘이 사람을 낼 때 귀한 집 자식이라고 하여 재주를 넉넉하게 주고, 천한 집 자식이라고 하여 인색하게 주지는 않았다"고 하며 신분이 아닌 능력으로 사람을 써야 한다고 했다. 심지어 그는 "하늘이 낳아 준 것을 사람이 버리니, 이는 하늘을 거스르는 것이다"라고까지 주장했다. 사람의 재능을 천명의 관점에서 피력한 것이다.

이어서, "예로부터 지금까지 이 넓은 세상에서, 첩이 낳은 아들이라고 해서 어진 사람을 버리고, 어미가 다시 시집갔다고 해서 그 아들의 재주를 쓰지 않는다는 말은 듣지 못했다. 우리나라만 그렇지를 못해서, 어미가 천하거나 다시 시집갔으면 그 자손은 모두 벼슬길에 끼지 못했다"라며 당시의 신분 차별 제도를 비판했다. 그래서 그는 양반들에게 차별받는 사람들을 더욱 사귀었다. 허균은 임현에게 보낸 편지에서 "내가 더럽고 잡스러운 사람들을 가리지 않고 사귄다고 해서, 형께서 너무 나무라지 마시게. 이러한 생활도 또한 큰 세상을 보기에 족하니"라고 말했다. 그가 말한 '큰 세상'은 누구나 신분이 아닌 능력에 따라 대우받는 사회였을 것이다.

사림 양반들이 신분제도를 유지하는 이데올로기는 성리학적 명분론이었다. 성리학에서는 이(理)와 기(氣)의 절대적 존재성과 '기'의 차별성을 통해 신분을 귀한 자와 천한 자로 나누었다. 명분은 분수가 정해져 있다는 뜻이다. 큰 나라를 섬기는 것, 임금에게 충성을 다하는 것, 양반만이 사회를 지배하는 것 등이 모두 성리학의 명분론으로 합리화되었다.

이렇듯 사대부이면서 글을 좀 안다는 사림 양반층이 목숨처럼 여기는 성리학이었지만, 허균의 글에는 성리학과 관련된 내용이 거의 보이지 않는다.[6] 그는 〈학론(學論)〉이라는 글에서, 성리학을 "오직 자기 한 몸만 착하게" 하는 학문이라 이해했다. 그는 "우리의 학문이 높일 만하며 도맥(道脈)이 나의 힘을 입어서 땅에 떨어지지 않았음을 천하 후세로 하여금 환히 알게 하려"는 학문을 지향했다. 즉, '남을 위한 공부'를 더 중시했던 것이다.[7] 마찬가지로 그는 사림파의 거두 김종직에 대해 "종직 같은 자는 참으로 이록을 차지하고 명예를 훔치며, 능청스럽게 수레나 붉게 칠하고 인끈이나 붉게 늘어뜨린 자"라고 평했다(〈김종직론〉). 그는 정통 성리학이나 사림적인 사고에서 벗어나 있었다. 왜 그는 성리학에 기반을 둔 현실 정치에 대해 비판적이었을까?

〈학론〉에서 그는 "조정의 논의가 두 갈래로 나뉘면서부터 사사로운 논의가 매우 치열해져서 어떤 때에는 저쪽 때문에 헐뜯고, 어떤 때에는 갑을 높이느라고 을을 배척하였다. 어지럽게 갈라져서 어떤 것이 옳고 그른지 정해지지 않았다. 이것은 다른 까닭 때문이 아니라, 그들이 듣고 본 것이 모두 사사로웠기 때문이다"라고 분석했다. 즉, 현 정치가 성리학의 이상을 실현하기 위해 힘쓰기보다는 당파의 사리사욕에 눈이 시뻘게져 있다고 비판하고 있다. 삼척부사직에서 파직되자 그는 〈문파관작(聞罷官作)〉이라는 시를 썼다. "예교(禮敎)는 너무나 구속적인 것 / 세상사 모든 것을 이 마음에 맡기리 / 그대들은 모름지기 그대들의 법을 따르라 / 나는 스스로 내 인생을 내 식대로 살리라." 성리학적 예법에서 벗어나 자기의 본성대로 살겠다는 의지가 잘 드러나 있는 시다.

또한 그는 불교를 믿고 도교의 삶을 갈망했다. 또 천주교 서적을 들여와 관심을 보이기도 했다. 이 같은 사고 확장은 붕당정치에 매몰되어 있는 양반 사대부층에게는 이단이었지만, 그는 성리학의 도그마를 뛰어넘어 '큰 세상'의 눈으로 사회를 바라보았다.

허균과 둘째 형 허봉

강릉 사천해수욕장에는 교문암(蛟門巖)이라는 바위가 있다. 이무기가 용이 되지 못하고 가버리자 바위가 두 동강 났다는 설화를 안고 있는 바위다. 허균은 이 설화에서 교산(蛟山)이라는 호를 지었다. 스스로 용이 되기 직전의 이무기라 여긴 것이다. 그에게 이무기는 화려한 용을 준비하는 시기였다.

허균은 1569년(선조 2년) 11월, 서울 건천동에서 허엽과 그의 둘째 부인 강릉김씨 사이에서 태어났다(강릉 외가에서 태어났다고도 함). 위로는 허엽의 첫째 부인에게서 태어난 허성과 두 누이, 강릉김씨에게서 태어난 허봉과 허난설헌이 있었다. 허균은 3남 3녀 중 막내였다. 허엽의 호는 초당으로, 서경덕에게 학문을 익혔다. 붕당정치가 시작될 때 그는 김효원과 함께 동인의 영수로 활동했으며, 청렴했다. 큰형인 허성은 허균에게 아버지와 같아서, 12살 때 아버지를 여읜 허균을 아들처럼 보살폈고 허균은 큰형을 아버지처럼 공경했다.

둘째 형 허봉은 시를 잘 짓기로 소문났고, 관계(官界)에서는 곧은 말도 잘했다. 이이를 탄핵하다가 선조의 미움을 사서 유배당했고, 풀려난 후에는 유랑 생활을 하다가 금강산에서 서른여덟의 나이로 생을 마쳤다. 둘째 형은 어릴 적 허균에게 가장 많은 영향을 미친 인물 중 한 명으로, 재능이나 기질 또한 비슷했다. 누이 허난설헌은 허균과 가장 가깝게 지냈으며 문학적 소질이 뛰어났는데, 그도 허봉의 소개로 손곡 이달에게서 시를 익혔다. 열다섯에 김성립과 혼인했으나 불행한 결혼 생활을 하며 아들딸들이 연거푸 죽는 불행을 겪다가 스물일곱에 눈을 감았다. 그 후 허균이 누이의 시집인《난설헌집》을 편찬했다.

허균은 20세 되던 해인 1589년 과거 시험에 합격하여 생원이 되었고, 1594년에 정시 문과에 급제해 벼슬길로 나아갔다. 또 3년 후에 문과 중시에서 장원을 했다. 그러나 조정은 당리당략에 따라 진흙탕 싸움이나 다름없었다. 허균 집안은 붕당으로는 동인-북인, 학맥으로는 화담(서경덕) 계통이었지만,[8] 그는 서인이었던 이이를 칭찬할 정도로 붕당에 얽매이지 않았다.

붕당정치에 대한 허균의 비판은 여러 글에서 찾을 수 있다. 그는

〈소인론(小人論)〉에서 "요즘 말들 하는 군자와 소인이란 것은 그 차이가 크지 않다. 자기와 같은즉 모두 군자요, 다른즉 모두 소인이다. 저 사람이 자기와 다르면 간사하다고 배척하고, 이 사람이 자기와 같으면 공정하다고 치켜세운다. 옳다는 것은 자기가 옳게 여긴 것을 옳다고 한 것이요, 그르다는 것도 자기가 그르게 여긴 것을 그르다고 한 것이다. 이것은 모두 공정함이 간사함을 능히 이기지 못해서 그렇다"라고 하며 붕당정치를 비판했다.

허균은 여러 중앙 관직과 지방 관직을 역임했으나, 염불과 참선을 했다는 이유로, 혹은 친구들을 불러 기생들과 놀았다는 이유로 번번이 관직에서 쫓겨났다. 그리고 과거 시험관으로서 조카와 사위를 합격시켰다는 탄핵을 받아 전라도 함열로 유배를 가기도 했다. 그는 스스로 쫓겨난 이유를 "성격이 곧아서 남이 틀린 짓을 하면 참고 보지 못했고 시속 선비들의 서툰 짓을 보면 비위가 틀려 견딜 수가 없었다"고 썼다. 이러한 성격만 아니었다면 평범하게 관직 생활을 했을 것이다. 소인들이 판치는 정치판에서 허균은 대인, 군자를 열망했고, 그 같은 존재로 살고자 했던 것이다.

혁명에 대한 허균의 의지와 두 번의 혁명

허균은 '대인'이나 '군자'로 살기 전에, 서자들과 친분을 넓히고 그들의 거사를 후원하면서 본격적인 혁명을 준비하고 있었다. '대인'이나 '군자'가 되어 정치 조정자 역할을 하기 위해서는 허균 중심의 정치 환경을 조성하는 것이 무엇보다 필요했다. 그러면서 조금씩 혁명을 준비해갔다. 허균의 혁명은 명확했다. 민생을 돌보지 않고 권력 다툼에 정신이 팔린 조정을 쓸어버리는 것이었다. 그의 혁명은 두 번에 걸쳐 계획되었다. 혁명에 대한 허균의 의지를 담은 시가 있다.

> 온 세상이 다 따라가는 길을
> 성옹만은 따르지 않고,
> 남들은 괴롭게 여기는 것을
> 성옹만은 달갑게 여겨,
> 마음은 편안하고 정신은 깨끗하네.
>
> ― 허균, 〈성옹송(惺翁頌)〉

성옹은 허균이 스스로 지은 호다. '온 세상이 어지러운데 혼자 깨어 있는 늙은이'라는 뜻이다.[9] 시는 다른 사람들은 벼슬길을 향해가지만 자신만은 통념대로 살지 않겠다고 말한다. 혁명의 길은 어렵지만, 허균만은 꿋꿋하게 그 길을 걸어가겠다는 뜻이다. 이 같은 변혁 의지는 《홍길동전》에서도 확인된다. 길동은 모친에게 "옛날 장충의 아들 길산은 천생이로되 14세에 그 어미를 이별하고 운봉산에 들어가 도를 닦아 아름다운 이름을 후세에 유전하였으니,

소자가 그를 본받아 세상을 벗어나려" 한다고 하직 인사한다. 장길산[10]을 모델로 하여 그와 같은 행동을 하고자 하는 의지를 내비친 것이다. 그리고 도적의 소굴에 들어가 활빈당(活貧黨, 가난한 사람을 살리는 무리)의 당수가 되었다.

허균의 혁명이 드디어 실행에 옮겨진 그 첫 번째가 칠서의 난이다. 그는 의도적으로 불우한 서얼들을 친구로 사귀었다. 1607년, 홍문관 월과에서 허균은 연달아 아홉 차례나 장원을 하고 정3품 공주목사로 발령받았다. 그는 이재영을 공주로 불러들였다. 또 심우영·윤계영도 함께 생활했다. 이들은 모두 서자들이었다. 허균은 처외삼촌인 심우영을 통해 서양갑을 소개받았다. 서양갑도 목사 서익의 서자였다.

이들은 선조에게 서얼허통(庶孽許通, 서얼에게도 관직에 나아갈 수 있는 길을 열어주는 것)에 대한 상소를 올렸지만 거부당했다. 그러자 광해군 즉위와 동시에 혁명을 모의했다. 물론 배후 인물은 허균이었을 것이다.[11] 이들과 관련된 시라 여겨지는 것이 있다. 허균의 〈대힐자(對詰者)〉다.

> 권세와 이익으로 사귄 친구는
> 반드시 변할 때가 있다지마는,
> 우리의 이 사귐은 그치지 않으리니
> 돌보다도 단단하고 금보다도 귀하다네.

제 뜻대로 만족함을 얻으면

기쁘고 즐거워서

내가 있는지조차 알지 못하기에

잠자고 밥 먹는 일까지 잊어버린다네.

권세와 이익을 앞세우는 양반 사대부들은 정국이 변하면 언제든지 마음을 바꾸지만, 이들만은 돌보다 단단하고 금보다 귀해 잠자거나 밥 먹는 일까지 잊어버린다고 말한다.

하지만 이들과 사귐을 끊는다면

이 몸 차라리 잘리고 말겠네.

이들과의 사귐은 그만큼 허균에게 의미가 있기 때문에 죽음까지도 불사하겠다는 것이다. 7명의 서얼들은 허균의 혁명 동지들이었다. 같은 시에서 허균은 "사지가 찢겨 죽는 것을 두려워하지 않는"다고 하며 혁명 동지들에게 강한 애착을 표현했다.

그런데 일이 뜻하지 않게 흘러갔다. 1613년 3월, 문경새재에서 강도 사건이 발생했다. 은상(銀商)을 죽이고 은 700냥을 강탈한 것이다. 범인은 허균과 친하게 지내던 서양갑 등 7명의 서자였다. 그들은 의기투합하여 서얼도 통용되는 사회를 만들어보고자 정변 자금을 마련하고 있었다. 그러던 중 문경새재 사건으로 일망타진

되었다. 당시에 광해군 정권의 이이첨과 대북파는 7명의 서자들이 선조의 적자 영창대군을 옹립하려 했고, 영창대군의 외할아버지 김제남이 깊숙이 개입한 것으로 사건을 부풀려 조작했다. 결국 김제남을 죽이고, 영창대군을 강화도로 유배 보내 죽였으며, 영창대군을 지지한 소북파를 일거에 제거했다. 이를 계축옥사 또는 칠서의 난이라 한다. 서자들은 끝까지 허균의 이름을 불지 않고 형장의 이슬로 사라졌다.

칠서의 난 직후 허균은 돌연 태도를 바꿔 광해군의 권신인 이이첨에게 벼슬자리를 부탁했다. 붕당정치의 현장으로 뛰어든 것이다. 이를 두고 일부 연구에서는 칠서의 옥사에 연루되지 않으려는 전략적 선택이라고 하지만, 한편에서는 기대를 모았던 칠서의 난이 실패로 끝나자 혁명의 뜻을 이루기 위해 허균이 적극적으로 선택한 것이라고 여겨진다.

이제 허균은 용이 되어 천둥과 비를 일으키며 신선 세계로 직접 가고자 했다. 혁명의 주연을 그가 직접 맡은 것이다. 이것이 허균의 두 번째 혁명이다. 그런데 허균의 혁명은 본격적으로 해보기도 전에 파국을 맞이한다. 허균에 대한 예조좌랑 기준격의 상소와 삼사의 비판 상소가 연이어지면서, 허균과 그의 동지들이 모두 붙잡히고 말았다.

허균의 옥사와 관련하여 허균이 직접 조사받지 않았기 때문에 그의 혁명이 구체적으로 무엇인지 확실히 밝혀지지 않았다. 그래서 체포된 사람들의 자백을 근거로 유추할 수밖에 없다. 그중 비교적 상세히 밝힌 사람도 있는데, 허균과 함께 일을 도모했던 황정필은 다음과 같이 진술했다.[12]

> 균이 처음엔 의창군을 추대하려다가 나중엔 스스로 왕이 되려 했습니다. (동지들 사이에서도 누구를 왕으로 추대할 것인지) 채 결정을 짓지 못했는데,…… 김개와 원종은 균이 경망하니 마땅히 의창군을 추대해야 한다고 했습니다. …… 우경방은 평안도와 황해도의 군사를 이끌어 오고, 김대하는 나주의 군사들을 이끌어 오려고 했습니다. 거사가 성공한 뒤에는 균이 우선 이조판서 겸 대제학이 되어서 인심을 수습하고, …… 3년 뒤에는 전권을 잡으려고 했습니다.

의창군 추대에 대한 이야기는 기준격[13]의 상소부터 빠지지 않고 등장한다. 의창군은 선조의 서자로 태어났으며, 어머니는 인빈 김씨였다. 그는 허균의 큰형 허성의 딸과 혼인했으므로, 허균에게 의창군은 조카사위가 된다. 그래서 의창군은 허균의 역모 사건에 누구보다도 엮어 넣기 좋은 인물이었다.

황정필의 진술에 의하면, 허균이 역성혁명까지 도모했고 관작까지 정하고 군사 동원까지 계획했다고 한다. 그러나 황정필의 진술은 허균 등이 저잣거리에서 사형당한 후에 작성된 것이다. 그는 곤장 세 대를 맞고 술술 불었다. 이이첨이 원하는 내용 그대로였다. 다음 날 또다시 조사가 예정되어 있었으나, 황정필은 자백한 그날 죽었다. 이이첨 등이 다른 말을 못하게끔 서둘러 죽였을 것이다.[14] 황정필의 진술은 이이첨의 입맛에 따라 구성되었기 때문에 신빙성에 의문이 많다. 다른 사람들의 자백이나 진술도 모진 고문이 가해졌기 때문에 얼마나 사실을 담고 있는지 알 수 없다. 더군다나 조사자는 이이첨이었다. 그는 칠서의 난 때 사건을 조작하여 김제남을 죽이고 영창대군을 강화도로 유배 보낸 인물이다. 확실히 밝혀진 사실은 허균이 동지들을 모아 민중을 군사로 동원하여 쿠데타를 도모했다는 것뿐이다.

허균의 혁명은 무엇이었을까?

허균이 생각한 혁명의 주도 세력과 핵심 세력은 누구였을까? 〈호민론(豪民論)〉에서 유추할 수 있다. 그는 백성을 '호민', '원민', '항민'으로 나누었다. 호민(豪民)은 세상의 상황을 살피며 시대의 변고가 나면 들고 일어나는 백성이며, 원민(冤民)은 모질게 일해도 빼앗기는 것을 탄식하며 윗사람을 원망하는 백성이라 했다. 또 항민(恒民)은 조그마한 일에 즐거워하고 눈앞의 이익에 얽매여 나라나 윗사람이 시키는 대로 하는 백성이다. 호민이 원민을 품고 일어서면 항민도 무리를 이루어 함께하므로, 그는 "천하에 두려워할 만한 자는 오직 백성뿐"이라고 했다.

허균은 진나라 말기의 진승과 오광, 한나라 말기의 황건적, 당나라 때의 왕선지와 황소 등을 호민의 예로 들었으며, 우리 역사에서는 진훤(견훤)과 궁예를 들었다. 한글 소설의 주인공 홍길동도 호민이며, 칠서의 난을 일으킨 그의 벗들도 호민이었다. 그러므로 허균 자신도 호민인 것이다. 원민으로는 칠서의 난 때 동원하려 했던 군사들, 《홍길동전》의 도적들, 허균 혁명 당시의 승군을 비롯한 민중들이다.

그렇다면 허균은 혁명을 통해 누구를 타도하고자 했을까? 먼저, 독재 권력으로 자기의 이익만 탐하는 임금이다. 〈호민론〉에서 "하늘이 사목(司牧, 임금)을 세운 까닭은 백성을 기르려고 했기 때문이지, 한 사람으로 하여금 위에 앉아서 방자하게 흘려보며 골짜기 같은 욕심을 채우라고 한 것은 아니었다"라고 적시했다. 두 번째 타도 대상은 탐관오리였다. 그는 "백성들이 세금을 다섯 몫쯤 내면 관청에 돌아가는 것은 겨우 한 몫이고, 그 나머지는 간사한 자들에게 어지럽게 흩어진다. …… 고을의 사또들은 이를 빙자하여 키로 물건을 가려내면서 가혹하게 거둬들이기에 또한 끝이 없다. 그러므로 백성들의 시름과 원망이 고려 때보다도 심하다"라며 지배층을 질타했다. 이 지배층에는 권력을 농단하던 붕당 관료들이 상위 세력으로 포진하고 있었다.

다시 《홍길동전》을 살펴보면, 길동의 무리가 제거하려는 적은 백성을 쥐어짜는 토호와 탐관오리였다. 소설에서 토호는 해인사였다. 그는 홍 판서댁 도령으로 행세하며 해인사의 중들을 속여 절의 재물을 탈취했다. 탐관오리는 함경감사였다. "함경감사가 탐관오리로 백성의 재물을 마구 빼앗아 백성이 다 견디지 못하는지라"고 하고 동지들에게 자기의 지휘를 따르라고 명령한다. 그는 무리를 이끌고 성 남문 밖에 불을 질러 사람들을 유인하고, 북문으로 돈과 곡식, 무기를 가지고 유유히 사라졌다. 그가 징벌하고 탈취한 대상은 팔도의 수령이 부당하게 취한 재물뿐, 백성의 재물에는 손을 대지 않았을뿐더러 나라에 속한 재물도 건들지 않았다.

그는 혁명을 통해 어떤 정치를 펴려 했을까? 허균은 〈학론〉에서 "우리나라에서는 이른바 도학하는 선비들이 더러 화를 입기도 하고, 더러는 그 포부를 끝내 펴지 못하기도 하였다. 그때의 임금이 그들의 도를 써서 시행했더라면 과연 그 공적이 능히 옛사람에게 견줄 수 있고 또 이 세상을 요임금·순임금의 때처럼 만들 수도 있었을는지도 모르겠다"라고 한 것처럼 임금이 도학(유교의 도덕 정치)하는 선비들을 잘 써서 요·순 임금의 시대를 만들기를 희망했다.

그런 입장에서 그는 〈정론(政論)〉에서 "예부터 제왕이 정치를 하면서 혼자 하지는 않았다. 반드시 도와주는 자가 있었다. 훌륭하게 보필하는 신하를 얻으면 천하 국가의 일을 잘 다스릴 수 있었다"라고 썼다. 즉, 정치는 임금과 능력 있는 신하가 함께 하는 것이다. 결론에서 그는 "백성을 밝게 살피고 신하에게는 믿음으로 나랏일을 맡기면, 이 두 가지로 족하다. 마지막으로 임금의 확신과 결단이 있을 뿐이다"라고 맺었다. 임금은 아랫사람들을 잘 보살피고 신하에게 믿음을 가지고 업무를 맡겨야 한다는 정치관을 피력했다. 어디까지나 그는 임금의 역할이 중요하다고 강조한다. 마찬가지로 〈병론〉에서도 "병사를 잘 다스리고 장수를 잘 거느려서 그 나라를 강하게 할 수 있는 자는 오로지 임금뿐이다"고 했듯이, 국방 정책에서도 임금의 역할을 강조했다.

왜 그는 나라의 중심을 임금으로 보았을까?《홍길동전》에서 길동을 잡으러 온 포도대장에게 길동은 "보천지하(普天之下)에 막비왕토(莫非王土)요, 솔토지민(率土之民)이 막비왕신(莫非王臣)이라"라고 말한다. 온 천하에 임금의 땅 아닌 곳이 없고, 땅에 사는 모든 백성 가운데 임금의 신하 아닌 사람이 없다는 말이다. 그래서 정치권력의 핵심을 임금으로 보았던 것이다. 다시 말해 혁명의 목표는 임금을 겨냥하고 있었다. 과연 그는 역성혁명을 도모하려 했던 것일까?

허균 혁명의 진실

그러나 역성혁명의 가능성은 크지 않아 보인다. 그 근거는 정도전의 행위를 비판한 글에서 확인할 수 있다. 그는 〈정도전 · 권근론〉에서 정도전이 이방원에게 죽임을 당한 것은 자기의 "주장에 대한 징험을 더욱 얻"은 것이라 하며, "도전이 왕씨에게는 충신이 아니었다. 그의 마음은 참으로 제 한 몸을 이롭게 하는 데 있었다. 그래서 끝내는 제 몸을 죽이게 된 것이다"라고 썼다. 조선 왕조 개창의 특등 공신에 대한 평가치고 너무 부정적이다.

허균이 《홍길동전》의 무대를 세종 시기로 설정한 것도 그런 이유에서다. 허균이 바라는 임금 중심의 정치에서 가장 이상적인 인물이 세종이었다. 홍길동은 역성혁명가가 아니었다. 단지 서얼을 차별하는 제도를 타파하길 원했고, 백성을 수탈하는 지배층과 탐관오리를 처벌하려 했다. 홍길동은 백성을 수탈하고 임금의 덕을 막는 권력자들을 제거하여 세종의 정치를 돕고 싶었을 뿐이다.

허균의 혁명의 주된 내용은 쿠데타를 통해 광해군 대신에 의창군을 새 임금으로 추대하고 자신은 이조판서 겸 대제학이 되는 것일 수도 있고, 광해군 주위의 권신들을 몰아내고 광해군을 중심으로 새로운 정치를 혁신하는 것일 수도 있다. 그러나 후자 쪽에 무게가 실린다.

그 정황 근거로 첫째는 집권 초기에 광해군이 서자들의 서얼허통 상소에 긍정적으로 응했다는 점이다. 광해군이 서얼 출신이었기 때문이었다. 그러나 양반 사대부의 반대로 또다시 무산되었다. 아마 허균은 광해군의 서얼허통 시도에 기대를 걸었을 것이다.[15] 둘째는 그가 광해군과 충분히 교감하며 인목대비 폐비를 이끌었고 인목대비를 시해하려 했다는 점이다. 광해군은 허균을 두고 "그대는 나의 해와 달 같은 존재"라고 했다. 인목대비 폐비 과정에서 이미 그는 광해군의 최측근이었다. 또한 균은 딸을 세자의 후궁으로 삼아 광해군과 사돈 관계를 맺어 그 연결을 더욱 강화시키려 했다. 셋째는 인조반정 때 광해군 시대의 역적들은 모두 신원(伸寃, 원통한 일을 풂)되었는데 유일하게 허균만 제외됐다는 점이다. 허균이 폐모론을 주도했던 죄도 있었지만, 한편 허균이 광해군의 최측근이었기 때문이기도 했을 것이다.

이런 사실은 허균 역모 사건의 조사 과정에서 광해군이 취한 입장에서도 확인된다. 역모 사건 조사와 관련된《광해군일기》에 따르면, 이이첨과 그의 사주를 받은 삼사의 대신들이 허균을 심문하지 않은 채 김윤황과 하인준 등의 자백을 근거로 허균을 사형에 처하자고 주장했다.

> 근일에 국청에서 신문하는 것이 자못 허술한 일이 많다. 김윤황과 하인준이 공초(供招, 죄 따위를 조사받는 일)한 일 중에 다시 신문할 만한 단서가 있는데도 상세하게 캐묻지 않고 먼저 역적의 괴수를 정형(定刑, 처형)할 것을 청하니 극히 타당하지 못하다. 금후로는 죄인이 공초한 일에 대해서는 다시 더 반복하여 상세하게 물으라.
>
> - 《광해군일기》[16]

광해군은 허균의 역모 사실이 석연치 않다는 이유를 들어 거듭해서 재조사를 지시했다. 왜 광해군은 그렇게 지시했을까? 허균의 역모를 믿을 수 없었다고 이해할 수도 있지만, 허균과 자신이 생각한 정치가 무산될 가능성이 커졌기 때문일 수도 있다. 그래서 그는 허균을 버릴 수밖에 없었지만, 재조사를 통해 이이첨 등 권신 세력도 한꺼번에 옭아매려 했던 것이 아닐까 싶다. 이에 이이첨은 "도당들이 모두 승복했으니 달리 물어볼 만한 것이 없습니다. …… 무슨 다시 물어볼 만한 일이 있겠습니까?"라고 광해군을 압박했다.[17] 또한 그는 광해군에게 "지금 만약 다시 묻는다면 그는 반드시 잠깐 사이에 살아날 계책을 꾸며 다시 함부로 말을 지어낼 것이니 도성의 백성들을 진정시킬 수 없을까 걱정됩니다"라고 주장했다.[18] 광해군은 정권의 실세 중의 실세인 이이첨의 말을 따르지 않을 수 없었다. 그렇다면 이이첨은 왜 허균을 빨리 사형시키려 했을까?

허균이 옥살이할 때 실록에 실린 한 사관의 글이 주목할 만하다.

> 이때 이이첨의 무리들은 허균과 김개, 두 역적을 다시 국문하여 둘이 사실대로 일러바치면 자기네 무리의 앞뒤 흉모가 남김없이 다 드러나서 역적의 율에 걸릴까 봐 두려워했다.
>
> — 《광해군일기》[19]

허균이 역모로 투옥되기 약 1년 7개월 전, 폐모론이 한창일 때 허균은 심복 김윤황을 시켜 인목대비가 유폐되어 있는 경운궁에 투서했다. 광해군이 왕위를 훔쳤고, 아비(선조)와 형(임해군)을 죽였다는 내용이었다.(1617년 1월) 반정을 꾸며 폐모 반대 세력, 특히 소북파를 제거하기 위한 술책이었다. 이러한 공작은 허균이 이이첨과 충분히 공감대를 이루어 진행되었을 것이다. 이렇듯 이이첨과 허균은 성향이 다른 인물들이었지만, 처음엔 서로를 이용했다.

허균은 인목대비 폐위 문제로 정2품 좌참찬에 임명되어 광해군 시대의 실세로 급부상했다. 이제 이이첨에게 허균은 동지이면서도 제거 대상이 되었다. 당시 이이첨은 불법으로 재산을 불린 일을 가지고 곽영의 공격을 받고 있었다. 더불어 곽영은 인목대비 폐위 과정에서 경운궁에 글을 던진 것도, 여러 글을 작성한 것도 모두 허균이라 지적하며, 이이첨도 결부되었을 것이라는 상소를 올렸다. 이 상소로 허균과 이이첨은 차츰 궁지에 몰리기 시작했다. 이이첨은 허균에게 죄를 모두 뒤집어씌우려 했고, 허균의 죄와 엮이지 않으려 했다. 이때부터 이이첨은 자기 손아귀에 있는 삼사를 움직여 허균에 대한 탄핵 상소를 집요하게 제기했던 것이다. 허균의 역모 사건의 시작인 기준격의 상소의 배후 역시 이이첨이었을 것이라 한다.[20]

상황이 불리하게 돌아가자, 허균도 거사를 서둘렀다. 그는 북한산성에 승군을 준비해두었는데, 승군 중에는 거짓 승려인 천민이나 양민도 많이 포함되어 있었다.[21] 승군은 조·일전쟁 때 참전했기 때문에 전투력 또한 상당했을 것이다. 허균은 동지들에게 여진족이나 유구 사람들이 쳐들어오니 속히 성을 빠져나가 피신하라는 유언비어를 유포하게 했다. 순식간에 한양은 피난 가는 사람들로 혼란의 도가니에 빠졌다. 1618년 8월에는 "백성들을 불쌍히 여기고 죄인(광해군)을 치기 위해 하남대장군이 장차 이를 것이라"라는 격서가 남대문에 붙었다 떼어졌다. 사회 혼란을 일으켜 혁명을 단행하려는 작업이었다.

그러나 그때부터 허균의 심복들이 체포되기 시작했고, 허균도 곧 체포되어 옥에 갇혔다. 김윤황의 자백에 따르면, 남대문 벽서에는 "이이첨·김개·허균 들이 반역을 꾀하여 사람을 많이 죽이려 하니, …… 이제 신장(神將), 곧 하늘이 보낸 장수가 크게 일어나서 이이첨·김개·허균 들을 죽이려 한다"라는 내용도 있었다 한다.[22] 혼란을 최대한 부추기기 위해 허균은 경운궁 격서에서 광해군을, 남대문 벽서에서 이이첨과 자신도 이용했다.

결국 광해군은 허균을 처형하자는 이이첨의 주장을 받아들일 수밖에 없었다. 이이첨의 대북파가 권력을 장악하고 있기 때문이었다. 만약 허균을 두둔한다면 임금의 지위도 보장받기 힘들었을 것이다. 광해군은 그해 8월 1일, 관직 개편을 단행했다. 영의정에 박승종, 우의정에 박홍구, 이사에 이상의, 판의금부사에 이이첨, 좌찬성에 이필영 등이 제수되었다.[23] 모두 대북파였고, 이이첨의 최측근이었다. 더군다나 이이첨이 허균의 사건을 조사하는 판의

금부사 자리를 맡았다. 이들은 관련자들에 대한 혹독한 고문을 가해 그들의 입맛에 맞게 허균의 혁명을 조작해냈다.

그렇게 허균의 혁명은 끝맺었다. 그러나 허균의 혁명은 여전히 베일에 가려진 부분이 많다. 허균에 대한 조사가 없었고, 혁명과 관련된 한성부좌윤(종2품) 김개에 대한 조사 내용도 알려지지 않았기 때문이다. 단지 아쉬운 점은 이이첨 등에게 속아 형이 확정되었을 때, 허균은 광해군을 향해 "하고 싶은 말이 있다"라고 외쳤다. 그가 하고 싶은 말을 끝내 들을 수는 없었지만, 그의 마지막 속내를 엿볼 수 있는 허균의 글이 있다. 그는 〈소인론〉에서 붕당정치를 비판하면서 그 대안으로 다음과 같이 해결책을 제시했다.

> 학행과 재주가 한 시대를 이끌 만한 대인, 군자가 나와서 높은 벼슬에 있도록 하여, 모든 관료들을 권면케 해야 한다. 고관들로 하여금 모두 정대함을 지켜서 공정케 하여 옳고 그름을 밝게 분간토록 한다면, 한때의 심한 붕당들도 장차 면목을 바꾸기에 겨를이 없을 것이다.

즉, 그는 붕당정치를 없애고, 그 스스로 '대인'이나 '군자'의 역할을 맡고자 했을 것이다.

허균이 꿈꾼 세상, 율도국

과연 허균이 만들려 했던 사회는 어떤 모습이었을까?

그는 북쪽의 정세가 심상치 않다고 보고 있었다. 겨울에 압록강이 얼면 여진족이 언제든 반드시 쳐들어올 것이라고 여기고, 부국강병의 중요성을 강조했다. 그는 〈독상앙(讀商鞅)〉이라는 글에서 "상앙²⁴⁾의 학술은 본디 왕도와 패도가 아니었다. 나라를 부강케 하는 이론에 뛰어났을 뿐이다"라고 평가했고, "아아, 어떻게 하면 상앙과 같은 이를 만나서 그의 계책을 채택하여 부국강병을 이룩하고 바깥 도둑의 침입을 막아낼 수 있을까?"라며 개탄했다. 그는 상앙의 주장을 유교적 관점이 아니라 부국강병의 관점에서 이해했던 것이다. 《홍길동전》에서도 제도에서 율도국을 치기 전에 먼저 한 것이 "모든 영웅을 모아 무예를 익히며 농업을 힘"쓰니 병정양족(兵精糧足, 병사는 정예하고 군량은 넉넉하다)해졌다고 한다.

그렇다면 부국강병의 최종 종착지는 어디였을까? 〈견가림신(譴加林神)〉이라는 시에서 "백성들이 재해를 입거나 얼굴을 찌푸리는 일이 없게 하시고 곡식도 잘 여물어 저마다 편안하게 살게 하여주소서"라고 기도했다. 백성들의 편안한 삶이다. 편안한 삶을 위해 현실 개혁으로 그는 부의 재분배를 염두에 두었다. 그 같은 사실은 〈장생전〉에서 장생의 행동으로 이해할 수 있다.

아침이면 들이나 저자에 나가서 동냥을 얻었는데, 하루에 얻어 온 것이 거의 서너 말이나 되었다. 그는 두어 되쯤 밥을 지어 먹고, 나머지는 다른 거렁뱅이들에게 나눠주었다.

장생은 어려운 처지였지만, 더 가난한 거지들에게 아낌없이 나눠주었다. 이런 장생의 행위는 곧 허균의 생각이었던 것이다. 또 《홍길동전》에서도 탐관오리 등 착취자의 재물을 빼앗아 가난하고 의지할 데 없는 백성들에게 나눠주었다. 그러나 그가 가장 심혈을 기울여 이룩하려 한 것은 백성들이 신분이 아니라 능력으로 존중받는 사회였다. 《홍길동전》에서도 길동이 율도국의 임금이 되어 제후국격인 율도 왕으로 의령군을 봉하고, 마숙과 최철을 좌우상으로 삼았으며, 나머지 장수들을 제후로 봉하고 관직을 주었다. 처음부터 율도국의 왕 길동은 철저하게 공과 능력에 따라 인사를 편 것이다.

《홍길동전》에서 길동의 의적 활동은 세종에게 병조판서를 제수받는 것으로 끝난다. 그것은 서얼도 최고위직인 판서로 나갈 수 있다는 상징적 의미를 지니고 있다. 관직 등용에 있어 서얼 차별이 철폐된 것이다. 그러나 소설에서 길동의 병조판서직은 일시적이었다. 그는 "신이 전하를 받들어 만세를 모실까 하오나 천비 소생이라, 문(文)으로 옥당(玉堂, 홍문관)에 막히옵고 무(武)로 선천(宣薦, 선전관)에 막힐지라"라는 말을 통해 그 뿌리 깊은 제도적 한계를 명백하게 인식하고 있었다. 그래서 자기가 꿈꾼 세상으로 율도국을 그려냈다. 율도국도 신분제에 입각한 사회였지만, 능력이 대접받는 사회였다. 다시 말해 허균은 공평과 공정, 정의의 사회를 구현하려 했던 것이다.

결국 허균은 '명연' 속을 박차고 나와 용이 되어 신선 세계로 들어가려 했으나, 이무기로 죽어야 했다. 게다가 신분제 폐지까지는 인식이 확장되지 못한 것으로 보인다. 공주목사 시절, 허균은 이재영에게 보낸 편지에서 "세상의 불우한 사람은 모두 우리들의 책임"이라고 썼다. 불우한 사람이란 조선의 신분제 때문에 재능을 펼 수 없는 사람을 말한다. 허균은 혁명을 통해 신분제가 사람의 능력을 제한하는 제도를 뜯어고치려 했다. 왜 그는 신분보다는 능력 중심의 관료 제도를 만들려고 했을까?

허균의 혁명은 광해군이든 의창군이든, 극단적 붕당정치, 즉 사림의 정치·사회적 기득권을 제거하는 데 있었다. 허균 혁명의 실패는 결국 노론 일당 독재를 거쳐 정치의 견제 기능이 완전히 사라진 세도정치로 이어졌다. 세도정치의 온갖 폐해는 민중들의 헐벗은 삶으로 드러났고, 서양 세력의 침략에 능동적으로 준비하고 대응할 수도 없게 만들었다.

1) 이이화, 《허균의 생각》, 고유서가, 2014. 재인용.
2) 신정일, 《조선의 천재 허균》, 상상출판, 2015. 재인용.
3) 신정일, 《조선의 천재 허균》, 상상출판, 2015.
4) 이이화, 《허균의 생각》, 교유서가, 2014.
5) 이이화, 《허균의 생각》, 교유서가, 2014.
6) 이이화, 《허균의 생각》, 교유서가, 2014.
7) 이이화, 《허균의 생각》, 교유서가, 2014.
8) 이이화, 《허균의 생각》, 교유서가, 2014.
9) 허경진, 《허균 평전》, 돌베개, 2015.
10) 허균은 《홍길동전》을 애초에 한문으로 썼는데, 이후 사람들이 한글로 옮겨 적으면서 내용도 문맥의 의미에 따라 첨가되었을 것이라고 한다. 허균은 16세기 중·후반에서 17세기 초 무렵의 인물이고, 장길산은 17세기 후반 숙종 때의 의적이다. 《홍길동전》의 장길산 부분도 홍길동의 의적 행위를 부각시키기 위해 나중에 삽입되었을 것이다.
11) 신정일, 《조선의 천재 허균》, 상상출판, 2015.
12) 허경진, 《허균 평전》, 돌베개, 2015. 재인용.
13) 기준격은 허균의 제자이지만, 인목대비 폐위를 반대한 영의정 기자헌의 아들이다. 기자헌은 허균이 역모를 도모하는 격서의 주범이라고 주장했고, 광해군이 허균을 신임했기 때문에 정치적으로도 궁지에 몰려 있었다. 예조좌랑 기준격은 스승과 아버지 중에서 아버지 편을 들며, 허균이 의창군을 추대하며 역모를 꾀하고 있다는 상소를 올렸다.
14) 허경진, 《허균 평전》, 돌배개, 2015.
15) 신정일, 《조선의 천재 허균》, 상상출판, 2015.
16) 신정일, 《조선의 천재 허균》, 상상출판사, 2014. 재인용.
17) 허경진, 《허균 평전》, 돌배개, 2015. 재인용.
18) 신정일, 《조선의 천재 허균》, 상상출판, 2014. 재인용.
19) 신정일, 《조선의 천재 허균》, 상상출판, 2014. 재인용.
20) 신정일, 《조선의 천재 허균》, 상상출판, 2015.
21) 허경진, 《허균 평전》, 돌베개, 2015.
22) 허경진, 《허균 평전》, 돌베개, 2015.
23) 신정일, 《조선의 천재 허균》, 상상출판, 2015.
24) 중국 전국 7웅 중 가장 약체였던 진나라에서 강력한 법 시행 정책을 주관한 법가 사상가다. 그가 진나라에서 19년 동안 정치를 개혁했고, 이를 통해 진나라는 부국강병을 이뤄 초대강국으로 발돋움하여 곧 진의 중국 통일로 이어졌다.

다산 저작 기념비(남양주 다산 유적지)

정약용,
'이게 나라냐'

나에게 용순검이 있으니

번쩍이는 칼날 길이가 삼 척이로세.

황금으로 갈고리를 만들고

녹련(綠蓮)으로 칼끝을 만들었네.

문득 괴이한 빛을 내뿜더니

두우(斗牛, 북두칠성과 견우성)를 서로 다투며 쳐다보도다.

바다에서는 기다란 고래를 베고

뭍에서는 큰 이리를 잡을 수 있네.

북녘으로 풍진의 빛을 돌아보니

연산(燕山)은 아득히 멀기만 한데

장사가 한 번 탄식을 하니

수놓은 칼집에 가을 서리가 어리누나.

　　　　　　　　　 – 정조, 〈보검행(寶劍行)〉

〈보검행〉은 정조가 세손이었던 11살 때(1762년) 지은 시다. 영조는 세손을 보호하기 위해 이미 죽은 효장세자의 양자로 삼았다. 노론 벽파는 세손이 영조의 뒤를 잇는 것만은 막으려 했다. 그들은 정조의 아버지인 사도세자를 뒤주에서 죽게 만든 장본인들이었다. 당시 조정에서는 할아버지 영조만이 세손의 보호막이었다. 1775년, 영조는 세손에게 대리청정을 맡겼다. 대리청정은 확실하게 왕위 계승을 보장받는 행위였다.

그러자 사도세자를 죽음으로 이끈 작은외조부뻘이자 좌의정인 홍인한이 나서서 세손의 대리청정을 반대했다. 그의 생각과 행동은 노론 벽파를 대표한 것이었다. 그는 세손이 노론과 소론, 이조판서나 병조판서의 적임자, 국사나 조사 등에 대해 알 필요가 없다며, 영조와 세손 앞에서 딱 잘라 말했다. 이는 왕으로 즉위할 수 없다는 강력한 의사 표시였다. 이런 노론 벽파의 분위기는 세손 시절부터 팽배해 있던 것이다.

세손은 노론 벽파에 대해 어떤 생각을 품고 있었을까? 〈보검행〉이 세손의 생각을 잘 나타내고 있는 것으로 보인다. 용순검을 든 임금은 노론이나 소론(기다란 고래나 큰 이리)을 초월하여 모든 관료를 주재해야 하는데, 현실 정치가 그렇지 못했다. 특히 의미심장한 문구가 "장사가 한 번 탄식을 하니 / 수놓은 칼집에 가을 서리가 어리누나"인데, 노론 벽파를 제거하려는 정조의 강력한 개혁 의지가 비유적으로 표현된 것이다.

모두의 임금일 수 없다

왜란과 호란 이후, 사실상 서인과 남인 간 붕당정치 세력이 정치를 좌우했다. 그동안 조선은 선조·광해군·인종·효종·현종 등의 왕을 거쳤지만, 권력은 힘을 가진 사대부들의 세력 다툼에 의해 흔들렸다.

숙종은 이러한 정치판을 국왕이 주도하는 것으로 바꾸고 싶었다. 그래서 환국 정치를 실시했다. 환국이란 정치판(局, 판 국)을 바꾼다(換, 바꿀 환)는 뜻으로, 어떤 사건을 계기로 국왕의 의지대로 권력의 주도 세력을 교체하는 것이다. 숙종은 경신환국(1680년)·기사환국(1689년)·갑술환국(1694년) 등 세 차례나 정권을 바꿔치기했다. 그 과정에서 효종과 현종 때 무게가 실려 있던 송시열마저 사약을 먹여 죽였다. 조선은 간만에 무서운 왕을 만났다.

그러자 권력을 가진 사대부들은 머리를 굴렸고, 상대 당이 존재하는 한 언제든 축출될 수 있을 것이라고 생각했다. 이때부터 붕당 간의 견제와 공존이라는 원리는 온데간데없이 사라지고, 상대 당을 철저하게 압살했다. 숙종의 환국 정치 결과, 서인이 노론과 소론으로 분열되고 남인은 괴멸되었다. 그리고 정권은 이이를 떠받드는 노론의 손에 놓였다. 숙종이 죽은 후, 붕당 세력은 왕도 자기편을 올려놓아야 했다. 상대편이 지지하는 왕이면 임금으로 인정하지도 않았다. 소론은 장희빈의 아들 경종과 밀착했고, 노론은 숙빈 최씨의 아들 연잉군을 밀었다.

병약한 경종은 즉위한 후 4년 6개월 만에 사망했다. 경종을 옹립했던 소론은 급작스러운 상황에 당황했고, 노론은 세제 연잉군을 왕으로 앉혔다. 그가 영조다. 노론의 선택을 받지 못했다면 영조도 없었을 것이다. 영조가 즉위하고 얼마 후, 경종이 독살당했다는 의혹을 제기하며 남인과 소론 일부가 이인좌를 중심으로 난을 일으켰다. 이인좌의 난 직후, 영조는 정치를 혁신하기 위해 탕평 정책을 폈다.

영조는 첫아들 효장세자가 죽자, 영빈 이씨의 아들을 세자로 삼았다. 그가 사도세자로, 10살 때 홍봉한의 딸 혜경궁 홍씨와 혼인했다. 영조는 홍봉한·홍인한 등 세자의 처가 식구들을 사도세자 편으로 만들어주었다. 그리고 대리청정도 맡겼다. 그러나 노론이 강고한 상태에서, 세자는 언제나 벽이 있음을 실감했다. 결국 그는 소론과 가까워졌다. 그러자 노론과 정순왕후는 갖은 소문을 만들어내어 초장에 그를 제거하려 했다. 그 과정에서 뒤주 사건이 발생한 것이다. 이때 앞장서서 날뛴 사람들 중에는 홍봉한과 홍인한도 있었다. 사도세자와의 친분 때문에 정치적으로 궁지에 몰리지 않기 위해서였다.

사도세자가 뒤주에서 사망하자, 이들은 또 한 사람을 제거해야 했다. 어린 세손, 훗날의 정조였다. 그는 줄곧 살해 위협에 시달렸다. 1775년, 영조는 군사력까지 동원하여 홍인한 등의 반대를 누르고 세손의 대리청정을 관철시켰다. 그것이 자기가 죽어도 세손을 보호하는 유일한 방법이라 여겼기 때문이다.

그로부터 3개월 후 영조가 승하했다. 그러나 정조의 즉위는 끝이 아니라 시작이었다. 노론 벽파는 자객을 동원해 정조를 암살하려 했다. 정조는 자신의 아버지가 효장세자가 아니라 사도세자라고 신하들에게 명확하게 밝혔다. 그는 홍인한과 정후겸(영조의 딸 화완옹주의 양자)에게 사약을 내리고, 대비 정순왕후의 동생 김귀주를 유배 보냈다. 모두 사도세자의 불행한 죽음과 깊이 관련된 인물들이다. 그러나 그 이상 더 나아가지는 못했다. 아직 힘이 약했던 것이다.

세손 시절에 정조를 그림자처럼 보호해왔던 홍국영이 권력을 농단하도록 놔두고, 정조는 세력 기반을 다져갔다. 조정의 모든 눈을 홍국영에게 쏠리게 한 것이다.[1] 그리고 즉위한 해에 규장각을 설립했다. 이곳에 박제가 · 유득공 · 이덕무 등의 서얼을 규장각 검서관으로 포진시켰는데, 모두 북학파였다. 또 숙종 때 몰락한 남인을 자기 세력으로 끌어들였다. 이때 정약용의 아버지 정재원도 관직에 진출했다. 이어 당파에 상관없이 능력 있는 젊은 관료들을 뽑아 정조가 스승의 입장에서 가르쳤다. 이것이 초계문신 제도로, 노론 벽파를 전방위적으로 압박하기 위한 포진이었다. 그리고 장용영을 설치해 든든한 군사 기반으로 삼았다. 정조는 힘 있는 사대부들이 편을 지어 권력을 농단하는 것을 완전히 근절하려 했다. 그래야 왕권을 바로 세울 수 있고 민생에 집중할 수 있기 때문이다.

이를 위해 그는 규장각을 정치 기반으로, 장용영을 군사 기반으로 삼아 개혁을 추진해나갔다.

정약용은 사도세자가 뒤주에서 죽던 해인 1762년, 경기도 양주군 마재에서 태어났다. 정조와는 10살 차이였다. 22세 때 진사시에 급제해 성균관 유생으로서 정조를 처음 대면했다. 정조는 성균관 유생들에게《중용(中庸)》에서 의문 나는 점 70여 항목을 숙제로 냈고, 정약용은 정조 앞에서 명쾌하게 풀어 밝혔다. 이로 인해 정조는 남인 출신의 정약용이라는 젊은이를 머릿속 깊이 각인해놓았을 것이다. 그 후로 정조는 수시로 정약용을 불러 학문을 시험하고 귀중한 책을 하사했다.

1788년, 정조는 남인의 영수 채제공을 우의정에 임명했다. 채제공의 등용은 남인과 그들의 근거지인 영남을 든든한 세력으로 끌어들인다는 뜻도 있었다. 정약용은 1789년에 문과에 급제한 뒤 곧바로 초계문신이 되어 정조의 신임을 받기 시작했다. 사헌부와 사간원을 노론 벽파가 장악하고 있었기에, 정조는 그 부서에 남인들의 숫자를 늘려갔다. 또 이황의 도산서원에서 별시를 베풀어 영남 남인들을 끌어안으려 했다. 영남 남인들은 사도세자의 억울한 죽음에 대해 계속해서 상소를 올렸다. 노론 벽파의 아킬레스건을 건드려 그들을 궁지에 몰아넣으려는 의도였다.

정조는 수원 화산에 현륭원을 조성했고, 10월 4일에 사도세자의 영구가 수원으로 향했다. 죽은 지 27년 만에 사도세자가 무게감 있게 부활했다. 이때 정조는 갓 급제한 정약용에게 한강 배다리 설계를 맡겼다. 군사들의 호위 속에 6,000명이 넘는 인원이 정조의 어가를 따랐고, 백성들은 구름처럼 모여 정조의 행차를 구경했다. 능행은 열두 차례나 진행됐고, 이를 통해 노론 벽파를 심리적으로 압박했으며, 백성들과는 일체감을 조성했다.

1794년에는 팔달산을 끼고 수원 화성을 쌓기 시작했다. 채제공을 총책임자로 삼고, 정약용에게 전체적인 설계와 공사 감독을 맡겼다. 정조 통치의 근거지가 마련된 것이다. 이때부터 노론 벽파가 심리적으로 밀리기 시작했다. 그러나 핵심 권력 기관인 의정부·육조·삼사는 그들 손에 있었다. 이들은 정조에게 대놓고 항명했다. 답답한 정조는 "오늘 조정에 임금이 있는가, 신하가 있는가? 윤리가 있는가, 강상이 있는가? 국법이 있는가, 기강이 있는가?"라고 울분을 토하곤 했다.[2] 정조를 공격하는 상소를 올린 사람도 한패였으니, 사헌부와 사간원이 조사할 리 만무했다.

정약용은 탄탄하고 날카로운 논리로 노론 벽파와의 논쟁에서 압승을 거두곤 했다. 그럴수록 노론 벽파에게 정약용은 제거 1순위였다. 이 시기에 정약용은 홍문관 부교리(종5품)·사간원 사간(종3품)·승정원 동부승지(정3품, 당상관) 등을 거쳐 승진하고 있었다. 1794년, 정조는 드디어 남인을 본격적으로 등용하여 노론을 견제하려 했다. 채제공을 좌의정, 이가환을 공조판서, 정약용을 우부승지로 높였으며, 남인들을 등용했다.

노론 벽파는 영조가 66세에 중전으로 맞이한 15살의 정순왕후(정조 당시 대비)를 버팀목으로 삼아 정조와 남인에 맞서고 있었다. 정순왕후는 정조에게는 할머니뻘이지만 정조보다 7살 연상이었다. 그의 친정아버지 김한구도 세도세자를 모함한 인물이었다. 또 정조 즉위 직후 귀양 보낸 김귀주가 정순왕후의 동생이었다. 노론 벽파의 반격도 만만치 않았다.

수구 기득권 세력이 백성을 죽이다

반격의 카드는 천주교 문제였고, 핵심 제거 인물은 이가환과 정약용이었다. 이가환은 학문적으로 당대 최고로 여겨진 인물이었다. 한때 정조가 이가환을 성균관 대사성에 임명한 적이 있었다. 노론 세력은 이가환이 흉적 이잠[3]의 종손이라는 이유를 들어 사헌부를 동원하여 끈질기게 반대 상소를 올렸다. 성균관 학생들도 이가환이 주관하는 시험을 집단으로 거부했다. 이가환이 학문의 최고 수장이 되는 것만은 막으려 했던 것이다. 결국 정조는 이가환을 개성 유수로 보내 문제를 매듭지었다.

그런데 중국인 신부 주문모 잠입 사건에 노론 벽파는 이가환과 정약용을 연루시켰다. 관련된 사실이 없는데도 정조는 이가환을 충주목사에, 정약용을 금정찰방으로 좌천시켜 노론 벽파의 공세를 차단했다.

남인에는 근본적인 약점이 있었다. 숙종 때 정권에서 밀려나면서 천주교 신앙을 받아들인 사람들이 많았던 것이다. 정조는 천주교에 대해 온건한 정책을 펴면서 노론 벽파의 예봉을 비껴가게 했다. 정약용은 권상연과 윤지충의 신주 문제 때(진산 사건) 천주교를 버렸다. 부모나 조상에 대한 제사 문제에서 천주 신앙이 걸렸던 것이다. 노론 벽파가 천주교 문제로 정약용을 공격하자, 그가 천주교를 버린 사실을 적은 장문의 상소문을 올리고 정조가 내려준 동부승지를 사양했다. 정조는 천주교 문제가 소명되었으니 동부승지의 소임을 다하라고 했지만, 노론 벽파의 공격은 더 거세졌다. 정조는 정약용을 황해도 곡사부사로 내려보내 논란의 중심에서 벗어나도록 했다.

이내 정조는 정약용을 형조 참의로 불러들였다. 단둘이 만나는 시간이 점점 늘었고, 그에 따라 노론 벽파의 긴장도 더해갔다. 이미 정약용의 무게감은 채제공을 능가했다. 1799년, 정조와 남인의 든든한 지지대였던 채제공이 사망했다. 이가환이 남인의 영수가 되었지만, 천주교 꼬리표가 따라다녔다. 1800년 5월, 정조는 채제공의 뒤를 이어 이가환을 정승으로 임명할 뜻을 비쳤다. 그다음은 이승훈과 정약용이었다.

정조의 개혁은 1804년 갑자년에 맞춰져 있었다. 세자(훗날의 순조)가 15살이 되는 해에 왕위를 물려주고 자신은 상왕이 되어 어머니 혜경궁 홍씨와 함께 화성에 머물려 했다. 그러면 한양에는 현왕(순조)이 있고 화성에는 상왕(정조)이 있어, 두 임금이 노론 세력의 정치권력을 누를 수 있게 된다.[4] 더군다나 순조를 보좌하는 두 재상은 이가환과 정약용이다. 이 같은 정치 개혁은 조선의 정치 지형을 크게 바꾸고 기존의 기득권을 무너뜨릴 것이기 때문에, 노론 벽파는 사생결단으로 막아야 했다.

그런데 6월 13일경부터 정조의 종기가 악화되기 시작했다. 내의원이 종기를 치료해도 효과가 없자, 정조는 "가슴의 화기 때문"이라 했다. 아버지 사도세자가 뒤주 속에 갇혀 죽는 것을 목격한 화, 그리고 아버지를 죽인 노론 벽파와 20년 이상 정사를 함께한 정조의 화가 종기로 곪아 터졌다.[5] 6월 28일, 악성 종기로 정조가 눈을 감았다. 그의 나이 49세였다.

정조의 죽음은 그저 임금의 죽음이 아니었다. 개혁 세력이 몰락하고 수구 기득권 세력의 천하가 부활했다는 의미였다. 정조의 시신을 사도세자 곁에 묻자마자, 대왕대비 정순왕후를 등에 업은 노론 벽파가 정조의 편에 섰던 관료들을 탄핵해서 유배 보내기 시작했다.

1801년, 노론 벽파가 신유박해를 일으켜 천주교에 사학(邪學)이라는 꼬리표를 붙이고 칼을 휘둘렀다. 이가환과 정약종 · 이승훈 등을 사형시키고 정약용과 정약전의 유배 생활이 시작되었다. 이가환과 이승훈이 천주교를 탄압했고 천주 신앙을 버렸다는 증거는 처음부터 무시되었다. 노론 벽파에게 필요한 것은 그들의 목숨이었다. 정약용은 천주교에 대한 소명 상소문과 다른 사람들의 반천주교적 증언으로 간신히 목숨만은 부지할 수 있었다. 바로 위의 형 정약전도 진산 사건 때 정약용과 함께 천주 신앙을 버렸다.[6] 300여 명의 신자들이 죽임을 당했고, 황사영이 신유박해의 사실을 적어 청나라에 알리려 하다가 탄로났다(황사영 백서 사건). 황사영은 정약용의 이복형인 정약현의 사위였다.

정약용의 첫 유배지는 경상도 장기였지만, 이 사건을 계기로 외가 근처에 있는 전라도 강진으로 옮겨졌다. 그는 유배 생활을 하면서 백성의 어려운 생활을 목격했고, 학문을 연구하여 《경세유표》·《목민심서》 등 많은 저술을 남겼다. 500여 권에 이르는 정약용의 연구 업적을 《여유당전서》라 한다. 이곳에서 정약용은 현실 개혁적 학문의 세계로 침잠했다. 세도 정권의 패악이 한창이었던 1818년에 유배에서 풀려난 정약용은 1836년 일흔다섯의 나이로 눈을 감았다.

너 보고 쥐 잡아서 백성 피해 없애랬지

정약용은 강진 유배지에서 경기도 마재에 있는 자식들에게 편지로 교육을 시켰는데, 그중 시에 대한 생각을 피력한 적이 있다.[7] 그는 임금을 사랑하고 나라를 근심하지 않으면 시가 아니며, 시대에 아파하고 세속의 행태에 분개하지 않으면 시가 아니라고 했다.

아름다운 것을 아름답다 하고 미운 것을 밉다고 해야 하며, 착한 것을 권장하고 악을 징계하는 뜻이 담겨 있어야 시라 했으며, 뜻이 세워져 있지 못한 데다 학문이 설익고, 삶의 대도(大道)를 아직 배우지 못하고 임금을 도와 백성에게 혜택을 주려는 마음이 없는 사람은 시를 쓸 수 없다고 했다.

그렇기에 정약용의 시는 현실 정치 개혁과 백성의 사람다운 삶에 닿아 있는 것이다. 정약용의 시 〈고양이(狸奴行)〉에서 세도 정권 시기의 백성의 삶이 어떠했는지 살펴보자.

남산골 한 늙은이 고양이를 길렀더니
해묵고 꾀 들어 요망하기 여우로세

……(중략)……

늙은 주인 잠 못 이뤄 근력은 줄어가고
이리저리 궁리하나 나오느니 긴 한숨뿐

생각할수록 고양이 죄 극악하기 짝이 없네
긴 칼 빼어 들고 천벌을 내릴거나

네놈이 생겨날 때 무엇하러 생겼더냐

너 보고 쥐 잡아서 백성 피해 없애랬지

시에서 말하는 남산골은 조선이다. 한 늙은이는 힘없는 백성이고, 고양이는 고위 관리, 쥐는 백성을 수탈하는 수령과 아전을 나타낸다. "남산골 한 늙은이 고양이를 길렀더니"와 "네놈이 생겨날 때 무엇하러 생겼더냐"는 〈탕론〉의 한 구절을 떠올리게 한다.

> 대체 천자는 어찌하여 있게 됐는가? …… 다섯 집이 하나의 인(隣)이 되는데, 다섯 집의 추대를 받은 자가 인장이 될 것이며, 다섯 인이 일 리(里)가 되는데 다섯 인의 추대를 받은 자가 이장이 될 것이며, …… 여러 현 우두머리의 공동 추대를 받은 자가 제후가 될 것이며, 제후의 공동 추대를 받은 자가 천자가 될 것이므로, 천자란 무릇 군중이 밀어서 그 자리에 오른 것이다. 무릇 군중이 밀어서 이룬 것이라면 또한 군중이 밀지 아니하면 천자가 될 수 없는 것이다.

이는 정치 권력의 주체가 백성이라고 주장하는 것이다. 인장-이장-제후-천자는 백성들의 필요에 의해 만들어진 존재다. 즉, 관리나 천자는 궁극적으로 백성들이 추대하여 된 존재임을 피력하면서 다음과 같이 글을 이어나갔다.

대저 백성들이 추대하여 천자가 되었으니, 또한 백성들이 추대하지 않으면 될 수가 없다. 그러므로 다섯 집에 합당하지 못하면 다섯 집에서 의논하여 인장을 다시 뽑고, 다섯 인에 합당하지 못하면 스물다섯 집이 의논하여 이장을 바꾸고, 9후(侯)와 8백(伯)에 합당하지 못하면 9후와 8백이 의논하여 천자를 다시 선출한다.

　백성을 위한 정치를 하지 못할 때는 관리나 임금을 갈아치울 수 있다는 말이다. 나라의 주인이 백성이며, 백성이 주인이 되어야 편안한 삶을 누리는 것이다. 그러나 현실에서 '늙은 주인'은 밤새도록 잠도 못 자고 긴 한숨만 토해낸다. 다음 시는 유배지 강진에서 어떤 사건을 보고 지은 것이다.

갈밭마을 젊은 여인 울음도 서러워라
현문(縣門) 향해 울부짖다 하늘 보고 호소하네

군인 남편 못 돌아옴은 있을 법도 한 일이나
예부터 남절양(男絶陽)은 들어보지 못했노라

시아버지 죽어서 이미 상복 입었고
갓난아인 배냇물도 안 말랐는데

삼대(三代)의 이름이 군적에 실리다니

달려가서 억울함을 호소하려도
범 같은 문지기 버티어 있고
이정(里正)이 호통하여 단벌 소만 끌려갔네
남편 문득 칼을 갈아 방 안으로 뛰어들자
붉은 피 자리에 낭자하구나
스스로 한탄하네 "아이 낳은 죄로구나"

……(중략)……

부자들은 한평생 풍악이나 즐기면서
한 알 쌀, 한 치 베도 바치는 일 없으니

다 같은 백성인데 이다지 불공한고
객창에서 거듭거듭 시구편(鳲鳩篇)을 읊노라

— 정약용, 〈애절양(哀絶陽)〉

〈애절양〉은 남근을 잘라버린 슬픔이라는 말이다. 왜 남편은 남근을 스스로 잘랐을까? 이 시는 군역의 폐단에 연관된 이야기다. 세도 정권 시기에 지방의 수령과 아전은 세금 제도를 악용해 재산을 불렀다. 당시 농민은 군대에 가는 대신에 군포 2필을 내야 했는데, 영조 때는 농민의 군역 부담을 덜어주려고 1필만 내도록 했다. 영조가 균역법을 제정할 때 관리들이 반대하자 "나라가 비록 망한다 하더라도 이 법을 고치지 않아서는 안 된다"라고 했던 영조의 말을 인용해 정약용은 당시 군역의 폐단을 강조하기도 했다.[8] 하지만 정조 이후에는 지켜지지 않았다.

수령과 아전의 입장에서는 군역은 돈이 되는 일이었다. 시에서, 아전은 죽은 사람을 군적에 등재하여 부과했고, 갓난아기도 16세로 적어놓고 군포를 내라고 겁을 줬다.[9] 죽었다고, 갓난아기라고 하소연했지만 통할 리 없었다. 집에 와서 농사지을 소까지 끌고 갔다. 가장이 어떻게 가족의 입에 풀칠이라도 하게 한단 말인가.

특히 군포는 오로지 농민의 부담이었다. 양난 이후 신분이 변동하면서, 대구 지방의 경우 철종 대에 양반층이 무려 70.3%에 이르렀다. 거기다 무거운 군포를 이기지 못하고 도망쳐버린 이웃이나 친척의 몫까지, 남아 있던 농민이 책임을 져야 했다. 수령과 아전의 곳간에 채워 넣어야 할 것도 있었다. 배보다 배꼽이 더 컸다.

정약용은 당시 농민의 비참한 처지를 〈굶주리는 백성들〉로 읊었다. "개, 돼지도 버리고 돌아보지 않을 음식, 굶주린 사람 입엔 엿처럼 달구나 / 어진 정사 베푸는 것 원하지 않고 사재(私財) 털어 구휼함도 달갑지 않네 / 관가의 돈 궤짝 남이 볼까 쉬쉬하니 우리들 굶게 한 건 이 때문이 아니더냐 / 관가 마구간에 살찐 저 말은 진실로 우리들의 피와 살이네." 거지 같은 처지는 빈농만이 아니었다. 이 시에는 "상농가(上農家)도 이제는 거지가 되어 / 집집마다 문 두드려 서툰 말로 구걸하네"라는 구절도 나온다.

정약용은 나라가 올바로 서기 위해서는 백성의 삶을 살펴야 한다고 했다. 백성의 삶이란 항산(恒産, 생활할 수 있는 일정한 경제적 기반)을 마련해주는 것이라고 했다. 기본적으로 먹고살 바탕이 있어야 백성들이 도덕적인 삶을 살 수 있다는 것이다. '항산'을 위해 정약용은 여전제를 생각했다. 마을 단위로 토지를 공동으로 소유하고 경작하며, 노동량에 따라 마을 농민들에게 소득을 분배하는 방식이었다. 그러나 현실 정치는 항산과는 거리가 멀었다.

> 하늘이 백성을 내고, 그들을 위해 먼저 토지를 마련하여 그들이 먹고살 수 있도록 했다. 또 그들을 위해 군주와 목민관(수령)을 세워, 군주와 목민관이 백성의 부모로서 그 재산을 고르게 마련해 모두가 더불어 살게 했다. 그런데 군주와 목민관이 되어서 그 여러 자식들이 서로 싸우고 남의 것을 빼앗아 가는 일을 팔짱을 낀 채 보고만 있다면, 그리하여 강한 자는 더 가지고 약한 자는 얻어맞고 넘어뜨려져 땅에 쓰러져 죽도록 둔다면, 그 군주와 목민관이 과연 자기 소명을 다했다고 볼 수 있는가?
>
> — 〈전론〉

항산의 핵심은 백성들에게 농사지을 토지를 분배해주는 것이다. 그러나 현실은 임금과 수령이 백성들이 수탈당하는 처지를 구경만 하고 있었다. 농민들이 자기 소유의 토지를 갖는 것은 꿈도 꾸지 못했다. 소작이라도 부칠 땅을 얻으면 양반님네의 은혜요, 하늘의 복이라고 생각했을 것이다. 그런데 지주들은 토지에 대한 세금 부담을 소작인에게 떠넘겼고, 수령과 아전은 으레 소작인이 내는 것이라 여겼다. 그 편이 수월했다. 게다가 정해진 토지세보다 많은 세금을 우려냈다. 실제로 조선 후기에 개편된 세금 제도인 영정법 · 대동법 · 균역법은 부자들에게 세금 부담을 많이 지웠다.

환곡의 폐단도 심했다. 환곡은 보릿고개 때 가난한 농민에게 쌀을 빌려주고 가을에 10분의 1만큼 이자를 쳐서 받는 제도로, 최소한의 생존권을 보장해주어 소작농에게는 절실한 제도였다. 그러나 정약용은 그 실태를 〈여름날 술을 마시며(夏日對酒)〉에서 "봄철에 좀먹은 쌀 한 말 받고서 가을엔 온전한 쌀 두 말을 바치고 / 게다가 좀먹은 쌀값 돈으로 내라 하니 온전한 쌀 판 돈을 바칠 수밖에"라고 하며 돈에 혈안이 되어 있는 수령과 아전들을 고발했다.

도리어 네놈이 도둑놈 되었구나

너 이제 한 마리 쥐도 안 잡고

도리어 네놈이 도둑놈 되었구나

쥐는 본래 좀도둑 피해 적지만
너는 기세 드높고 맘씨까지 거칠어

쥐가 못하는 짓 제멋대로 행하니
처마에 올라가고 뚜껑 여닫고
심지어 담벽까지 무너뜨리네

이로부터 쥐들은 꺼릴 것 없어
들락날락 희희낙락 수염을 쓰다듬네

쥐들은 훔친 물건 뇌물로 주고
태연히 너와 함께 돌아다니니

호사자(好事者, 일 만들기 좋아하는 자)들 때때로 네 그림 그리는데
무수한 쥐 떼들이 하인처럼 떠받들어

북 치고 나팔 불며 떼를 지어선
깃발을 휘날리며 앞장서 가네

너는 큰 가마 타고 거만 부리며

쥐들이 떠받듦만 즐기고 있구나

- 정약용, 〈고양이〉

　정조가 죽은 후 세도 정권이 등장했다. 순종·헌종·철종 대에 임금의 외척인 안동김씨가 나라의 주인인 듯 굴었고 풍양조씨도 거들었다. 세도 가문은 비변사라는 정치기구를 틀어쥐고 훈련도 감이라는 칼날을 휘둘러댔다. 정치권에서 견제 구도가 완전히 사라진 것이다. 이제는 노론 무리에 속해 있다고 해서 권력의 노른자를 차지하는 것이 아니었다. 오로지 세도 가문과 끈이 있어야 양반으로 행세했고, 부도 챙길 수 있었다.

　　위세도 당당한 수십 가(家)에서

　　대대로 국록(國祿)을 먹어치우더니

　　그들끼리 붕당이 나뉘어서

　　엎치락뒤치락 죽이고 물고 뜯어

　　약한 놈 몸뚱인 강한 놈 밥이라

　　대여섯 호문(豪門, 가문)이 살아남아서

이들만이 경상(卿相, 재상) 되고

이들만이 악목(岳牧, 판서 관찰사) 되고

이들만이 후설(喉舌, 도승지 승지) 되고

이들만이 이목(耳目, 사헌부 사간원) 되고

이들만이 백관(百官, 모든 벼슬아치) 되고

이들만이 옥사(獄事, 감옥)를 감독하네

　　　　　　　– 정약용, 〈여름날 술을 마시며〉

　서인이 인조반정[10]으로 북인을 끝장냈고, 갑술환국[11]으로 남인도 몰아냈다. 늙은 무리들이 노론으로 세를 모아 영조를 옹립하며 소론을 억압했다.[12] 영·정조 때 주춤하던 노론들이 정조가 죽은 뒤 순조를 끼고돌며 다시 목소리에 힘이 들어갔다. 약한 이를 고기 삼아 힘센 놈의 권력을 더욱 키웠다. 이제 재상이나 대감 자리는 대여섯 집안의 세도 가문이 장악했다. 관찰사도, 절제사도, 도승지도, 사헌부도, 사간원도, 모두 이 가문 출신들로 앉혔다. 그놈이 그놈이었으니, 어디에도 견제 기능이 없었다. 암행어사를 파견해봤자 말짱 도루묵이었다. 정의가 없으니 통탄할 세상이었다.

　촌마을 형편이 이렇게 피폐한데

아전놈은 앉아서 왜 아니 돌아가나

쌀 뒤주 바닥난 지 이미 오래되었는데
무슨 수로 저녁밥 짓는단 말가

그대로 앉아서 산목숨 끊게 하니
온 동네 사람들 모두가 목이 메네

소 잡아 포를 떠서 세도집에 바치면
아전들 출세길이 이로써 결정되네

                  – 정약용, 〈용산마을의 아전(龍山吏)〉

　백성은 피폐한데 아전은 앉아서 밥을 해놓으라 한다. 소까지 빼앗겨서 더 이상 빼앗길 것도 없다. 수령들은 아전이 끌고 온 소를 도축하여 안심 부위를 재상 집에 바치니, 더 잘사는 고을 수령 자리가 이들에게 대가로 주어진다. 수령직을 산 수령은 본전만 생각하고 뇌물을 쓴 것이 아니다. 과거 시험 같은 건 안중에도 없다. 정약용은 "되는대로 적당히 채점해버려 당락은 오로지 시험관 맘에 달려 있네"라고 과거 시험장 풍경을 묘사했다. 청탁받은 수험생은 잘 메모해두었다가 합격자 발표 때 명단에 끼워 넣기만 하면 시험관의 역할은 끝난 것이다. 관직을 팔아도 누구의 눈치도 볼 필요가 없다. 정약용은 당시 매관매직의 부정을 "애써서 글 읽는 일 하지 않아도 높은 벼슬 저절로 굴러온다오"라며 풍자했다.

　상인들도 세도 가문에게는 좋은 먹잇감이었다. 정약용은 〈공주 창곡의 폐정(公州倉穀爲弊政)〉에서 "궁한 백성 부엌에는 바람, 서리만 쌓이는데 대감님 밥상에는 고기, 생선 갖춰 있네"라며 질타했다. 그는 〈감사론〉에서 아전을 작은 도둑(小盜), 관찰사를 큰 도둑 (大盜)이라 하면서 "대도가 없어지지 않으면 백성들은 모두 죽임을 당할 것이다"라고 썼다. 그러나 당시 관리는 대부분 도둑이나 마찬가지였다. 그렇기에 대도는 세도 정치 가문, 소도는 지방관이었다.

　정약용은 당시 백성의 처지를 다음과 같이 읊었다.

　　　　자식 이미 팔려갔고 내 아낸들 누가 사랴

　　　　내 가죽 다 벗기고 뼈마저 부수려나

　　　　　　　　　　　　 － 정약용, 〈승냥이와 이리(豺狼)〉

내 손으로 네놈들을 쏘아 죽이리

　　　　내 이제 붉은 활에 큰 화살 메겨

　　　　내 손으로 네놈들을 쏘아 죽이리

만약에 쥐들이 행패 부리면
차라리 무서운 개를 불러대리라

－ 정약용, 〈고양이〉

정약용이 유배에서 풀려나기 7년 전인 1811년에 홍경래의 난
이 일어났다. 백성들이 "붉은 활에 큰 화살을 메겨" 고양이와 쥐를
쏘아 죽이려 직접 일어선 것이다.

서민(西民, 평안도 백성)들 오랫동안 억눌려 지내
십 세(十世) 동안 벼슬길 막혀버려서

겉모양 비록 공손하지만
가슴속엔 언제나 사무친 원한

지난번 일본놈들 쳐들어왔을 때
의병들 곳곳에서 일어났지만

서민 유독 팔짱 끼고 방관한 것은
진실로 그럴 만한 이유 있었지

생각하면 가슴속에 끓어오르네

술이나 들이켜고 진(眞)으로 돌아가자

– 정약용, 〈여름날 술을 마시며〉

　홍경래의 난은 세도 정권에 저항한 첫 민중 항쟁이었다. 정약용은 홍경래의 난을 심히 걱정했지만, 난이 일어나기 이전에 쓴 시에서는 평안도 사람들의 억울함을 이해하고 있었다. 홍경래는 세도 정권의 평안도 지방 차별 대우, 삼정의 문란에 대한 백성들의 고통과 불만을 하나로 엮어내 민중 봉기를 일으켰다. 한때 평안도의 정주·박천·곽산·선천·철산·용천 등 청천강 이북의 8군을 점령할 정도로 기세가 등등했다. 서울의 문벌가와 양반들은 피난 보따리를 싸기에 바빴다. 잠시였긴 해도 조정과 온 나라를 휘저어놓았다. 그러나 1812년 4월, 관군에 진압됐다.[13]

　홍경래의 난은 이후 농민 봉기의 밑거름이 되었다. 정약용이 눈을 감은 지 26년 후, 단성·진주민란을 시작으로 경상도·전라도·충청도로 번져나갔고, 전국적으로 농민 봉기가 불타오른 것이 임술농민봉기였다. 1862년은 민란의 해였다. 삼정의 고통을 참다가 도저히 더 이상 견디지 못하고 백성들이 이 고을, 저 고을에서 '붉은 활'을 당겼던 것이다. 1863년, 흥선대원군이 개혁을 시도했지만 민씨 세도 정권이 다시 들어섰다. 잠시나마 1894년 동학농민혁명이 일어나 전라도 지역에서 적폐를 청산하려는 시도가 있었다. 그때 전라도에 설치된 집강소는 농민이 중심이 되어 악폐를 청산하던 농민 통치 기구로, 고양이와 쥐를 완전히 제압했다. 역사에서 '무서운 개'를 불러들인 것이다.

정약용은 〈오누이(有兒)〉라는 시를 짓고 제목 옆에 다음과 같은 글을 남겼다. "〈오누이〉는 흉년을 걱정한 시다. 지아비는 아내를 버리고, 어미는 자식을 버렸다. 7살 먹은 여자아이가 남동생을 데리고 길거리를 방황하면서 엄마를 잃어버렸다고 엉엉 울고 있었다."

오누이 둘이서 나란히 걸어가네
누이는 북상투 동생은 쌍상투

누이는 이제 겨우 말 배울 나이
동생은 더벅머리 늘어뜨리고

어미 잃고 울면서
갈림길 헤매네

그들 잡고 물어보니
목이 메어 말더듬네

"아버진 집 떠나고
어머닌 짝 잃은 새

쌀 뒤주 바닥나

사흘을 굶었다오

엄마하고 나하고 흐느껴 울어

눈물 콧물 두 뺨에 얼룩지는데

어린 동생 울면서 젖을 찾으나

젖은 이미 말라서 붙어버렸소

어머니 내 손 잡고

어린것 이끌고서

산골 마을 다니며

구걸해서 먹였다오

······(중략)······

잠 깨어 이리저리 살펴봤으나

어머닌 여기에 없었답니다"

말하다가 울다가

눈물이 비 오듯

해 저물어 어두운 하늘
새들도 집 찾건만

외로운 두 남매
갈 집이 없네

슬프다. 이 백성들
본성마저 잃었구나

부부간 서로도 사랑하지 못하고
어머니도 제 자식 돌볼 수 없네

갑인년(甲寅年)에 이 몸이
암행어사 되었을 때

임금님 당부가 고아를 보살펴
고생 없이 하라고 부탁했건만

벼슬하는 사람들

감히 이 말 어길쏘냐

– 정약용, 〈오누이〉

정약용은 《목민심서》에서 수령이 중앙의 관료와 의견 충돌이 있을 때 백성의 뜻에 따라 행동하는 것이 옳다고 썼다. 그 근거로 다음과 같이 들고 있다.

> 천하에서 지극히 비천하여 호소할 곳이 없는 자가 백성이지만, 천하에 산처럼 높고 중대한 자도 백성이다. 요순 이래 성인들이 서로 경계하기를, 백성을 반드시 보호하라 하였다.

신하의 시대라 불린 조선 후기, 영조의 정책을 계승한 정조는 나라를 바로 세우기 위해 생명의 위협을 받으면서도 혼신을 다했다. 정약용도 그가 익힌 학문의 목적, 즉 헐벗은 백성의 편안한 삶을 위해 정조의 가치를 내면화하여 최전선에서 함께 뛰었다. 그러나 기득권 세력은 너무나 강고했고, 결국 정조와 정약용이 꺾였다.

조정이 백성을 포기한 나라, 백성의 최소한의 생존권마저 짓밟은 나라, '이게 나라냐'. 개혁의 실패가 가져온 비참한 백성들의 생활은 되새겨볼 일이다.

1) 박영규,《한 권으로 읽는 조선왕조실록》, 웅진지식하우스, 2017.

2) 이덕일,《정약용과 그 형제들 1》, 김영사, 2011.

3) 남인 계열이었던 이잠은 노론이 연잉군(후에 영조)을 세자로 삼기 위해 장희빈의 소생 윤(후에 경종)의 세자 책봉을 막고 있다고 상소를 올려 노론의 거센 반발을 일으키고 숙종을 진노케 했다. 그는 국문 끝에 47세로 생을 마감했다.

4) 김동욱,《실학 정신으로 세운 조선의 신도시, 수원 화성》, 돌베개, 2002.

5) 이덕일,《정약용과 그 형제들2》, 김영사, 2011.

6) 김남기,《정약용 선생의 선물》, 저녁바람, 2017.

7) 박석무 편역,《유배지에서 보낸 편지》, 창작과비평사, 2010.

8) 함규진,《정약용, 조선의 르네상스를 꿈꾸다》, 한길사, 2015.

9) 군역은 16세에서 59세까지의 양인 남자를 대상으로 했다.

10) 서인 세력이 광해군과 북인 정권의 중립 외교나 인목대비 유폐 사건 등이 명에 대한 의리와 인륜을 어긴 것이라는 명분을 내세워, 남인 일부를 끌어들여 정권을 탈취하고 능양군 종을 임금(인조)으로 앉힌 사건이다.

11) 숙종 때 서인과 남인의 정권 쟁탈 과정에서 숙종이 남인의 지지를 받던 장희빈을 왕비에서 희빈으로 강등시키면서 서인(노론과 소론)에 권력을 몰아준 사건이다. 이후 남인은 정계에서 소외된다.

12) 소론이 장희빈의 아들 경종을 떠받들었으나, 노론은 세제로 연잉군을 밀면서 다수파로 정권을 주도하였다. 노론과 소론의 대립 속에서 경종이 재위한 지 4년 8개월 만에 죽었다. 경종의 뒤를 이어 연잉군이 영조로 즉위했다.

13) 이이화,《민란의 시대》, 한겨레출판, 2017.

전봉준 기념비(정읍 전봉준 단소)

〈절명시〉속, 나라를 위한
전봉준의 붉은 마음

그 누가 알기나 하리

처음에는 우리 모두 이름 없는 들꽃이었더니

들꽃 중에서도 저 하늘 보기 두려워

그늘 깊은 땅속으로 젖은 발 내리고 싶어 하던

잔뿌리였더니

⋯⋯(중략)⋯⋯

그 누가 알기나 하리

겨울이라 꽁꽁 숨어 우는 우리나라 풀뿌리들이

입춘 경칩 지나 수군거리며 봄바람 찾아오면

수천 개의 푸른 기상나팔을 불어제낄 것을

지금은 손발 묶인 저 얼음장 강줄기가

서해로 출렁거리며 쳐들어갈 것을

우리 성상(聖上) 계옵신 곳 가까이 가서
녹두알 같은 눈물 흘리며 한 목숨 타오르겠네
봉준이 이 사람아
그대 갈 때 누군가 찍은 한 장 사진 속에서
기억하라고 타는 눈빛으로 건네던 말
오늘 나는 알겠네

들꽃들아
그날이 오면 닭 울 때
흰 무명띠 머리에 두르고 동진강 어귀에 모여
척왜척화 척왜척화 물결 소리에
귀를 기울이라

이 시는 1984년 〈동아일보〉 신춘문예 당선작인 안도현 시인의
〈서울로 가는 전봉준〉이다. 1984년은 동학농민혁명이 일어난 지
90년 되던 해였다. 처음에는 민중은 그저 권력자와 침략자에게서
피하기만 하던 "잔뿌리"였으나, 전봉준으로 인해 "서해로 출렁거
리며 쳐들어갈" 흰 무명 띠 머리에 두른 들꽃들로 함께 일어서라
고 한다. 시인은 전봉준이 "기억하라고 타는 눈빛으로 건네던 말"

이 무엇인지를 알겠다고 말한다. '척왜척화', 동학농민혁명에서 120년이 지난 지금도 여전한 과제인 것 같다.

동학농민혁명은 1894년 1월 전라도 고부에서 시작되어 1895년 3월에 전봉준이 처형되기까지 대략 1년여 동안 벌어진 민중들의 봉기를 가리킨다. 이 혁명은 전라도 고부 군수 조병갑의 수탈을 견디지 못한 농민들이 관아를 습격하면서 시작된다. 이후 전라도 백산에서 1차로 봉기하여 전주성까지 점령했다. 그러나 이를 빌미로 청과 일본이 조선에 들어왔고, 농민군은 외세의 개입을 막기 위해 조선 정부와 전주화약을 맺고 싸움을 중단한다.

그러는 사이 청과 일본 간에 청·일전쟁이 일어났고 일본의 간섭이 노골화된다. 그러자 동학농민군은 2차 봉기를 일으켜 일본군과 맞섰다. 하지만 신식 무기로 무장한 일본군에 대항하기에는 역부족이었고, 결국 동학농민혁명은 실패로 끝나게 된다.

동학농민혁명에서 전봉준은 농민의 바람을 현실로 만들려던 인물이었다. 동학농민혁명의 세 주역은 전봉준·김개남·손화중으로, 많은 민중을 이끌고 동학사상이 제시한 후천개벽, 즉 민중이 주인인 세상, 민중이 하늘인 세상을 열기 위해 민중과 생사를 함께 했다.

동학농민혁명은 조병갑의 수탈을 계기로 고부 농민들을 하나로 묶었고, 안핵사 이용태의 탐학에 맞서 전라도 백성들을 농민군으로 엮어내면서 민란을 뛰어넘어 농민전쟁으로 발전했다. 그 후 일본의 침략이 현실로 드러나자, 반일을 기치로 최시형의 영향권에 있던 충청·경상도 지역의 민중들로 그 세력을 확대시켰다. 이러한 점진적 운동의 확대는 우연이 아니라 전략적인 것이었고, 그 중심에 전봉준이 있었다.

전봉준과 그 동지들은 처음부터 혁명의 목적을 신념으로 내세웠고, 신분제 철폐를 통해 사람이 본성 그대로의 사람으로 대우받는 사회를 만들고자 했다. 동학농민혁명은 당시 조선이 맞닥뜨린 문제의식, 즉 봉건국가에서 근대국가로 나아가기 위한 격변을 그대로 보여주는 사건이었다. 그리고 신분제, 사회개혁, 외세에 대한 배척 등 일본 식민지 지배를 받기 전까지 약 15년 동안 조선을 뒤흔들게 된다. 그 후의 역사에서 끊임없는 민중들의 투쟁을 통해 현실이 된다. 동학농민혁명은 당장은 실패했으나, 실패하지 않았던 것이다.

> 때를 만나서는 천지도 모두 힘을 합하더니
> 운이 가니 영웅도 스스로 어찌하지 못하는구나
> 백성 사랑하는 정의 나 잘못 없으니
> 나라를 위하는 붉은 마음 누가 알아주리
>
> — 전봉준, 〈절명시(絶命詩)〉

1895년 3월 30일 새벽, 동학농민혁명의 대명사, 전봉준은 사형에 처해졌다. 교수대에서 법관이 그에게 남길 말이 있는지 묻자, "나를 죽일진대 종로 네거리에서 목을 베어 오고 가는 사람들에게 내 피를 뿌려주는 것이 옳거늘 어찌 컴컴한 적굴 속에서 암연히 죽이느냐"며 꾸짖었다. 그리고 〈절명시〉를 남기고 눈을 감았다.

전봉준의 '나라를 위한 붉은 마음'은 〈전봉준 공초〉에 잘 나타나 있다. 전봉준은 체포된 후 31일간 다섯 차례에 걸쳐 조선 정부와 일본영사관에 심문받았다. 심문 내용은 고부농민봉기부터 체포되기까지의 행적이다. 공초[1]의 내용을 따라가면서 전봉준의 '붉은 마음'을 살펴보자.

정약용의 개혁 사상과 동학사상이 혁명의 이정표가 되다

> 問: 너는 해를 입음이 없는데 소란을 일으킨 것은 무슨 이유인가?
> 供: 일신의 해로 말미암아 기포함이 어찌 남자의 일이 되리오. 많은 백성이 억울해하고 한탄하는 고로 백성을 위하여 해를 제거코자 한 것이다.
> – 〈전봉준 공초〉 중 '농민 봉기를 일으킨 이유'에 대한 부분

전봉준은 1855년 고창에서 태어나 어린 시절을 보냈다. 키가

작아 녹두라는 별명으로 불렸고, 골목대장 노릇도 했다. 원평에 살 적에는 김덕명과 친하게 지냈다. 김덕명은 전봉준보다 10살 연상인 외사촌 형이었다. 열여덟 무렵에는 태인에 살았는데, 그때 김개남과 사귀었다. 이들은 동학농민혁명에서 핵심 인물들이다. 몰락한 양반 출신인 전봉준은 집안 형편이 어려워 여러 곳을 이사 다녀야 했고, 농민들의 밑바닥 삶을 뼈저리게 동정했을 것이다. 이 시기에 그는 정약용의 개혁 사상을 접했을 것이라 한다.[2] 정약용의 저작들은 전라도 강진에서 저술되어 해남과 강진의 선비들에게 은밀히 읽혔고, 그도 그 책을 읽고 많은 생각에 잠겼을 것이다. 중년이 되었을 때 고부 조소리 마을에 정착해 서당을 열고 한약방을 차렸다. 이곳에서 그는 마을의 애경사에만 얼굴을 드러냈고, 아이들을 가르치고 한약방에 찾아드는 환자들에게 약을 지어주는 데 시간을 보냈다. 한약방은 일종의 위장 아지트였을 것이다. 먼 곳에서 손님이 찾아와 며칠씩 묵고 가거나, 모르는 사람들이 자주 들렀다 한다.[3] 오지영의 《동학사》에는 "호남으로는 손화중, 김덕명, 최경선, 김개남 등과 상종이 많았고, 호서로는 서장옥, 황하일 등과 교분이 두터웠다"라고 기록되어 있다. 전봉준은 고부농민봉기가 발생하기 전부터 동지들을 규합하여 모종의 일을 계획하고 있었던 것이다. 더군다나 그는 무장의 구곡 고량에 군사훈련장을 만들고 청년들을 모아 군사훈련을 시키기도 했다고 한다.[4]

전봉준은 손화중(정읍 출신의 무장 동학의 접주로 전봉준, 김개남과 함께 동학농민혁명의 3대 지도자 중 한 명) 등과 친분을 유지하면서 인내천·시천주 등의 평등사상과 후천개벽의 사회개혁 사상을 골자로 하는 동학의 교리를 이미 알고 있었다. 그가 공자와 맹자의 학문을 가르치다가 동학에 입도한 해가 1892년경이다. 전봉준도 일본영사관에 심문받을 때 그렇게 대답했다. 당시 동학은 제2대 교주 최시형을 중심으로 한 동학교도 집단인 북접, 서장옥 중심의 강경파인 남접으로 양분되어 있었다. 전봉준은 손화중·김개남 등과 함께 남접에 속했고 고부 접주(고부의 우두머리)를 맡고 있었다.

1892년 11월, 동학교도들이 삼례에 모여 최제우의 신원(伸寃, 원한을 품)과 동학의 탄압 중지를 주장하며 집회를 열었다. 이때 전봉준은 창의문(倡義文, 봉기를 호소하는 글)을 쓰고 직접 전라감사에게 제출했다. 이어 남접계는 최시형을 설득하여 한양 궁궐 앞에서 복합 상소(대궐 앞에 엎드려 소문을 올리는 행위)할 것을 강력히 요구했다. 복합 상소를 북접계가 주도하고 있을 때, 남접계는 일본과 서양 세력은 물러가라는 괘서(掛書, 익명으로 게시하는 글)를 서울 곳곳에 붙였다. 이로 인해 서울의 외국 공관과 외국인이 겁을 먹어 본국에 지원 요청까지 했다. 전봉준은 서장옥과 함께 배후에서 이 일을 기획했을 것이라 한다.[5]

이후 전봉준은 충청도 보은·전라도 원평·경상도 밀양에서 이른바 '삼남(三南) 집회'를 계획했다. 보은에서는 북접의 동학교도를 중심으로 7~8만 명 정도가 '척양척왜'의 깃발을 휘날리며 모였다.

보은 집회도 정치 운동의 성격을 띠기 시작한 것이다. 교조신원운동은 동학교도들이 중심이었지만, 수탈에 신음하던 일반 백성들도 많이 참여했다. 당시 전봉준·김개남·손화중·최경선 등의 남접계는 따로 전라도 원평에 모였다. 서장옥·황하일 등 충청도의 일부 지도자들도 함께했다.[6]

원평집회에는 동학교도보다는 순수한 농민들이 더 많았다. 전봉준은 보은 집회의 상황을 주시하면서 원평 집회를 배후에서 이끌었다. 이들은 곧바로 인천으로 진군할 것을 선언하면서 급진적인 분위기를 만들었다. 그러나 보은에서 선무사 어윤중이 중앙의 군대를 이끌고 군중들을 회유하자, 집회는 맥없이 해산됐다. 원평에서 보은 집회의 추이를 지켜보던 전봉준은 다음을 기약하고 해산 결정을 내렸다. 전봉준은 서병학, 서장옥 등과 함께 '삼남 집회'의 주모자로 체포령이 내려졌다.

問: 작년 3개월 동안에 고부 등지에서 민중을 크게 모았다 하니 무슨 사연으로 그리하였는가?

供: 그때 고부의 군수가 정액 외의 가렴(苛斂, 세금 따위를 가혹하게 더 거두어들임)이 수만 냥인 고로 민심이 억울하고 한통스러워 이 의거가 있었다.

問: 고부에서 기포할 때에 동학이 많았느냐, 원민(冤民)이 많았느냐?

供: 기포할 때에 원민과 동학이 합하였으나, 동학은 적고 원민은 많았다.

– 〈전봉준 공초〉 중 '고부농민봉기'에 대한 부분

공초를 살펴보면, 1893년 당시 고부군수 조병갑이 세금을 가혹하게 갈취하여 백성들의 원성이 자자했다. 그래서 전봉준의 주도하에 원민들이 들고 일어난 것이다. 고부는 평야가 펼쳐져 있고 해안가를 옆에 두고 있어서 물산이 풍부해 수령들이 군침을 흘리던 곳이다. 조병갑은 농민들을 동원해 만석보를 쌓고 물세를 내게 했다. 면세를 조건으로 황무지를 개간하게 하곤 다시금 세를 매겼다. 부자들에게는 불효를 덮어씌워 돈을 우려냈다. 모든 업무를 돈과 관련시켜 백성들의 고혈을 짜냈다. 대동미 운반을 맡은 조운사도 수송비 명목으로 재미를 톡톡히 봤다. 고부를 비롯한 팔도의 농민들은 탐관오리에게 밥 그 자체였다.

1893년 6월, 고부 백성들은 고부군수에게 등소(等訴, 백성들이 관아에 사정을 호소하는 일)하기로 했다. 장두(狀頭, 앞장선 사람)는 전봉준의 아버지인 전창혁 등 세 명이 맡았다. 세 사람은 조병갑에게 심하게 매질을 당했다. 전창혁은 곤장 독으로 눈을 감았다. 결국 전봉준은 동지들을 모이게 하고, 주모자가 누군지 모르게 하기 위해 사발을 엎어놓고 이름을 이어서 돌려썼다. 이것이 '사발통문'이다. 그리고 이에 덧붙여 4개 항의 결의를 실었다.

고부성을 격파하고 군수 조병갑의 머리를 벨 것. / 무기 창고
와 화약 창고를 점령할 것. / 군수에게 아부하여 인민을 갈취
한 탐관오리를 쳐서 징계할 것. / 전주 감영을 점령하고 서울
로 곧바로 올라갈 것.

고부를 시작으로 전주 감영을 접수하고, 서울(한양)까지 올라가
민씨 척족을 제거한다는 목표를 명확하게 밝혔다. 흥선대원군을
내쫓은 민비(훗날 명성황후)는 민씨 척족들을 권력의 노른자에 앉혀
또다시 세도 정권으로 군림했고, 매관매직도 일상적으로 행했다.
전봉준은 조병갑을 제거하는 데 그치지 않고 '천지개벽', 즉 혁명
을 도모하고 있었다. '사발통문'은 곧바로 고부군 내 각 리의 이장
과 집강(執綱, 동학교단의 임원 중 하나)에게 띄워졌다.

1894년 1월 10일 밤, 전봉준은 말목장터로 농민들을 모이게 하
고는 앞장서서 농민군을 이끌어 고부 관아에 들이쳤다. 낌새를 알
아차린 조병갑은 벌써 도망쳤다. 전봉준은 옥사를 헐어 억울한 죄
수들을 풀어주고, 곡식 창고를 열어 농민들에게 돌려줬다. 그리고
관군의 공격에 대비해 백산으로 옮겨 진을 쳤다. 조정은 사태를 수
습하기 위해 조병갑을 잡아들이고, 박원명을 고부군수로 임명했
다. 또 장흥부사 이용태를 안핵사(현지 조사관)로 파견했다. 박원명
은 농민들을 위로하면서 잘못된 행정을 바로잡겠다고 약속했다.
이에 전봉준의 의지와는 다르게 농민들은 마음이 누그러져서 집

으로 돌아가고 있었다. 전봉준은 수하 수십 명을 데리고 피신했다.

농민전쟁의 서막이 오르다

問: 흩어져 돌아간 후에는 무슨 일로 인하여 다시 기포하였느냐?

供: 그 후에 장흥부사 이용태가 조사관(안핵사)으로 본읍에 와서 기포한 인민을 동학이라고 통칭하고 이름을 나열하여 체포하며 그 집을 불태우며 당사자가 없으면 처자를 체포하여 그 집을 불태우며 살육을 행하는 고로 다시 기포하였다.

– 〈전봉준 공초〉 중 '제1차 봉기'에 대한 부분

전봉준에게 다시 기회가 찾아왔다. 농민군이 해산하자, 이용태는 장흥 역졸 800여 명을 인솔하고 고부에 들어왔다. 그도 조병갑과 똑같았다. 고부에서 안핵사 업무가 돈 되는 일이었다. 그는 농민들을 동학교도로 몰아서 닥치는 대로 체포했다. 한술 더 떠 고부의 이웃 고을인 부안·고창·무장까지 싹싹 훑고 다녔다. 부녀자들을 욕보이고 집을 불태우며 폭행도 다반사였다. 민심이 들끓었다.

전봉준 일행은 은밀히 무장으로 발걸음을 옮겼다. 무장은 손화중의 근거지였다. 그곳에서 손화중·김개남과 봉기하기로 의견을 모았다. 1894년 3월 20일경, 전봉준은 무장·고부·태인·정읍 출신의 농민군 4,000여 명을 모아 창의소를 차리고 창의문(무장 포고문)을 읽어 내려갔다. 포고문에서 "온 나라는 어육(魚肉)이 되고 만백성은 도탄에 빠졌다"고 말하며 "보국안민을 생사의 맹세로 삼노라"라고 선언했다. 민씨 정권을 향한 선전포고였다.

　전라도에서 발표된 포고문은 충청도·경상도의 여러 고을에까지 전달됐다. 민란을 뛰어넘는 농민전쟁의 서막이 오른 것이다. 농민군이 무장에 이어 고부도 접수했다. 양곡을 풀어 농민들에게 나눠주고 다시 백산으로 옮겼을 때, 농민군이 수만 명이었다고 한다. 전봉준은 총사령관으로 추대되고, 총관령에 손화중·김개남, 총참모에 김덕명·오지영, 영솔장에 최경선, 비서에 송희옥·정백현 등이 임명되어 농민군 지도부를 편성했다.

　흰옷 입은 농민군들이 죽창을 세워 잡고 백산에 가득히 모였다. 그래서 "일어나면 백산이요, 앉으면 죽산이다"라는 말이 나왔다. 대장기에는 '보국안민'의 깃발이 펄럭였다. 전봉준은 격문에서 "안으로는 탐학한 관리의 머리를 베고 밖으로는 횡포한 강적의 무리를 몰아내자"라고 주장하며 더 많은 농민뿐만 아니라 향리들까지 동참해줄 것을 호소했다. '농민군 4대 행동 강령'도 발표했다.

　　첫째, 사람을 함부로 죽이지 말고 가축을 멋대로 잡아먹지 마라.

둘째, 충효의 마음을 다하여 세상을 구제하고 백성을 편안케 하라.

셋째, 왜의 오랑캐를 섬멸하고 성스러운 길을 맑게 하라.

넷째, 군사를 몰아 서울로 들어가 세도가를 깡그리 없애라.

그는 철저하게 복수가 아닌 혁명을 지향했다. 그의 최종 목표는 민씨 척족과 일본을 제거하는 것이었다. '보국안민', 즉 나라를 올바로 세워 백성이 편안한 사회를 이 땅에 실현하려 했던 것이다.

전라감사 김문현은 관에 있는 병사뿐 아니라 보부상과 일반 농민들로 조직한 향병 1,300여 명을 모아 농민군 토벌에 나섰다. 전봉준은 토벌군을 황토재로 끌어들였고, 밤에 기습작전을 벌여 첫 전투를 승리로 장식했다. 이것이 '황토재전투'였다. 당시 전봉준은 토벌군 중 향병은 공격하지 않도록 명령했는데, 그들을 농민군에 끌어들이려는 전술이었을 것이다.

상황이 급박하다고 인식한 조정은 홍계훈을 양호초토사로 임명해 중앙군 병정 800여 명을 급히 파견했다. 4월 10일, 전주에 도착한 홍계훈은 좀처럼 움직이지 않았다. 앞서 토벌군이 패배했다는 소식을 듣고 농민군과 맞닥뜨리기를 주저했을 것이다. 전봉준은 농민군을 이끌고 정읍·고창·무장·영광·함평을 차례로 접수했다. 4월 23일, 장성에서 농민군은 이학승을 선봉으로 한 홍계훈의 중앙군 300여 명과 전투를 벌였다. 농민군은 장성의 황룡강

변전투에서 신무기인 장태[7] 수십 개를 앞세워 이학승의 군대를 격파했다. 전봉준은 이 여세를 몰아 호남의 제1성 전주성에 무혈 입성했다(4월 27일). 농민군의 전주성 함락은 초기의 동학농민혁명에서 가장 큰 성과이자 결실이었다.

이에 당황한 조정은 큰 실수를 저지르고 만다. 농민군을 막기 위해 청나라에 원병을 요청한 것이다. 청나라군의 요청은 보은 집회 때부터 거론되기 시작했다. 곧이어 전주성 함락 소식을 듣고 내무협판 민영준이 강력하게 밀어붙였다. 반면 정1품 영돈녕 김병시는 "비도(동학군)들의 죄야 용서할 수 없지만 그들도 모두 우리의 백성이니, 우리의 군사로 다스리지 않고 다른 나라의 병력을 빌려 이를 토벌한다면 백성들의 심정이 어떻겠는가? 민심이 동요할 것이니 이는 삼갈 일이다"라고 말하며 반대했다.[8] 그러나 민영준은 반대 의견을 누르고 고종의 재가를 받아 갑신정변 진압 사령관이었던 위안스카이를 통해 청나라에 군대를 요청했다.

그렇지만 외국군의 파병에는 대가가 따랐다. 청나라 군대뿐만 아니라 일본군도 파병되어 청·일전쟁이 발발하고 일본군의 경복궁 쿠데타로 결국 민씨 정권도 역사의 뒤안길로 사라졌다. 그 후로 조선은 일본의 큰소리에 귀를 곧추세워야 했고, 역사의 소용돌이에 빠져들었다.

전봉준과 지도부는 전주성 선화당(감사가 업무를 보던 건물)에 대장소(대장의 지휘소)를 설치했다. 홍계훈의 중앙군이 전주성을 포위했고, 농민군과 몇 차례 싸움을 벌였다. 조정의 요청에 따라 청나라군이 5월 5일 아산만으로 들어왔다. 텐진조약[9]을 빌미로 일본군도 5월 6일 인천에 상륙했다. 한반도가 청나라와 일본의 전쟁터가 될 가능성이 커졌다. 전봉준은 외세의 개입을 우려했고, 홍계훈에게 협상의 조건으로 개혁안을 제시했다. 전주성을 진압할 자신이 없었던 홍계훈도 신임감사 김학진의 재가를 얻어 협상안을 받아들였다. 5월 7일, 전주화약이 성립했다.

이때 발표한 폐정개혁 12개조는 다음과 같다.

도인(농민군)과 정부 사이에는 묵은 혐의를 깡그리 쓸어버리고 여러 정사에 협력할 것, 탐관오리는 그 죄목을 조사하여 낱낱이 엄하게 징벌할 것, 횡포한 부호의 무리를 엄하게 징벌할 것, 불량한 유림과 양반 무리는 엄하게 징벌할 것, 노비 문서를 불태워 없애버릴 것, 칠반천인의 대우를 개선하고 백정이 쓴 평량입은 벗길 것, 청춘 과부에게는 개가를 허락할 것, 무명의 접세는 일절 부과하지 말 것, 관리 채용은 지벌을 타파하고 인재를 등용할 것, 왜와 간통하는 자는 엄하게 징벌할 것, 공사의 채무를 가리지 말고 기왕의 것은 소멸시킬 것, 토지는 고르게 나누어 짓게 할 것.

— 오지영, 《동학사》 중에서

그 결과, 5~7월 사이에 전라도 50여 개 고을에 집강소가 설치됐다. 그리고 횡포하거나 불량한 무리에 대한 엄한 징벌, 신분제의 폐지, 젊은 과부의 재혼, 잡다한 세금 부과 금지, 농민의 부채 탕감, 인재의 등용, 일본에 빌붙은 자에 대한 징벌, 그리고 농민들의 토지의 공평한 경작 등 폐정개혁 12개조 중 '토지는 고르게 나누어 짓게 할 것'을 제외하고는 곧바로 집강소의 실천 과제가 되었다.

전봉준은 전주성 선화당에서 사실상의 감사로 업무를 수행했다. 감사 김학진은 수령들에게 집강소의 일에 적극적으로 협조하라는 공문을 띄우며 일을 도왔다. 농민군 점령 지역에서는 농민군이 관아 건물을 접수하여 농민 통치를 시작했다.[10] 농민군 점령 지역이 아닌 충청도와 경상도 일부 지역에서는 집강소가 농민 자치 기구로 역할했다.

일본군을 몰아내자

問: 다시 기포한 것은 무슨 이유인가?
供: 그 후에 들은즉 귀국(일본)이 개화라 칭하고 처음부터 일언반구의 말도 민간에 공포함이 없고 또 알리는 글도 없이 군대를 거느리고 우리의 서울에 들어와 밤중에 왕궁을 공격하여 임금을 놀라게 하였다 하기로, 초야의 사민들이 충군애국지

심으로 분개함을 이기지 못하여 의병을 규합하여 일본인과
접전하여 이 사실을 일차로 묻고자 함이었다.

— 〈전봉준 공초〉 중 '제2차 봉기'에 대한 부분

전주화약을 체결한 직후, 조정은 청나라군와 일본군에 철수
를 요구했다. 그러나 일본군은 남산 중턱에 대포를 설치하고 6월
21일 새벽에 경복궁으로 군대를 몰고 들어왔다. 곧이어 청에 우호
적이었던 민씨 정권을 타도하고 친일 개화당 정권을 출범시키고는
갑오개혁을 강제했다. 이어서 23일에는 풍도 앞바다에 정박 중이
던 청나라 함대를 불시에 공격했다. 청·일전쟁이 발발한 것이다.

전봉준은 정세의 추이를 눈여겨보고 있었다. 일본의 야욕이 그
본심을 드러내고 있었기 때문이다. 9월, 그는 재봉기를 결정하고
서울로 진격하기 위해 전라도 삼례로 직속 부대 4,000여 명을 집
결시켰다. 김학진도 무기와 군량 준비를 도왔다. 각지에 파발마를
띄워 여러 세력의 참여를 독려했지만, 김개남은 아직 시기가 아니
라고 말하며 참여하길 거절했고 손화중과 최경선은 일본군의 바
다 쪽 상륙에 대비해 광주 수비를 맡기로 했다. 10월 9일, 마침내
전봉준은 북접의 참여를 끌어냈다. 최시형은 동학교도들에게 대
동원령을 내렸다. 북접은 손병희를 최고군사지휘자로 삼아 보은
에 집결하고 있었다.

농민군은 삼례의 가도에서 강경, 은진의 길로 접어들었다. 그사

이 전봉준의 직속 부대는 1만여 명으로 늘었다. 강경의 논산에서 남접의 전봉준과 북접의 손병희가 만나 작전을 논의했다. 농민군 제2차 봉기의 시작이다. 친일 개화당 정권은 이두황을 우선봉장, 이규태를 좌선봉장으로 삼고 일본군의 지휘를 받도록 했다. 일본은 바다와 육지에서 농민군을 완전히 포위하여 고립시키는 작전을 짰고, 농민군 토벌 전담 부대로 '후비보병독립 제19대대'를 편성했다. 일본군은 연발식 라이플총으로, 정부군은 연발식 소총인 스나이더총으로 무장했다. 최신식 대포나 기관총도 갖췄다. 농민군은 그 둘을 상대로 싸움을 해야 했다. 농민군의 무기는 재래식 조총이었고 대부분 죽창을 들었다.

일본군과 정부군은 10월 말경에 공주를 먼저 장악했다. 농민군은 북접과 남접이 일본군과 정부군을 포위하여 협공하는 작전을 폈다. 드디어 공주에서 공방전이 전개됐다. 전봉준은 정부군을 우금재까지 밀어붙였다. 우금재에서는 모리오 대위가 지휘하는 일본군이 진을 치고 기다리고 있었다.

11월 9일, 우금재전투가 시작됐다. 40~50여 회의 치열한 접전 끝에 농민군이 밀렸다. 1만 명에 달하던 전봉준 직속 부대는 500여 명으로 줄어들었다. 다른 부대의 사정도 마찬가지였다. 4일 동안 전개된 우금재전투에서 농민군이 진압군의 우세한 화력을 버텨내지 못한 것이다. 전봉준은 연이어 패배를 당하며 남은 부대를 모아 전주로 후퇴했다. 벼랑 끝에 선 농민군은 원평과 태인에 집결하여 마지막 재기를 노렸다. 하지만 그곳에서도 허무하게 승패가 갈렸다. 전봉준은 남은 부대를 해산시키고 정예 군사 수십 명만 데리고 다음을 기약해야 했다. 북접의 손병희와도 다른 기회를 약속하며 헤어졌다. 훗날 역사학자 박은식은 동학농민혁명 기간 동안 일본군과 정부군이 농민군을 30만 명 정도 학살했다고 기록했다.

전봉준은 때를 만나 농민들의 마음을 하나로 크게 모을 수 있었다. 그러나 제2차 봉기 때는 운이 따라주지 않았다. 김개남이 뒤늦게 참여하여 공주가 아닌 청주 방면으로 전력을 쏟는 바람에 화력이 분산됐다. 또 핵심 인물인 손화중이나 최경선도 동행하지 못했다. 북접의 동참을 어렵게 이끌어냈으나, 실전 경험이 없는 오합지졸에 불과했다.

가장 큰 변수는 최신식 무기와 정예 군사 훈련을 받은 일본군이었다. 이들의 군사 작전은 전봉준의 군사 지식보다 한 수 위였다. 제1차 농민봉기처럼 일본군의 개입이 없었더라면 농민군이 정부군을 제압하고 서울까지 진격했을 것이다. 더군다나 당시 실세에서 밀려나 있었던 고종의 아버지 흥선대원군도 농민군을 이용해 정권을 탈취하려 했기 때문에 그 가능성은 매우 컸다.

제2차 농민 봉기의 패인은 여러 가지를 들 수 있겠지만, 일본군이나 정부군보다 먼저 공주를 장악하지 못한 데 있다. 다른 세력들을 규합하느라 삼례에서 너무 시간을 끌었던 것이다. 당시 백성들에게서 회자된 "가보세, 가보세, 을미적거리면 못 가나니"라는 말에 시사점이 있다. 갑오년(1894년)에 결판을 봐야지 을미년(1895년)까지 끌면 일을 그르칠 수도 있다는 뜻이다. 청·일전쟁이 일어난 마당에 속전속결했어야 한다는 의미가 담겨 있다. 평등한 세상을 꿈꿨던 수많은 이들의 바람이 이루어질 순간이 어쩌면 눈앞에서 사라지는 찰나였는지도 모른다.

합의법에 기초한 정치를 구상하다

間: 그러한즉 전라도에서 탐학의 관리를 제거하고자 기포했는가? 그렇지 않으면 팔도를 한가지로 이같이 할 의향이었는가?

供: 전라도의 탐학을 제거하고 또 중앙의 매관매직하는 척신들을 쫓아내면 팔도가 자연히 한몸이 될 것이다.

間: 너는 고부군수에게서 피해가 많지 않았는데 어떠한 의견으로 연유하여 이 거사를 행하였는가?

供: 세상살이가 날로 그릇되어 가는 고로 개연히 한번 세상을 건져보고자 하는 의견이었다.

間: 가히 상세히 (일본영사관의) 속을 안 다음 장차 어떤 일을 계획하려 하였는가?

供: 보국안민의 계책을 하고자 하였다.

　　　　　– 〈전봉준 공초〉 중 '혁명의 의도'에 대한 부분

　전봉준은 어떤 정치를 펴고 싶었을까? 그가 구체적인 내용을 글로 남기지 않아 정확한 모습을 파악하기 어렵다. 단, 격문이나 집강소 통치기의 사례, 심문 자료 등을 통해 간접적으로 추론해볼 수는 있다.

　중요한 자료 중 하나가 일본 〈동경조일신문〉에 게재된, 전봉준을 심문할 때의 글이다. 취조 중 일본 경부가 전봉준에게 서울에 가서 누구를 추대할 생각이었는지 묻자, 전봉준은 다음과 같이 대답했다.[11]

　　　일본병을 물러나게 하고 악간(惡奸)의 관리를 축출해서 임금 곁을 깨끗이 한 후에는 몇 사람의 주석(柱石)의 선비를 내세워서 정치를 하게 하고, 우리들은 곧장 농촌에 들어가 상직(常職)인 농업에 종사할 생각이었다. 하지만 국사를 들어 한 사람의 세력가에게 맡기는 것은 크게 폐해가 있는 것을 알기 때문에 몇 사람의 명사에게 협합(協合)해서 합의법(合議法)에 의거해 정치를 담당하게 할 생각이었다.

　큰 틀의 정치는 보국안민이었다. 그가 생각하는 보국은 일본군을 몰아내 나라를 바로 세우는 것이었고, 안민은 나쁘고 간악한 벼슬아치를 쫓아내는 것이었다. 그러나 보국안민은 궁극적으로 정치 개혁을 통해 이루어져야 한다는 사실을 명확히 하고 있다. 그 정치 개혁이란 백성의 지지를 받은 덕망 높은 관리(名士)들이 의견을 합치시켜 합의법을 만들고, 이 법에 따라 정치를 해야 한다는 것이다. 그는 심문에서 임금의 존재를 인정하지만 정치는 '몇 명의 심지 굳은 선비'가 해야 한다고 말했다. 정치 구도에서 전봉준은 적어도 한 사람 또는 일정한 세력에 권력이 집중되는 것을 막으려 했으며, 동시에 국왕의 전제권도 제한하려 했다는 사실을 알 수 있다. 한마디로, 반봉건·반외세의 시대적 과제를 외면한 권력의 기득권층을 무너뜨리려 했다. 전봉준은 정치 체제의 혁명적 변화를 원한 것이다.

이러한 체제 속에서 그가 꿈꾼 사회는 어떤 모습이었을까? 집강소 통치기의 모습에서 확인해보자. 집강소가 설치된 일종의 해방구에서는 양반이든 천민이든 부녀자든 어린애든 상관없이 서로 '접장'이라 부르며 맞절을 했다. 동등한 호칭과 맞절은 신분제 철폐를 넘어 평등의식의 실천적 표현이었다.[12] 집강소에서 행정을 집행할 때에는 집강 아래 회의 기구를 두어 논의한 후 결정하여 처리했다.[13] 이는 민주적인 의사결정 구조다.

전봉준이 생각하는 경제체제는 어떠했을까? 폐정개혁안 12개조 중 '토지는 고르게 나누어 짓게 할 것'이라는 주장에 함축되어 있듯, 궁극적으로 농민의 토지 소유를 실현하려 했다. 당시 심문관도 "노비 문서를 불을 질러 강상을 무너뜨렸고, 토지를 평균 분배하여 국법을 혼란하게 만들었으며"라고 전봉준의 죄상을 밝히고 있다. '토지의 평균 분작'은 농민군이 궁극적으로 달성하려 했던 토지 개혁의 지향이었던 것이다.

17~18세기 유형원의 균전제, 이익의 한전제, 정약용의 여전제 같은 토지개혁안들도 권력에서 밀려나 있던 농촌 지식인 사회에서 널리 읽혔을 것이고, 전봉준도 이들의 사상에 영향을 받았을 가능성이 크다. 특히 정약용의 토지개혁 사상은 전봉준에게 큰 영향을 미쳤을 것이다. 전라도 강진의 역사가 기록되어 있는《강진군읍지》에 따르면, 유배지 강진에서 저술된 정약용의《경세유표》는 윤세진·김병태 등 강진의 선비들에게 전해졌고 그것이 전봉준·김개남의 수중에 들어갔다고 한다.[14] 농민들의 원초적 욕구는 자기 소유의 토지에서 경작하는 것이었고, 전봉준은 이 부분을 가장 많이 고려했을 것이다. 전봉준의 마음이 향한 것은 단 하나, 백성들에게 인간다운 삶을 살게 하는 것이었다.

나라를 위하는 붉은 마음 누가 알아주리

問: 그 후 다시 어떠한 일을 행하였는가?

供: ……금구에서 해산한 후 나는 한양의 상황을 상세히 알려
고 상경하려고 하다가 순창 땅에서 민병에게 붙잡혔다.
　　　　　– 〈전봉준 공초〉 중 '전봉준 체포'에 대한 부분

　전봉준에게는 마지막 희망인 김개남도 체포되어 전라감영에 갇
혀 있었다. 전봉준 일행은 순천으로 접어들었고, 피노리에는 옛 부
하 김경천이 살고 있었다. 그러나 현상금을 노린 김경천의 배신으
로 그 지역 민보군[15])에게 체포되었다. 12월 2일 밤이었다. 그는 서
울로 가서 상황을 보고 다시 일을 추진하려던 참이었다.

　전봉준은 일본군에 넘겨져 나주 일본 순사청 감옥에 갇혀 있
다가 손화중·최경선·김덕명과 함께 서울로 압송됐다. 그리고
1895년 1월 24일, 서울의 일본영사관에 인도됐다. 재미있는 것은
이때 힘깨나 쓰는 일본인이 전봉준에게 살길을 알려주며 회유했
다는 것이다. 농민군 대장 전봉준은 그들에게 충분히 이용 가치가
있었다. 그러나 전봉준은 "일본은 곧 나의 적국이다. 내 구차한 생
명을 위해 적국에 살길을 찾음은 본의가 아니다"라고 말했다.[16]) 일
본 천우협(당시 극우 단체) 인사들이 전봉준에게 탈출을 권했다. 일
본공사 이노우에도 전봉준의 '붉은 마음'에 감동했다. 그러나 전봉
준 등은 조선의 임시재판소인 권설재판소로 넘겨졌다.

　재판장은 법무대신 서광범이었지만, 심문은 법무아문 참의인
장박이 진행했고 일본영사 우치다가 처음부터 끝까지 함께했다.

심문은 2월 9일에 시작되어 31일 동안 모두 다섯 차례 진행됐다. 장박은 총 275개의 질문을 했는데, 가장 집요하게 물고 늘어진 것은 홍선대원군이 연루됐는지 여부였다. 친일 개화당 정권은 홍선대원군을 이에 엮어 제거하려 했던 것이다. 전봉준이 홍선대원군을 보호하려 했는지는 알 수 없지만, 그와의 연계를 부정했다. 심문에서 전봉준은 고부농민봉기, 제1차 농민봉기, 제2차 농민봉기, 농민군 지도자의 역할, 농민군의 규모 등을 진술했다. 아이러니하게도 전봉준이 체포되었기 때문에 전봉준의 입을 통해 동학농민혁명의 전모를 알 수 있었다.

3월 29일, 마침내 전봉준 · 손화중 · 김덕명 · 최경선 · 성두한 등 5명에게 교수형의 판결이 내려졌다. 죄목은 '군복기마작변관문자부대시참'이었다. 군복 차림을 하고 말을 타고서 관아에 대항해 변란을 만든 자는 때를 기다리지 않고 즉시 처형한다는 죄다. 선고 법정에서 재판관 장박은 전봉준에게 다음과 같이 말했다.[17]

> 오늘의 죽음은 매우 유감스럽지만 네가 전라도에서 한 번 일어나 일 · 청전쟁의 원인이 되었고 우리나라도 크게 개혁되었다. 너희가 탐관오리로 지적한 민영준 등도 국법에 처했고 나머지 사람들도 흔적을 감추었다. 그래서 너희의 죽음은 오늘의 공명한 정사를 촉진한 것이므로 명복을 빈다.

전체적인 내용이 오히려 친일 개화당 정권이 전봉준에게 고맙다고 인사하는 것 같다. 청·일전쟁의 승리, 민씨 정권의 제거, 갑오개혁의 추진이 농민군의 봉기에서 비롯되었기 때문이다. 일본과 긴밀히 연결된 친일 개화당 정권은 청의 간섭과 민씨 정권의 친청 정책으로 인해 근대적 개혁에서 밀려나 있었다. 이런 상황에서 친일 개화당 정권은 동학농민혁명을 이용해 신분제 폐지, 과부의 재가 허용, 과거제 폐지 등의 근대적 개혁이라는 결과물을 거머쥘 수 있었다. 전봉준을 비롯한 4명의 혁명가들은 30일 오전 2시에 교수형에 처해졌다. 전봉준의 나이 41세, 큰 뜻을 세울 나이에 눈을 감았다.

전봉준의 '붉은 마음', 역사 속에 되살아나다

전봉준이 죽은 후 민중들은 자주·평등을 원했던 전봉준을 애도하며, 안타까운 마음을 담아 전봉준의 '붉은 마음'을 노래했다. 〈파랑새〉 노래는 전국으로 퍼져나가 마음으로 이어져 역사가 되었다.

새야새야파랑새야

녹두밭에 앉지 마라

녹두꽃이 떨어지면

청포 장수 울고 간다.

이 노래에 대한 해석은 분분하다. 파랑새에서 파랑은 전봉준의 '전(全)' 자의 파자인 '팔왕(八+王)'의 변형으로 보고, 새는 전봉준을 따르는 농민군이라고 한다. 파랑새는 희망을 안겨주는 새인 만큼, 민중의 희망인 전봉준과 농민군이 전라도 지역(녹두밭)에 안주하지 말고 빨리빨리 거사를 진행하라는 뜻을 담고 있다고 한다.[18] 또 다른 해석들도 있지만, 어쨌든 동학농민혁명과 전봉준을 기리는 노래인 것은 틀림이 없다.

전봉준은 간악한 민씨 척족 정권과 탐관오리의 수탈에 더 이상 잃을 것도 없을 만큼 고통받은 민중들, 일본 상인과 일본 정부의 착취에 헐벗은 민중들의 분노와 힘을 한데 모았다. 민중들의 아픈 현실을 외면하고만 있을 수는 없었던 것이다. 결심이 선 이상 자신의 목숨은 이 땅 민중의 것이고 역사의 것이라고 다짐했다. 그는 봉건적 굴레를 걷어내고 일본 세력을 이 땅에서 뿌리 뽑으려 했다. 또한 사람이 하늘로 대접받는 세상을 위해 혁명을 일으켰다.

전봉준의 민중 해방은 실패로 끝난 것이 아니다. 1789년 프랑스혁명이 1830년 7월혁명, 1848년 2월혁명으로 이어졌듯이, 전봉준의 혁명 이념도 역사에 큰길을 새로 냈다. 자주독립국가 건설을 향한 그 큰길로 3·1운동의 민중이, 독립과 자주적 통일국가 수립을 위한 지사와 민중이, 4·19혁명의 학생과 민중이, 5·18

민주 영령과 민중이, 6월민주항쟁의 민중이, 2016년 10월 촛불을
든 시민들이 도도하게 발걸음을 옮겼던 것이다.

1) 〈전봉준 공초〉는 사단법인 전봉준장군동상건립위원회 홈페이지를 참조했다.

2) 우윤,《1894 · 갑오 농민 전쟁 최고 지도자, 전봉준》, 하늘아래, 2003.

3) 우윤,《1894 · 갑오 농민 전쟁 최고 지도자, 전봉준》, 하늘아래, 2003.

4) 이이화,《전봉준, 혁명의 기록》, 생각정원, 2018.

5) 이이화,《전봉준, 혁명의 기록》, 생각정원, 2018.

6) 이이화,《전봉준, 혁명의 기록》, 생각정원, 2018.

7) 대나무를 엮어 둥근 형태로 길게 만들어 그 안에 솜이나 짚단 등을 채워 넣고 농민군이 장태 뒤에서 몸을 보호하며 적에게 가까이 접근하는 데 사용한, 일종의 방패형 무기다.

8) 김삼웅,《녹두 전봉준 평전》, 시대의창, 2013.

9) 갑신정변 진압 직후 청과 일본 간에 맺은 조약으로, 조선에서 청과 일본 군대를 철수하고 앞으로 두 나라 중 한 나라가 조선에 군대를 파견할 때는 상대국에 미리 알리도록 규정했다. 이는 청일전쟁의 빌미가 되었다.

10) 이이화,《민란의 시대》, 한겨레출판, 2017.

11) 강창일 번역, '전봉준 회견기 및 취조 기록', 〈사회와 사상〉 1988년 9월 창간호(한길사)

12) 이이화,《위대한 봄을 만났다》, 교유서가, 2018.

13) 이이화,《전봉준, 혁명의 기록》, 생각정원, 2018.

14) 김삼웅,《녹두 전봉준 평전》, 시대의창, 2013.

15) 양반들이 농민과 노비를 동원하여 조직한 일종의 민병대.

16) 이이화,《전봉준, 혁명의 기록》, 생각정원, 2018.

17) 이이화,《전봉준, 혁명의 기록》, 생각정원, 2018.

18) 김삼웅,《녹두 전봉준 평전》, 시대의창, 2013.

한용운 시비(인제 백담사)

한용운, '님의 침묵'에 사랑의
노래로 화답하다

님은 갔습니다. 아아, 사랑하는 나의 님은 갔습니다.

푸른 산빛을 깨치고 단풍나무 숲을 향하여 난 작은 길을 걸어서 차마 떨치고 갔습니다.

황금의 꽃같이 굳고 빛나던 옛 맹세는 차디찬 티끌이 되어서 한숨의 미풍에 날아갔습니다.

날카로운 첫 키스의 추억은 나의 운명의 지침을 돌려놓고 뒷걸음쳐서 사라졌습니다.

나는 향기로운 님의 말소리에 귀먹고 꽃다운 님의 얼굴에 눈멀었습니다.

사랑도 사람의 일이라 만날 때에 미리 떠날 것을 염려하고 경계하지 아니한 것은 아니지만, 이별은 뜻밖의 일이 되고 놀란 가슴은 새로운 슬픔에 터집니다.

그러나 이별은 쓸데없는 눈물의 원천으로 만들고 마는 것은,

스스로 사랑을 깨치는 것인 줄 아는 까닭에, 걷잡을 수 없는
슬픔의 힘을 옮겨서 새 희망의 정수배기에 들어부었습니다.
우리는 만날 때에 떠날 것을 염려하는 것과 같이 떠날 때에 다
시 만날 것을 믿습니다.
아아, 님은 갔지마는 나는 님을 보내지 아니하였습니다.
제 곡조를 못이기는 사랑의 노래는 님의 침묵을 휩싸고 돕니다.

                                           - 한용운, 〈님의 침묵〉

1876년, 일본의 힘에 눌려 불평등을 감내하며 체결해야 했던
강화도조약 이후 조선의 국력은 급격히 꺼져가고 있었다. 하지만
마지막 불꽃이나마 부여잡으려 했던 피눈물 나는 노력 역시 쉽게
사그라지지 않았다. 근대 국가를 건설하려던 갑신정변과 일본의
강제로 시작되긴 했지만 신분제 등 봉건적 폐습을 타파한 갑오·
을미개혁, 민권 신장과 나라의 이권을 지키기 위한 독립협회, 국민
의 애국심 고취와 국권을 지키기 위한 애국계몽운동, 공화정 형태
로 근대 국가를 만들려 노력한 신민회 등 근대적 자주 국권을 위한
운동이 전개되었다.

반봉건과 반일을 기치로 100만의 백성들이 들고 일어선 동학농
민혁명, 유생들과 백성들, 해산된 군인들까지 가세한 피의 항쟁인
의병운동 등 민중들의 애국 함성도 이어졌다. 열사와 의사들의 목
숨을 건 저항도 있었다. 민영환·황현 등 많은 의인들이 순국했고,

장인환·전명운이 샌프란시스코에서 일제가 임명한 대한제국의 친일 외교 고문 스티븐스를 저격했다. 안중근은 하얼빈 역에서 침략의 원흉인 이토 히로부미를 사살했다.

하지만 풍전등화와 같은 조국이 식민지가 되는 것을 막기 위한 굳은 맹세는 일진회와 한 줌의 친일 무리들을 이용한 일제의 교활한 수작으로 한바탕 싸움도 해보지 못하고 주권을 일제에 빼앗겨버렸다. 그야말로 "한숨의 미풍"에 날아간 것이다. 1910년 8월 29일, 일제에 주권을 빼앗겼다(경술국치일). 국권을 지키기 위한 노력이 수포로 끝나면서 대한제국 정부를 대신한 총독부의 지배는 한 번도 주권을 빼앗겨본 적이 없는 우리 민족에게는 충격 그 자체였다.

한국 근대시의 기념비적인 역작 〈님의 침묵〉은 우리 민족의 아픔과 절망 그리고 눈물을 노래하고 있다. 또한 끝내 "보내지 아니"할 처연한 결의와 희망도 담고 있다.

한용운, 민족의 정당한 의사를 쾌히 발표하다

어느덧 망국 9년차에 들어설 무렵, 드디어 때가 왔다. 북서쪽에서는 러시아 민중들이 차르 체제를 뒤엎고 소비에트연방공화국을 수립했다. 그리고 제1차 세계대전을 승리로 이끈 미국의 윌슨 대통령이 민족자결주의를 선언했다. 1918년 한용운은 〈매일신보〉

나 〈오사카마이니치신문〉을 통해 제1차 세계대전이 끝난 후 몇몇 약소민족의 독립 소식을 접했고, 파리강화회의에서 민족자결주의가 제창되었다는 사실도 알고 있었다. 그도 이 시기를 독립의 기회로 삼기 위해 고심하고 있었다.

1919년 1월 말, 한용운은 한말에는 신민회 회원이었으며 천도교인이자 당시 보성고보 교장이었던 최린과 만나 천도교 쪽의 분위기를 물었다. 그리고 한 달 후 최린이 찾아와 "천도교는 독립운동을 벌이기로 했네. …… 〈독립선언서〉를 만들어 발표하고, 강화회의는 물론 미국 대통령에게 조선의 독립을 승인해달라고 요청하는 전보를 보낼 참이야. 일본 정부와 조선총독부에도 조선의 독립을 승인해달라는 서면을 제출할 생각이고"라고 말했고, 한용운도 흔쾌히 동의했다.[1] 한용운은 천도교의 최린 · 권동진 · 오세창과 의견을 나누면서 천도교 측에서 계획하고 있는 독립선언에 적극적으로 동참하기로 했다.

한용운은 자신이 속한 불교계의 스님들을 찾아다녔으나, 사찰이 깊은 산속에 흩어져 있었고 〈독립선언서〉 인쇄일이 촉박하게 다가오는 등 사정이 여의치 못해 서울에 있던 해인사 승려 백용성만을 민족대표에 참여시켰다. 백용성은 한용운보다 15살 연상으로 불교계의 원로였기 때문에, 충분히 자격이 있었다.

한용운은 불교계에서 〈독립선언서〉를 배포하는 책임을 맡았다. 2월 28일 밤, 중앙학림(현 동국대학교) 학생 10여 명에게 1,500장은 서울에서 배포하게 하고 1,500장은 전라도와 경상북도, 양산 통도사, 동래 범어사에 인편으로 전달하도록 했다.[2] 천도교 측에서는 3·1운동의 방법으로 대중화·일원화·비폭력의 3대 원칙을 정하고, 이 원칙에 따라 최남선에게 〈독립선언서〉를 작성하도록 했다. 최남선이 쓴 〈독립선언서〉을 읽어본 한용운은 선언서가 매우 온건하다고 주장하며, 공약 3장을 직접 썼다.

> 일. 오늘 우리들의 거사는 정의·인도·생존·존영을 위하는 민족적 요구이니 오직 자유적 정신을 발휘할 것이오, 결코 배타적 감정으로 일주하지 말라.
> 일. 최후의 한 사람까지 최후의 시각까지 민족의 정당한 의사를 쾌히 발표하라.
> 일. 일체의 행동은 가장 질서를 존중하여 우리들의 주장과 태도로 하여금 어디까지든지 광명정대하게 하라.

3월 1일, 그날로 한용운과 민족대표들은 경찰에 체포됐다. 일제는 〈독립선언서〉의 공약 3장을 내란죄로 엮으려 했다.[3] 내란죄가 적용될 경우 사형선고가 내려질 것이라는 이야기가 돌자, 일부 인사들이 불안에 떨면서 울먹였다. 그때 한용운은 감방의 똥통을 집어던지며 "이 비겁한 인간들아, 울기는 왜 우느냐! 나라 잃고 죽는 것이 무엇이 슬프냐! 이것이 소위 〈독립선언서〉에 서명했다는 민족대표의 모습이냐!"라며 호통쳤다.

한용운은 일경에 구속되면서 3가지 원칙을 세웠다. "1. 변호사를 대지 말 것. 2. 사식을 들이지 말 것. 3. 보석을 요구하지 말 것" 등이다. 민족의 독립을 위한 노력은 당당해야 한다는 것이 그의 생각이었다. 한용운은 〈조선독립이유서〉를 일본 검사에게 제출했다. 그는 이 글에서 "만일 일본이 침략주의를 여전히 계속하여 조선의 독립을 부인하면, 이는 동양 또는 세계 평화를 교란하는 일로서 아마도 미 · 일, 중 · 일 전쟁을 위시하여 세계적 연합 전쟁을 유발하게 될지도 모른다"라고 하면서 조선의 독립 승인이 세계 평화의 기본 전제라고 당당히 밝혔다.

한용운에게 3 · 1운동은 어떤 것이었을까? '경찰심문조서'의 일부분을 인용해보자.

문 : 피고는 이번의 운동으로 독립이 될 줄 아는가?

답 : 그렇다. 독립이 될 줄로 안다. 그 이유는 현재 세계평화회의가 개최되고 있는데 장래의 영원한 평화가 유지되면 각 민족이 자결하여 독립하지 않으면 안 된다. 그래서 민족자결이란 것이 강화회의의 조건으로서 윌슨 대통령에 의하여 제창되고 있는 것이다. 오늘날의 상태로 보면 제국주의나 침략주의는 각국에서 배격하여 약소민족의 독립이 진행되고 있다. 조선의 독립에 대하여서도 물론 각국에서 승인할 것이고 일

본서도 허용할 의무가 있다.

한용운은 누구보다도 독립에 대한 강한 의지를 가지고 옥중 투쟁을 전개했다. 한용운에게 3·1운동은 '님'과 나눈 '날카로운 첫 키스의 추억'이었다. 3·1운동의 경험은 한용운에게 '님'에 대한 사랑에 귀먹고 눈멀 정도로 강한 독립 의지를 심어주었다.

대한독립만세!

3월 1일, 오후 2시 못 미쳐 태화관에 29명의 대표들이 모였다. 이미 이들은 일본 정부와 귀족원, 중의원 등에 〈독립선언서〉와 〈독립통고문〉을 우편으로 보냈고, 파리강화회의와 미 대통령에게 조선 독립의 타당성을 적은 글을 보냈다. 그리고 정무총감 야마기타에게 전화로 독립선언식 계획을 알렸다. 경찰과 헌병 60여 명이 태화관을 포위한 가운데 한용운이 자리에서 일어나 "오늘 우리가 집합한 것은 조선의 독립을 선언하기 위하여 자못 영광스러운 날이며, 우리는 민족대표로서 이와 같은 선언을 하게 되어 그 책임이 중하니 금후 공동 협심하여 조선 독립을 기도하지 않으면 안 된다"라고 연설하고 건배한 뒤 만세 삼창을 주도했다.[4] 그리고 이들은 본정경찰서(현 중부경찰서)로 끌려갔다. 민족대표들은 자동차 안에서 군중들을 향해 〈독립선언서〉를 뿌렸고, 군중들은 독립 만세를

힘껏 외쳤다.[5]

오후 2시, 탑골공원에서는 정재용이 선언서를 낭독했고, 모두 두 손을 높이 치켜들고 '대한 독립 만세'를 열창했다. 200명 정도로 시작된 시위대가 수천 명으로 늘어났다. 군중들은 독립 만세를 외치면서 정동·충무로·덕수궁·창덕궁·종로를 누비며 만세 시위를 전개했다. 상인들은 상점 문을 닫고 시위 대열에 합류했다.

3월 1일 저녁, 총독부 마당에는 1,000여 명이 잡혀 왔고 늦게까지 만세 소리가 서울을 울렸다. 2일에는 노동자 400여 명이 만세 시위를 열었고, 3일은 고종의 장례일이어서 침묵시위를, 4일에는 전문학교 학생들과 중학교 학생들이 만세 시위를 이었다. 이때부터 태극기를 든 시위가 시작됐다. 태극기를 미처 준비하지 못한 사람은 손가락을 깨물어 태극기를 손수건에 그려 흔들기도 했다. 헌병과 경찰이 출동해 시위 군중을 연행하자, 끌려가면서도 태극기를 흔들고 총독부 마당에 꿇어앉아서도 만세를 불렀다.[6]

5일에는 학생 대표 강기덕과 김원벽이 '조선 독립'이라고 쓴 큰 깃발을 나부끼며 시위를 이끌었고, 1만 명이 시위 대열에 함께했다. 일본 경찰은 위협 사격을 하며 시위를 강제로 해산시키려 했다. 이날 검거되어 재판에 넘겨진 사람은 77명이고, 그중 여학생은 6명이었다.[7] 교사와 상인, 노동자까지 서울의 시위에 참여하면서 27일까지 이어졌다. 26일, 일제 당국은 서울에 계엄령을 발동하고 경비를 강화했다. 이미 그들은 3월 2일부터 조선주차군 사령관에게 발포 명령을 내렸고, 지방의 일본군들을 서울로 끌어올리고 있었다. 일본 정부는 4월 4일부터 보병 6개 대대와 헌병 65명, 보조헌병 235명을 조선에 파견해 무력진압 계획을 세웠다.[8]

1919년 3월 1일, 만세 시위는 서울과 평양을 비롯하여 6개 군에서 동시에 일어났다. 이어 3월 초순에는 북부 지방으로, 중순에는 중부 지방으로, 하순에는 남부 지방으로 번져나갔고, 4월 초에는 전국으로 확대되었다.[9] 시위가 확대될수록 일제는 헌병·경찰·군인을 동원하여 탄압의 강도를 더했다. 처음에는 천도교·기독교 등 종교인들과 학생들이 주도했지만, 차츰 노동자·농민이 대열에서 앞장섰다.

함경도부터 제주도까지 만세 시위의 횃불이 거세게 불타올랐다. 비폭력 평화 시위는 폭력 시위, 횃불 시위로 바뀌었다. 당시 시위에서는 경찰서, 군청과 면사무소 등이 불탔고 일본인과 친일파의 집이 피해를 입었다. 일제의 통계에 따르면, 232개 부·군 중에 218개 부·군에서 만세 소리가 울려 퍼졌다.[10] 국사편찬위원회의 자료에 의하면, 3월 1일부터 5월 30일까지 시위 참가자 수는 202만 3,000여 명이 넘었다. 그리고 3월 1일부터 다음 해 3월 1일까지 피해 상황은 사망 7,645명, 부상 4만 5,562명, 체포 4만 9,811명, 가옥 725호, 교회 59호, 학교 3개교 등이 소각되었다.[11] 3·1운동은 만주·연해주·미국으로까지 번졌다.

몇 가지 투쟁 사례를 자세히 살펴보자.[12] 천도교도가 중심이 된 함경남도 단천에서는 3월 10일 교조 최제우의 순조기념식을 마치고 독립선언식을 거행한 후 태극기를 앞세우고 시위에 돌입했다. 시위대는 순식간에 1,000여 명으로 늘었다. 시위를 주도한 서봉화는 헌병분대장을 향해 "이놈들아, 내 나라를 내놓아라!"라고 외쳤고, 헌병분대장은 군도로 그를 내리친 뒤 찔러 죽였다. 첫 희생자가 나온 것이다. 분을 못 이긴 시위대가 헌병분대로 쳐들어갔고, 헌병의 발포로 7명이 즉사하고 8명이 부상을 입었다. 다음 날에도 성난 시위대가 단천군청을 습격했다. 헌병의 발포로 18명이 죽고 14명이 부상당했으며 143명이 체포되었다. 일제는 단천 시위가 심상치 않다고 여겨 헌병을 증파했다. 3월 22일, 임용선이 이끄는 시위대 500명은 체포된 사람을 구출하기 위해 대신리 헌병주재소로 몰려갔다. 독립 만세 소리와 함께 시위대와 헌병 간에 몸싸움이 벌어졌고, 헌병의 발포로 8명이 그 자리에서 죽었다. 한 달 동안 진행된 단천 시위는 사망자 33명, 중경상자 24명, 체포된 사람이 290명에 이를 정도로 전국에서 가장 격렬한 시위였다.

3·1운동 과정에서 제암리학살사건이 자행되었다. 화성군 제암리교회의 안종린 등 청년들이 주동하여 3월 25일부터 만세 햇불 시위를 벌이자, 경찰은 주모자들을 잡아갔다. 4월 5일에는 발안장터에서 1,000여 명의 시위대가 경찰과 충돌해 부상자가 발생했다. 그러자 시위대는 일본인 순사부장에게 돌을 던져 사망하게 했다. 일제는 수원 주둔 헌병 30여 명을 불러들여 주민들을 교회

에 감금하고 석유를 뿌려 불을 지른 후 총을 쏘아댔다. 한 여인이 어린아이를 창밖으로 내밀자 아이를 칼로 찔러 죽였으며, 남편을 살려달라고 애원하는 여인마저 칼로 베어버렸다. 이때 희생자가 23명이었다. 곧이어 헌병대는 천도교도 김흥렬 등 가족 6명을 무참하게 죽였다. 그리고 마을의 모든 집에 불을 지르는 만행을 저질 렀다.

그때 세브란스의전 교수 프랭크 윌리엄 스코필드가 제암리학살 사건 소식을 듣고 내려와 사건 현장을 둘러보고 사진으로 기록했다. 서울로 돌아와 〈제암리의 대학살〉이라는 보고서를 작성해 중국 상하이로 보냈다. 상하이 영자 신문에 제암리학살사건이 실리고 곧바로 미국의 장로교 기관지에도 같은 내용이 실리면서 일제의 만행이 전 세계에 알려졌다.

충청도에서 일어난 아우내장터 만세 시위도 유명하다. 이 시위는 이화학당 학생 유관순이 주도했다. 유관순은 서울의 남대문 시위에 참여한 뒤 〈독립선언서〉를 가지고 고향에 내려갔다. 동네 어른인 조인원, 아버지 유중권, 작은아버지 유중무 등에게 서울의 상황을 말하고, 병천(아우내)시장에 장이 서는 날을 기해 만세 시위를 하기로 결의했다.

장터가 열린 4월 1일, 조인원이 〈독립선언서〉를 낭독하고 '대한독립 만세'를 선창했다. 유중권·유중무·조병호 등 유관순과 미리 계획을 세웠던 사람들이 분위기를 띄웠다. 당황한 병천 헌병주재소 소장이 칼을 휘둘러 청년 한 명이 쓰러졌고, 조인원·유관순 등이 앞장선 시위대가 주재소로 쳐들어갔다. 헌병이 유관순의 태극기를 부러뜨리고 머리채를 붙잡고 끌고 갔다. 유관순의 부모 유중권과 이소제가 뛰어가 말렸고, 헌병이 총을 쏘고 칼을 휘두르면서 유중권이 그 자리에서 사망했다. 유관순·조인원 등이 주재소에서 몸싸움을 벌이면서 군중이 점점 늘어나 1,500명이나 모여들었다. 헌병이 쏜 총에 조인원도 심한 부상을 입었다. 천안에서 헌병과 천안철도엄호대 보병이 증파되었고 총을 쏘아 군중을 해산시키려 했다. 이때 유관순의 어머니 이소제도 즉사했다. 이날 시위에서 15명(부상 후유증으로 2명 추가 사망)이 사망했고, 43명이 부상당했다.

일제는 시위 주동자로 24명을 체포하여 재판에 넘겼다. 조인원·유관순·유중무는 징역 3년, 조병호는 징역 2년 6개월을 선고받았고, 대부분 징역 2년 이상을 받았다. 유관순은 재판장에서 "나는 당당한 대한의 국민이다. 대한 사람인 내가 너희들의 재판을 받을 필요도 없고 너희가 나를 처벌할 권리도 없다"라고 꾸짖다가 일제의 모진 폭행과 고문을 받고 1920년 3월 9일 눈을 감았다.

이렇듯 3·1운동은 한용운이 '님'과 나눈 '날카로운 첫 키스의 추억'이었다. 그는 〈조선일보〉(1932년 1월 8일 자)에 기고한 〈평생 못 잊을 상처〉라는 글에서 1919년 3월 1일을 이렇게 회고했다.[13]

지금은 벌써 옛날이야기로 돌아갔습니다마는 기미운동이 폭발할 때에 장안은 대한 독립 만세 소리로 요란하고 인심은 물 끓듯 할 때에 우리는 지금의 태화관, 당시 명월관 지점에서 독립선언 연설을 하다가 경찰부에 포위되어 한쪽에서는 연설을 계속하고 한쪽에서는 체포되어 자동차로 호송되어 가게 되었습니다. 나도 신체의 자유를 잃어버리고 마포경찰부로 가게 되었습니다.

그때입니다. 열두서넛 되어 보이는 소학생 두 명이 내가 탄 차를 향하여 만세를 부르고 또 손을 들어 또 부르다가 일경의 제지로 개천에 떨어지면서도 부르다가 마침내는 잡히게 되는데, 한 학생이 잡히는 것을 보고는 옆의 학생은 그래도 또 부르는 것을 차창으로 보았습니다. 그때 그 학생들이 누구이며, 왜 그같이 지극히 불렀는지는 알 수 없으나, 그것을 보고 그 소리를 듣던 나의 눈에는 알지 못하는 사이에 눈물이 비 오듯 하였습니다. 나는 그때 그 소년들의 그림자와 소리로 맺힌 나의 눈물이 일생에 잊지 못하는 상처입니다.

한용운의 독립 정신

한용운은 강화도조약이 체결되고 3년 후인 1879년에 충청남도 홍성군에서 한응준과 온양방씨의 둘째 아들로 태어났다. 14세에 전정숙과 혼인했으며, 18세 때까지 한학을 공부했는데 을미사변과 을미의병 등을 겪으며 나라와 민족에 대해 고민을 거듭했다. 세상의 정보를 접하기 위해 한양으로 발길을 옮겼고, 1904년에 내설악 백담사에 종착했다. 27세가 된 이듬해 1월에 백담사에서 김연곡 선사 밑에서 스님이 되고, 전영제 선사에 의해 부처의 가르침을 받는 의식을 치렀다. 득도할 때 계명으로 봉완, 법명 용운, 법호 만해(卍海)를 받았다. 한용운은 유학을 익히다가 그 한계에 부딪혔을 때 불교에 귀의함으로써 극복했던 것이다.[14]

백담사와 건봉사, 유점사 등지에서 한용운은 《대승기신론소》·《화엄경》등 여러 불교 서적들을 배우고 불교의 수행 방법인 선(禪)을 익혔다. 그는 《음빙실문집》·《영환지략》을 읽고 크게 느낀 바가 있어 새로운 세계정세를 이해하기 위해 세계여행을 계획했다. 블라디보스토크를 여행하던 중 일진회의 첩자로 오인받아 위기를 넘기고 귀국했다. 1908년, 적을 알기 위해 일본에 건너가 신문물을 시찰했고, 도쿄 조동종대학에서 불교와 서양철학을 접하고 최린과의 만남을 가졌다.

한용운의 불교는 어떠한 성격을 지녔을까? 그는 호국불교의 전통을 회복·계승하려 했다. 따라서 산에서 수행에 힘쓰기보다는 백성들 사이에서 호흡하는 불교, 경전의 암송과 의미에 집중하기보다는 백성을 위하고 나라를 구하는 불교를 강조했다. 그러한 뜻을 담은 불교 개혁안이 《조선불교유신론》이었다.

일제가 가장 먼저 접수하려 했던 종교가 불교였다. 불교를 먼저 친일화시키려 작업했던 것이다. 갑오개혁 시기에 일본은 조선 건국 때부터 금지된 승려들의 도성 출입을 가능하게 했다. 1908년, 일제의 사주를 받아 원흥사에서 전국사찰대표자회의가 개최되었다. 여기서 조선불교회의를 해체하고 이회광을 종정으로, 다케다를 고문으로 하는 원종종무원을 설립했다. 그리고 1910년 각황사(지금의 조계사)를 창건하여 조선불교중앙회 사무소 겸 중앙포교소로 삼았다. 이회광은 경술국치 직후 일본에 건너가 원종을 일본의 조동종과 영구히 연합하는 합의를 맺었다.

한용운은 박한영·진진은 등 여러 스님과 함께 순천 송광사에서 승려궐기대회를 개최하여 한·일불교동맹 조약 체결을 저지했다. 이어서 그는 범어사 조선임제종 종무원 서무부장과 관장 직무대리로 있으면서 자주적이며 독립적인 한국 불교 교단을 이끌었다.[15]

이 시기에 한용운은 불교의 친일화 책략에 맞서면서 조선 불교 개혁에도 박차를 가했다. 무엇보다 불교가 자주적이고 호국적인 성격을 유지하기 위해서는 근대적인 불교로 거듭나야 한다는 생각을 담아 《조선불교유신론》을 썼다. 1910년 백담사에서 탈고하여 1913년에 발행되었는데, 불교 개혁 실천에 관한 명저다. 그는 불교가 우리나라에 들어온 지 1,500여 년이 되면서 폐단이 쌓여 극에 이르렀다고 진단하고 그 같은 폐단을 과감하게 파괴해야 한다고 주장했다. 불교는 깨달음을 원칙으로 삼기 때문에 미신과 다르며, 모든 동서양의 학설과 사상을 담고 있다고 강조했다. 따라서 승려들이 부처를 핑계 삼아 순진한 신도들을 현혹하지 말아야 한다고 주장했다. 그리고 민중과 함께하는 불교를 내세웠다. 한용운이 주장한 불교 개혁의 특징은 불교의 평등주의와 구세주의였다.[16] 그리고 평등주의와 구세주의는 호국 불교에 닿아 있는 것이다.

1911년(33세), 망국의 격한 울분을 가슴속에 품은 채 만주로 가서 신흥무관학교 등 여러 독립군에 민족 독립사상을 북돋았다. 또한 박은식·이시영 등 독립지사들과 만나 독립에 대한 뜻을 나누었다.[17] 한편 불교 잡지 〈유심〉을 창간하여 자주 독립적인 불교에 대해 글을 쓰면서 일제에 저항하는 의식을 심어주다가 3·1운동을 맞았던 것이다.

그러나 3·1운동이 일제의 무자비한 탄압으로 성과 없이 끝나자, 많은 지식인과 문인이 좌절했다. 특히 이광수는 1924년 1월에 〈민족적 경륜〉을 〈동아일보〉에 발표했다. 그는 일제가 허락한 범위 내에서 정치적 능력을 기르자는 자치론을 제기했고, 〈독립선언서〉를 작성한 최남선이나 3·1운동을 계획했던 최린도 이광수의 주장에 동조했다. 서서히 변절의 길을 딛기 시작한 것이다. 그러나 한용운은 달랐다. '경찰심문조서'에서 경찰관이 "피고는 앞으로도 조선 독립운동을 할 것인가?"라고 묻자, 한용운은 "그렇다. 언제든지 그 마음을 그치지 않을 것이다. 만일 몸이 없어진다면 정신만이라도 영세(永世)토록 가지고 있을 것이다"라고 응대했다.

3 · 1운동 이후, 그는 좌절만 하지 않았다. 슬픔의 큰 힘을 강렬한 희망의 밑거름으로 삼았다. 종교인다운 내적 극복 방식이다. 그는 《조선불교유신론》에서 "희망은 생존과 진화의 밑천"이라고 주장했다. 독립(희망)은 한용운이 존재하는 의미이며 끊임없는 독립투쟁(진화)의 큰 힘이라 여겼다. 비록 일제의 식민지로 전락했지만, 독립은 반드시 올 것이라는 믿음을 스스로 각인시켰던 것이다.

신간회, 한용운이 사랑의 노래로 맞은 민족협동전선 운동

3 · 1운동으로 투옥되어 있을 때, 일제가 참회서를 쓰면 석방시켜주겠다고 제의했으나 한용운은 이를 거절했다. 1921년 가을, 한용운은 3년간의 옥살이를 마친 후 불교 단체나 학생 단체의 초청으로 독립사상을 강연했다. 물산장려운동이나 민립대학설립운동에도 참여하고, 민중 계몽이나 불교의 대중화에도 열성적인 움직임을 보였다. 1925년(47세)에 오세암에서 《님의 침묵》을 쓰고 1926년에 발행했다. 한국어연구회 활동에 대해 〈가갸날에 대하여〉를 〈동아일보〉에 발표하여 운동에 힘을 보탰다. 이 시기까지 한용운은 불교 관련 글이나 소설 등을 쓰면서 민족운동의 방법을 고민하고 있었다.

그렇게 활발하게 활동하던 시기에 커다란 전기가 된 것이 신간회 활동이었다. 이광수 · 최남선 등의 자치 운동에 반발하여 홍명희가 안재홍 · 한용운 · 권동진 등에게 의사를 타진했다. 신석우 등 뜻있는 민족 지성들의 찬성을 얻어 한용운도 신간회 발기인으로 참여했다.

신간회는 '민족단일당 민족협동전선'이라는 표어 아래 비타협적 민족주의계와 사회주의계가 합동하여 창립한 단체다. 불교계 대표 한용운, 언론계 대표 신석우와 안재홍, 기독교 대표 이승훈, 천도교 대표 권동진, 법조계 대표 김병로와 허헌, 공산당 대표 한위건 등이 중심인물로, 한용운은 1927년 2월 15일 신간회 창립총회에서 중앙집행위원으로 뽑혔다. 그리고 6월 10일, 서울 종로 중앙청년회관에서 회원 290여 명, 방청객 300여 명이 모인 가운데 경성지회를 설립하고 무기명투표로 한용운이 회장에 선출되었다. 경성지회는 규모가 가장 크고 활동도 가장 활발한 조직이었다.[18]

그가 신간회를 중요하게 여긴 이유는 이광수 · 최린 등 타협적 민족주의자들의 기회주의적 민족운동 노선을 분쇄하고, 사회주의 세력과 연합하여 항일 독립운동을 효과적으로 실천할 수 있기 때문이다. 이미 한용운은 신간회 창립 2년 전부터 〈혼돈한 사상계의 선후책〉이라는 논설을 통해 민족주의계와 사회주의계가 연합해야 한다고 주장해왔다.

> 민족운동과 사회운동은, 이것이 우리 조선 사상계를 관류하는 2대 주조입니다. 이것이 서로 반발하고 대치하여 모든 혼

돈이 생기고 그에 따라 어느 운동이고 다 뜻같이 진행되지 않는가 봅니다. …… 갑이고 을이고 다 지향하는 방향이 있으나 우선 폭풍우를 피하는 것이 급선무로서 공통되는 점을 해결하는 것이 상책입니다. …… 우리는 오늘 우리의 특수한 형편으로 보아 이 두 주조가 반드시 합치하리라고 믿으며 또 합쳐야 할 것인 줄 믿습니다.

— 〈동아일보〉, 1925년 1월 1일 자

갑(민족주의계)이나 을(사회주의계)이 모두 지향하는 바가 있지만, 폭풍우(일제의 식민 지배)를 해결하는 것이 먼저이기 때문에 민족주의계와 사회주의계가 연합할 수 있고 연합해야 한다고 주장했다. 그는 다음 날에도 같은 신문에 사회주의계를 향해 민족 독립 투쟁이 선결문제임을 재차 강조했다.

저 러시아로 볼지라도 그네들은 국가를 가지고 한 민족의 독립을 가진 뒤에 사회 혁명을 이룬 것입니다. 또 그 사회 혁명도 지금까지 러시아라는 국가 안에 있는 것이외다. 나라도 없고 민족의 독재권(정치권)조차 없는 우리 조선에서 어떻게 완전한 사회혁명이 이루어지겠습니까. 그러므로 우리로는 민족운동에 앞장서지 않을 수 없습니다.

— 한용운, 〈사회운동과 민족운동—차이점과 일치점〉,

　민족의 독립을 위해 민족·사회주의계가 협동해야 한다는 한용운의 주장은 신간회 결성에 영향을 주었다. 신간회 중앙총본부는 민족주의계가 장악했고, 149개의 지회는 사회주의계 청년들이 장악했다. 회원은 4만여 명에 달했다. 신간회는 노동운동·농민운동·학생운동·여성운동·형평운동 등 다양한 부문의 운동과 연계되어 그 활동을 지원했다. 이러한 활동을 통해 노동자와 농민들도 독립운동에 더 열심히 참여할 수 있도록 했다.

　1929년 11월, 광주학생항일운동이 일어났다. 신간회는 허헌·김병로 등을 조사단으로 파견하고, 이 사건을 확산시키기 위해 민중대회를 계획했다. 한용운은 민중대회를 추진하던 중심인물 중 한 사람이었으며, 홍명희 등 9명과 함께 민중대회 연사로 선정되기도 했다. 신간회는 다방면으로 이 운동을 지원하여 광주학생항일운동이 3·1운동 이후 최대 규모의 민족운동으로 발전하는 데 커다란 역할을 하였다.

　일제 경찰은 중앙본부에 민중대회 중지를 요구했고, 개최 하루 전날 한용운 등 신간회 핵심 간부 44명과 관계자 47명을 구속하면서 민중대회를 탄압했다. 그러나 일제의 탄압으로 민중대회가 좌절되었다는 소식이 널리 알려지면서 오히려 학생운동이 급속하게 확산되었다.[20] 그러나 신간회는 차츰 해소(해체)되고 있었다. 주된 요인 중 하나는 신간회에 대한 일제의 방해와 탄압이 노골화되었다는 것이고, 다른 하나는 사회주의 계열의 투쟁 방향이 전환되었기 때문이었다. 국제공산당 조직인 코민테른이 국내 사회주의 세력에게 민족주의 세력과 결별하고 독자 노선을 추구하라는 지령을 전달하면서, 신간회는 해소의 길로 내달았다.

한용운을 비롯한 비타협적 민족주의 세력은 '해소론'을 비판하고 신간회를 지키려 했지만, 일본의 방해까지 더해져 결국 1931년 5월에 해체되었다.[21]

불교 개혁과 독립운동

1920년대 말 1930년대 초에 한용운의 인식은 민중적 차원으로 발전했으며, 독립운동의 한 축으로써 민중운동 부문의 중요성을 확실하게 인식하고 있었다.[22]

한용운은 1931년에 잡지 〈불교〉를 인수하고 불교에 관한 많은 논설을 썼다. 일제의 탄압이 가속화되는 상황에서, 한용운이 의지하고 독립 의지를 계속해서 추진할 수 있는 기반은 불교였다. 그는 불교 개혁을 통해 대중 불교, 민중 불교를 기반으로 독립운동을 전개하려 했다. 그는 이 어려운 시기에 대중 불교를 힘주어 주장했고, 그런 삶을 살고자 했다.

불교도는 마땅히 이러한 현상에 대하여 단연 타파하지 않으면 안 될 것이니, '산간에서 가두로', '승려로서 대중에'가 현금 조선 불교의 슬로건이 되지 않으면 안 될 것이다. 대심보살(大心菩薩)은 일체 중생을 제도(濟度, 중생을 고통에서 건져내어 극락세계로 이끌어줌)하기 위하여 먼저 성불하지 않는다는 것이 그들의 서원이다. 그리하여 그들은 지옥 중생을 제도하기 위하여 지옥에 들어가며, 아귀를 제도하기 위하여 아귀도(餓鬼道)에 들어가며, 일체 중생을 제도하기 위하여 고해화택(苦海火宅)에 침륜생사(沈淪生死)하느니 어찌 거룩하지 않으리요. 그러므로 대중을 떠나서 불교를 행할 수 없고, 불교를 떠나 대중을 제도할 수 없는 것이다.

　　　　　　　　　　　　　　　－〈조선 불교의 개혁안〉

　고통으로 가득한 바다(苦海)와 불타고 있는 집(火宅), 즉 괴로움이 끝이 없고 가득한 이 세상은 식민지 조선과 민중의 고통을 의미한다. 한용운은 대심보살의 마음과 행동으로 일제의 총칼 아래에 고통받는 민중을 위해 목숨을 다해 투쟁해야 한다고 주장하고 있다. 같은 해에 김법린 · 김상호 · 이용조 · 최범술 등이 조직한 청년 승려들의 비밀결사인 만당(卍黨)의 영수로 추대되었다.[23]
　1932년, 일제의 사주를 받은 식산은행이 황민화 정책으로 한용운을 매수하기 위해 성북동 일대의 국유지를 주겠다는 제안도 단

칼에 거절했다. 당시 한용운은 경제적으로 몹시 힘든 상태였다. 이 듬해(55세) 간호사 유숙원과 재혼하여, 심우장에 북향으로 집을 짓고 글을 쓰면서 가난한 생활을 꾸려갔다. 이후 나철의 유고집 간행을 도모하고 단재 신채호 묘비를 세우면서, 정인보·안재홍 등과 다산 정약용의 서세 백년기념회를 개최하기도 했다.[24]

　중일전쟁 직후부터 일제는 내선일체, 황국 신민 서사 암송, 신사 참배, 창씨개명, 한국어와 한국사 교육 금지 등 민족말살정책을 폈다. 또한 우리 젊은이들을 전쟁에 총알받이로 동원하고 노동력을 강제하는 지원병제·징병제·학도병제·징용령 등을 실시했다. 최린·최남선·이광수 등 많은 변절 문인들이 창씨개명을 하고 일제의 침략 전쟁을 옹호하는 연설과 글을 써댔다. 한용운은 변절한 최남선을 의식 속에서 장례를 치러버리고 창씨개명 반대 운동, 조선인 학병 출정 반대 운동을 벌였다. 당시 한용운이 할 수 있는 일이란 일제의 침략 정책에 반대하는 일뿐이었다.

　　오셔요. 당신은 오실 때가 되었어요. 어서 오셔요.
　　당신은 당신의 오실 때가 언제인지 아십니까.
　　당신의 오실 때는 나의 기다리는 때입니다.

　　당신은 나의 꽃밭으로 오셔요.
　　나의 꽃밭에는 꽃들이 피어 있습니다.

만일 당신을 쫓아오는 사람이 있으면

당신은 꽃 속으로 들어가서 숨으십시오.

나는 나비가 되어서 당신 숨은 꽃에 가서 앉겠습니다.

그러면 쫓아오는 사람이 당신을 찾을 수는 없습니다.

오셔요, 당신은 오실 때가 되었습니다. 어서 오셔요.

– 한용운, 〈오셔요〉 중에서

한용운은 이제 '님'이 오실 때가 되었으니 어서 오시라고 한다. 지금껏 '님'을 기다렸고, 황금의 칼과 강철의 방패로 쫓아오는 사람을 막겠다며, 죽음으로 '님'을 보호하겠다고도 말한다. 그러나 1944년 6월 29일, 영양실조로 '님'과의 만남을 1년여 남기고 눈을 감았다.

한용운, 불교사회주의를 꿈꾸다?

이제 침묵을 벗은 '님'을 한용운은 어떻게 묘사했을까?

봄 호수에서 님의 눈결 같은 잔물결을 보았습니까. 아침볕에서 님의 미소 같은 방향(芳香, 꽃향기)을 들었습니까.

천국의 음악은 님의 노래의 반향(反響, 되돌아오는 울림)입니다.

아름다운 별들은 님의 눈빛의 화현(化現, 나타남)입니다.

– 한용운, 〈님의 얼굴〉 중에서

잔잔한 미소, 마음을 포근히 감싸는 은은한 음악 소리, 애정 어린 눈빛이 한용운이 죽어서도 잊지 못하는 '님'의 얼굴이며 표정이다. 거기에는 다툼도 없고, 지배와 피지배도 없으며, 물어뜯음도 없다. 모두 아우르고 어루만지는 인자한 어머니(보살)의 모습, 사랑으로 중생을 구제하는 불타의 모습, 불교식 표현을 빌리자면 '극락정토'가 그가 그토록 갈망하고 행동해왔던 '님'의 얼굴이었다.

한용운은 어떤 독립국가를 만들고 싶었을까? 독립된 국가에 대한 구상을 남기지 않아 정확한 모습은 알 수 없지만, 불교사회주의 국가였을 가능성이 크다. 1930년대에 접어들면서 한용운은 불교 사회주의적 경향을 띠게 되었다. 그도 기자와의 대담을 통해 불교 사회주의에 대해 언급한 적이 있다.

문 : 석가의 경제사상을 현대어로 표현한다면?
답 : 불교사회주의라 하겠지요.
문 : 불교의 성지인 인도에는 불교사회주의라는 것이 있습니까?
답 : 없습니다. 그렇지만 나는 이 사상을 가지고 있습니다. 그러므로 나는 최근에 불교사회주의에 대하여 저술할 생각을 가지고 있습니다. 기독교에 기독교사회주의가 학설로서 사

상적 체계를 이루듯이 불교 역시 불교사회주의가 있어야 옳을 줄 압니다.

– '석가의 정신―기자와의 문답' 중에서

한용운은 독립운동 과정에서 민족주의계와 사회주의계의 입장의 차이를 인식했고, 신간회가 해체되는 과정에서도 뼈저리게 겪었다. 따라서 독립된 국가는 민족주의와 사회주의를 아우를 수 있는 나라로 바라본 것 같다. 또한 불교 대중화 운동을 통해 민중에 기반한 나라를 생각했을 것이다. 불교사회주의에 대한 글을 쓰지는 못했지만, 1930년대 초반 사회주의 세력의 반종교 운동에 대응하면서 그는 "불교는 교리 자체에 평등주의·비사유주의(非私有主義), 즉 사회주의의 소질을 구비하고 있"다고 언급한 바 있다(《세계 종교계의 회고》).

타고 남은 재가 다시 기름이 됩니다. 그칠 줄 모르고 타는 나의 가슴은 누구의 밤을 지키는 약한 등불입니까.

– 한용운, 〈알 수 없어요〉 중에서

이렇듯 죽어서도 '님'의 얼굴과 재회하기 위해 독립운동을 전개하겠다는 의지를 나타냈던 한용운은 "황금의 꽃같이 굳고 빛나던 옛 맹세"를 눈감을 때까지 실천했다. 그에게 부처의 제자로서의 삶은 곧 독립운동가로서의 삶이었다. 독립운동은 그에게 부처를 향한 신앙이었다. 또한 '님'을 향한 간절한 시어들은 민중들에게, 독립운동가들에게 독립이 반드시 올 것이라는 희망의 메시지였다. 목숨을 다한 독립투쟁의 삶은 '님의 침묵'에 화답한 한용운의 '사랑의 노래'였다.

1) 박찬승, 《1919》, 다산초당, 2019.
2) 박찬승, 《1919》, 다산초당, 2019.
3) 김상웅, 《만해 한용운 평전》, 시대의창, 2011.
4) '한용운취조서 및 공소공판기', 김광식의 《만해 한용운 연구》(동국대학교출판부, 2011)에서 재인용.
5) 이이화, 《한국사 이야기20-우리 힘으로 나라를 찾겠다》, 한길사, 2004.
6) 이이화, 《한국사 이야기20-우리 힘으로 나라를 찾겠다》, 한길사, 2004.
7) 박찬승, 《1919》, 다산초당, 2019.
8) 이이화, 《한국사 이야기20-우리 힘으로 나라를 찾겠다》, 한길사, 2004.
9) 박찬승, 《1919》, 다산초당, 2019.
10) 박찬승, 《한국독립운동사》, 역사비평사, 2014.
11) 이이화, 《한국사 이야기20-우리 힘으로 나라를 찾겠다》, 한길사, 2004.
12) 박찬승의 《1919》에서 요약 정리.
13) 김상웅, 《만해 한용운 평전》, 시대의창, 2011.
14) 김삼웅, 《만해 한용운 평전》, 시대의창, 2011.
15) 김광식, 《만해 한용운 연구》, 동국대학교출판부, 2011.
16) 김광식, 《만해 한용운 연구》, 동국대학교출판부, 2011.
17) 김삼웅, 《만해 한용운 평전》, 시대의창, 2011.
18) 신용하, 《신간회의 민족운동》, 지식산업사, 2017.
19) 강미자, 〈한용운의 신간회와 반종파 운동 인식에 대한 일고찰〉(〈한국불교학〉 48, 2007)에서 재인용.
20) 신용하, 《신간회의 민족운동》, 지식산업사, 2017.
21) 신용하, 《신간회의 민족운동》, 지식산업사, 2017.
22) 고은, 《한용운 평전》, 향연, 2004.
23) 고은, 《한용운 평전》, 향연, 2004.
24) 김삼웅, 《만해 한용운 평전》, 시대의창, 2011.

이육사 시비(안동 이육사 문학관)

이육사,
시에 독립투쟁을 담다

까마득한 날에

하늘이 처음 열리고

어데 닭 우는 소리 들렸으랴.

모든 산맥들이

바다를 연모해 휘달릴 때도

차마 이곳을 범(犯)하던 못하였으리라.

끊임없는 광음(光陰)을

부지런한 계절이 피어선 지고

큰 강물이 비로소 길을 열었다.

지금 눈 내리고

매화 향기 홀로 아득하니

내 여기 가난한 노래의 씨를 뿌려라.

다시 천고(千古)의 뒤에

백마 타고 오는 초인(超人)이 있어

이 광야에서 목놓아 부르게 하리라.

– 이육사, 〈광야〉

이육사는 지금까지 알려진 것으로 총 38편의 시를 남겼다. 대표적인 시로는 〈청포도〉·〈절정〉·〈광야〉 등이 있다. 김학동 교수가 분석한 것처럼, 이육사는 독립투사로서, 혁명가로서 그 혁명적 정열과 의욕을 시로 표현했다. 각별한 친구였던 신석초의 말마따나, 그가 하고 있는 독립운동의 내용을 그 누구에게도 발설하지 않고 책임지고 외롭게 전개했다. 누구에게도 말 못할 것들을 이육사는 시로 말했다. 그는 항상 고향을 그리워했는데, 그에게 고향은 조국으로 확대 해석된다. 따라서 이육사 시는 고향에 대한 향수와 독립에 대한 강렬한 열망과 의지를 담고 있다.

〈광야〉는 해방 직후인 1945년 12월에 동생 이원조가 〈자유신문〉을 통해 발표했다. 이 시는 5연 15행으로, 이육사에게는 유고시나 다름없다. 〈광야〉를 통해 이육사는 무엇을 말하고 싶었을까?

〈광야〉에 드러난 우리 역사

광야는 우리 민족의 터전인 한반도와 만주를 나타낸다. 천지의 개벽으로 탄생한 광야는 "하늘이 처음 열리고 / 어데 닭 우는 소리 들렸으랴"라는 구절에서 드러나듯 닭 우는 소리조차 들리지 않는 매우 신성한 땅이었다.

광야는 유라시아 대륙의 끝 지점, 바닷가에 있다. "모든 산맥들이 / 바다를 연모해 휘달릴 때도 / 차마 이곳을 범하던 못하였"기에 중국대륙에서 멈추었다. 사람이 탄생하기 훨씬 전, 계속된 지각 변동으로 광야의 척추라 할 만한 백두대간과 태백산 줄기가 솟아올랐다. 태백산 줄기가 치솟으며 일본 열도를 저만치 떼어버렸다. 광야는 중국이나 일본도 넘볼 수 없는 신성한 땅이고, 위대한 땅이었다.

그런 광야에 70만 년 전부터 사람이 살기 시작했다. 역포사람·덕천사람·만달사람·승리산사람·홍수아이 같은 사람들이다. 신석기 사람들도 광야 곳곳에 그들의 흔적을 남겼다. 하늘의 아들인 환웅이 내려와 아들 단군을 낳았고, 단군은 홍익인간을 이념으로 광야에 첫 나라 고조선을 열었다. 부여 동명왕, 고구려 주몽, 백제 온조, 신라 박혁거세, 가야 김수로가 그 뒤를 이었다.

고구려·백제·신라가 서로 경쟁하면서 문화를 공유했고, 일본에도 우수한 문화를 건네주었다. 광개토왕이 광야를 넓혔고, 중국의 수와 당이 광야를 넘봤지만 고구려의 힘에 굴복하여 물러나야 했다. 삼국을 통일한 신라는 고구려·백제의 사람과 문화를 한데 모아 문화 발전의 기틀로 삼았다. 신라 사람들은 불국사와 석굴암을 조성하여 불국토의 이상 세계를 광야에 펼쳤다. 대조영과 후손들이 광야 북쪽에 고구려의 혈통을 이어받아 해동성국을 이룩했다.

왕건이 민족을 다시 통일했고, 그의 아들 광종이 광야를 제국의 반석에 올려놓았다. 광야는 거란과 여진의 위협에 굴하지 않았고, 몽골의 말발굽에 40년 넘는 세월 동안 저항했다. 저항의 의지는 《팔만대장경》을 낳았다. 이성계가 새 나라 조선을 열었고, 그의 손자 세종이 독창적인 한글을 창조해냄으로써 광야만의 독자적인 문화가 비로소 빛을 뿜었다.

이육사, 의열단에 가담하다

〈광야〉에서 "지금 눈 내리고"는 어려운 시기, 즉 일제의 폭압적 탄압과 지배를 받는 시기를 나타낸다. 시 〈절정〉에서는 "매운 계절의 채찍에 갈겨"로, 〈교목〉에서는 "낡은 거미집 휘두르고"로 표현했으며, 〈꽃〉에서는 "동방은 하늘도 다 끝나고 비 한 방울 내리잖는 그때에도"라고 적었다. 또 〈황혼〉에서 식민지민의 처지를 "시멘트 장판 우 그 많은 수인(囚人, 죄수)들에게도"라고 표현했다.

1910년, 대한제국은 일제의 식민지로 완전히 전락했다. 일제는 조선총독부를 설치하여 군인 통치 체제를 만들었다. 1919년

3·1운동의 저항에 부딪힌 일제는 소위 '문화통치'로 교묘하게 지배를 위장했고, 이광수·최남선 등 일부 지식인들이 민족개조론·자치론 등을 주장하며 그 장단에 놀아났다.

1937년 7월, 일제가 중·일전쟁을 도발했다. 일제는 한반도를 전쟁을 수행할 수 있는 군수 공장 지대로 만들고 한국인의 민족의식을 말살하여 침략 전쟁에 동원했다. 전 국토가 침략 전쟁 기지였고 군 수용소나 다름없었다. 이 시기에는 국내에서 단체를 만들어 집단적으로 항일 운동을 전개하는 것은 불가능할 정도로 어려운 상황이었다. 많은 지식인들이 자의든 타의든 변절을 넘어 일제의 군국주의자로 활동했다. 독립은 요원한 일이라 여겼던 것이다.

그러나 뜻있는 민족 지사들은 목숨 바쳐 독립운동에 헌신했다. '매화'의 역할을 자처한 것이다. 대한광복회·대한인국민회·신흥무관학교·대한민국임시정부·민족혁명당·신간회 등 무수히 많은 단체들이 새봄을 열망했다. 3·1운동의 민중들이, 6·10만세운동과 광주학생항일운동을 주도한 학생들이, 백정들이, 농민들이, 노동자들이 새봄을 열기 위해 애썼다. 또 북로군정서·조선혁명군·한국독립군·조선의용대·한국광복군·동북항일연군 등 좌우를 떠나서 독립군들이 매화 향기를 은은하게 뿜고 있었다.

이육사는 1904년 5월 경북 안동 원촌에서 태어났다. 어릴 적 이름은 원록이며, 퇴계 이황의 14대손이다. 안동 지역은 의병장을 여럿 배출한 지조 높은 선비의 땅이었고, 이육사의 집안은 조선 시대에 고위 관직을 지내고 근대교육에 일찍 눈을 떴다. 이러한 성향은 이육사나 형, 동생 모두 독립운동에 투신한 것과 맥락을 같이한다.[1] 이 시기에 그는 형 원기와 동생 원유와 함께 의열단에 가담했다.[2]

의열단원의 독립투쟁을 연상시키는 시가 있다. 이육사의 〈편복(蝙蝠, 박쥐)〉이다.

> 광명을 배반한 아득한 동굴에서
> 다 썩은 들보라 무너진 성채 위 너 홀로 돌아다니는
> 가엾은 박쥐여! 어둠의 왕자여!

"동굴"은 지하운동을 실행했던 의열단을 연상시킨다. 박쥐는 독립운동가, 즉 의열단원이고, "다 썩은 들보라 무너진 성채"는 식민지 조선을 뜻한다. "너 홀로 돌아다니는"은 의열단원들이 임무를 부여받으면 단독으로, 또는 동료 몇 명과 실행하곤 했는데, 그것을 나타낸다. 이육사는 의열단원을 "어둠의 왕자"라고 표현했다. 독립투쟁에 대한 의열단원의 높은 뜻을 드러낸 시어라고 할 수 있다.

1919년 11월 10일, 만주 길림성의 한 허름한 집에서 김원봉의 주도로 단원 13명이 참여하여 의열단을 창립했다. 이들 중 단장 김원봉을 포함하여 10명이 신흥무관학교 출신이었다. 의열단은 '7가살(七可殺, 마땅히 죽여야 할 일곱 대상)'과 '5파괴'를 선정했다. 그

리고 조국을 위해 목숨도 기꺼이 바치겠다는 신념의 사나이들이 의열단의 문을 두드렸다. 미국의 언론인 님 웨일즈는《아리랑》에서 의열단에 대해 보고 들은 것을 자세히 기록해놓았다.

> 의열단원들은 마치 특별한 신도처럼 생활하였고, 수영, 테니스, 그 밖의 운동을 통해 항상 최상의 컨디션을 유지하도록 하였다. 매일같이 저격 연습도 하였다. 이 젊은이들은 독서도 하였고, 쾌활함을 유지하고 자기들의 특별한 임무에 알맞은 심리 상태를 유지하기 위해 오락도 하였다. 그들의 생활은 명랑함과 심각함이 기묘하게 혼합된 것이었다. 언제나 죽음을 눈앞에 두고 있었으므로 생명이 지속되는 한 마음껏 생활하였던 것이다. 그들은 기막히게 멋진 친구들이었다. 의열단원들은 스포티한 멋진 양복을 입었고, 머리를 잘 손질하였으며, 어떤 경우에도 결벽(潔癖)할 정도로 말쑥하게 차려입었다. 그들은 사진 찍기를 아주 좋아하였으며—언제나 이번이 죽기 전에 마지막으로 찍는 것이라 생각했다— 프랑스 공원(중국 내 프랑스 조계지)을 산책하기를 즐겼다.

의열단의 첫 쾌거는 부산 범일동이 고향인 박재혁이 이뤄냈는데, 1920년 9월 14일 부산경찰서에 폭탄을 던져 서장을 폭살시켰다. 12월 27일에는 밀양 출신의 최수봉이 밀양경찰서에 2개의 폭탄을 던졌다. 박재혁과 최수봉은 둘 다 스물일곱에 생을 마감했다. 1922년 3월 28일, 상하이 황포탄에서 오성륜 · 이종암 · 김익상이 일본 육군대장 다나카 기이치를 암살하기 위해 황포탄 부두에서 거사를 벌였으나 실패했다. 다나카는 1920년 10월 청산리전투에 대한 보복으로 일본군을 인솔하고 간도에 들어와 간도 주민들을 무참히 학살한 장본인이었다.[3]

김원봉은 일반 민중이 의열단원의 행동에서 폭력만 보고 그 속에 들어 있는 정신을 이해하지 못하는 점을 안타까워했다. 그래서 평소 무장투쟁론의 입장을 강하게 고수하던 신채호에게 의열단 선언 작성을 부탁했다. 신채호는 상하이에서 의열단원들이 폭탄을 만들고 폭파하는 훈련 모습을 보고 흔쾌히 〈조선혁명선언〉을 집필했다. 〈조선혁명선언〉은 일제를 우리의 생존권을 앗아간 '강도'로 규정하고, 혁명을 통해 강도 일본을 박멸하는 것이 의열단의 정당한 수단임을 강조했다.

1923년 1월 12일부터 6일간, 서울에서 김상옥과 일경 간에 총격전이 벌어졌다. 18일 새벽에는 400명의 무장경찰과 3시간 동안 총격전을 벌이며 15명을 쓰러뜨렸다. 그리고 마지막 1발로 서른세 해의 목숨을 끝마쳤다. 그의 몸에는 수십 발의 총탄이 박혀 있었다고 한다.

1924년 1월 5일, 의열단원 김지섭이 도쿄 황궁 앞의 이중교에서 폭탄을 던졌다. 1923년 9월 간토대지진 사건으로 재일 조선인

6,000여 명이 학살당하자 이에 대한 보복으로 폭탄을 던졌으나 모두 불발이었다. 1926년 12월 28일에는 나석주가 조선식산은행과 동양척식회사에 폭탄을 던지고 총격전으로 일경 7명을 사살한 뒤 자결했다.

일제의 첩보 자료에 따르면 1923년경 의열단의 단원은 1,000명에 달했다고 한다.[4] 임시정부의 국민대표회의가 결렬되자, 이에 실망한 민족 지사들이 대거 의열단에 가입한 결과인 것으로 보인다. 님 웨일즈에 따르면, 1919년부터 1924년까지 국내에서만 약 300건의 의열 투쟁을 전개했으며, 1919년부터 1927년까지 300명의 의열단원들이 희생됐다고 한다.

이렇게 활동을 전개하던 의열단은 1927년에 방향을 전환하여 암살 파괴 활동보다는 군사 활동 노선을 취했다. 여러 가지 이유가 있지만, 가장 큰 요인은 폭탄 투척이 성공보다 실패가 많았고 일시적인 충격을 주긴 했지만 실제 성과가 거의 없었기 때문이다.[5] 실패의 주원인은 열악한 무기(폭탄) 때문이었다. 불발탄이 많았던 것이다. 또 하나는 의열투쟁을 위한 자금 모집이 점점 더 어려워졌기 때문이다. 그래서 개인적인, 또는 몇 명이 연합한 소규모의 투쟁보다는 중국의 반일 세력과 연대하여 그들의 지원하에 일제를 타도하는 전략을 채택했다.

이 시기에 이육사는 국내에 있었고, 1927년 10월 일제에 처음으로 구속되었다. 조선은행 대구지점 폭파 사건의 범인으로 몰렸기 때문이다. 장진홍이 사건을 일으키고 도피했는데, 주범으로 이육사와 그의 형제들을 엮은 것이다. 장진홍이 의열단원인지 여부는 밝혀지지 않았다. 1929년 5월, 결국 증거불충분으로 풀려났다.

그 당시 수인번호가 264번이어서, 이때부터 '이육사'라는 이름을 필명으로 썼다. 처음에는 二六四였으나 차츰 李戮史, 李陸史로 바뀌었다. 필명으로 수인번호 숫자를 사용한 데에는 일제 식민지하에서는 민족 앞에 영원히 죄인이라는 자조 섞인 뜻이 들어 있다. 또한 '戮史'나 '陸史'는 일제 식민 통치의 역사를 죽인다는 뜻으로, 독립 혁명을 일으키겠다는 의지가 담겨 있다.[6] 또 다른 필명으로는 이활(李活)을 즐겨 사용했다. 일제 식민 통치의 역사(史)를 혁명을 통해 종식시키고(戮, 陸), 우리 민족의 역사를 살려(活) 이어나가겠다는 의지가 담겨 있지 않았나 싶다.

김원봉과 이육사

이육사는 1930년 1월에 첫 시 〈말〉을 〈조선일보〉에 발표했다. 그 후 광주학생항일운동이 대구 지역으로 파급되자 대구청년동맹 간부라는 이유로 일경에 붙잡혔다가 10일 만에 풀려났다. 10월에는 잡지에 〈대구사회단체개관〉이라는 글을 발표했고, 이듬해 1월 '대구 격문 사건'으로 다시 체포되어 3개월 동안 갇혀 지냈다. 풀려난 후에는 〈조선일보〉 대구지국에서 기자로 근무하면서 수시로 만주를 왔다 갔다 했다. 그러던 1932년 10월, 이육사가 26세 되던 해에 중국 난징 근교의 탕산에서 문을 연 조선혁명군사정치간부학교에 1기생으로 입교했다.

이곳에서 김원봉을 비롯한 독립운동가들의 힘듦과 어려움을 목격했고, 이를 "제비"에 빗대어 표현하기도 했다.

> 삘딩의 피뢰침에 아지랑이 걸려서 헐떡거립니다.
> 돌아온 제비 떼 포사선(抛射線, 원뿔곡선)을 그리며 날아 재재거리는 건,
> 깃들인 옛 집터를 찾아 못 찾는 괴롬 같구려.
>
> — 이육사, 〈춘수 삼제(春愁三題)〉 중에서

그러면서도 독립에 대한 강한 의지를 내세웠다.

> 북쪽 툰드라에도 찬 새벽은
> 눈 속 깊이 꽃 맹아리가 움작거려
> 제비 떼 까맣게 날아오길 기다리나니
> 마침내 저버리지 못할 약속이여!
>
> — 이육사, 〈꽃〉 중에서

어떠한 생명도 자랄 수 없는 북쪽 툰드라의 눈 속 깊은 곳에서

"꽃 맹아리"가 싹을 틔워 봄은 반드시 온다고 확신한다. 그는 간부학교에서 '꽃 맹아리'의 역할을 하고 있었다. 독립에 대한 강한 의지와 열망은 〈절정〉에서도 확인할 수 있다.

> 이러매 눈감아 생각해 볼밖에
> 겨울은 강철로 된 무지갠가 보다.

일제의 서릿발 칼날 위에 서 있고 뒤로 한발 디딜 곳조차 없지만, 그렇다고 포기하지 않았다. 그는 일제의 강압적 식민지배라는 절망적 상황에서 "강철로 된 무지개"를 보았다. 겨울은 봄을 예비하는 계절이며, 반드시 봄으로 이어진다. 그러므로 일제의 압박이 심할수록 조국 독립의 힘이 더욱 강하게 분출된다는 뜻이라고 믿었다.

의열단의 김원봉은 더 효과적인 독립 투쟁을 위해 자신을 포함하여 의열단원 모두를 이끌고 1926년에 장제스가 교장을 맡고 있는 중국의 황푸군관학교 제4기로 입학했다. 김원봉은 이곳에서 중국 공산당의 2인자인 저우언라이와 친분을 쌓았다. 그리고 황푸군관학교 졸업생들을 토대로 1932년 7월 중국 국민당 정부의 지원 아래 조선혁명군사정치간부학교를 열고 교장을 맡았다.

간부학교의 궁극적인 목표는 한국의 절대 독립과 만주국의 탈환이었다. 정치 과목으로 세계정세와 혁명 이론에 초점을 두어 교육이 진행되었는데, 쑨원의 삼민주의와 더불어 공산주의의 혁명 이론이 주로 강의되었다고 한다.[7] 교과 과정의 경향은 의열단원이나 간부학교 학생들이 사회주의 사상으로 경도되는 데 영향을 미쳤을 것이다.

교관으로는 김두봉 등 황푸군관학교 출신들이 많았다. 이육사는 같은 고향 출신으로 의열단의 주요 지도 인물인 윤세주의 권유로[8] 제1기생 26명 중 한 명이 되었다. 훈련 중에 이육사는 교장 김원봉과 몇 차례 단독 면담을 가졌다. 이육사는 김원봉을 중국의 부르주아 계급과 야합하고 사상이 애매하고 비계급적이라는 인상을 가졌다고 평한 바 있다.[9]

1933년, 이육사는 이활이라는 필명으로 국내 잡지 〈대중〉 창간 임시호에 〈변증법과 자연과학〉이라는 글을 실었다. 중국에 오기 전에 미리 작성한 원고였다. 또 같은 잡지 목록에 이육사 이름으로 〈레닌주의 철학의 임무〉라는 제목이 들어가 있다.[10] 이로 미루어 보아 이육사는 사회주의 사상을 받아들이고 있었음을 알 수 있다. 이러한 관점에서 김원봉이 중국 국민당과 손잡은 전략을 비판적으로 본 것이다.

1933년 4월, 조선혁명군사정치간부학교의 제1기 교육 과정을 마친 졸업생들은 다음과 같은 임무를 부여받았다. "첫째, 만주와 국내 각지에 의열단 지부를 조직하여 활동기반을 확보할 것. 둘째, 노동자·농민·학생층을 대상으로 사상 통일·실력 양성에 주력하여 이들을 향후 활동의 주력으로 삼을 것. 셋째, 각급 민족운동 단체를 통일 단체로 규합하여 주도권을 장악할 것. 넷째, 혁명간부 학교 입교생 모집 활동을 전개할 것 등"이었다.[11] 이 임무 중 1기 졸업생들에게는 만주 지역 파견 요원이나 제2기생 교관 요원을 주로 권했다. 그러나 이육사는 국내 잠입 활동을 희망했다. 김원 봉은 "그대와 같은 수재를 조선으로 돌려보내는 것은 유감"이라고 말하면서 국내에서 노동자·농민에게 혁명 의식을 고취하여 무 장투쟁을 준비할 것과 제2기생 후보를 모집하여 파견하는 임무를 맡겼다.[12]

귀국한 후 1934년 3월에 이육사는 경기도 경찰부에 체포되었 다. 그가 체포된 것은 처남 안병철 때문이었다. 처남도 간부학교 1기생으로 국내에 잠입한 뒤 곧바로 일본 헌병대에 자수했고, 그 직후 이육사를 포함해 1기생 5명이 연달아 체포됐다. 이육사는 국 내 잠입 후 별다른 활동이 드러나지 않아 3개월 만에 기소유예 처 분으로 풀려났지만, 일제 경찰의 중요 감시 대상이었다. 안동경찰 서 도산경찰관주재소는 이육사를 계속 감시하면서 그를 '민족공 산주의' 사상을 지닌 인물로 기록을 남겼다.[13]

1935년부터 1944년까지, 이육사는 신석초와 친하게 지내며 본 격적으로 시를 발표했다. 〈청포도〉(1939년), 〈절정〉(1940년) 등이 대표적이다. 일제가 민족말살정책을 펴며 한글 사용을 탄압하자, 한시(漢詩)만 쓰면서 저항했다.

일제의 야만적 강압적 지배도 30년이 넘은 1940년대, 〈편복〉에서 "쥐는 너를 버리고 부잣집 곳간으로 도망했고 / 대붕(大鵬)도 북해로 날아간 지 이미 오래거늘"이라고 표현한 것처럼 이름을 날렸던 많은 지식인들이 변절의 대열에 합류했고, 많은 문인들이 일제에 저항을 포기한 채 일본 군국주의 맹신자가 되었다. 이처럼 냉혹한 시련의 시간 동안, 독립은 올 것 같지 않았다. 더군다나 일제의 침략 전쟁이 아시아 · 태평양전쟁으로 확대되면서 국내 민족운동의 소식은 접할 수 없었다. 희망이 없어 보였다. 이육사는 아무것도 자랄 수 없는 얼어붙은 땅에 민족 독립운동의 희망의 씨앗을 뿌렸다. 이것이 "가난한 노래의 씨"였다. 그는 시 〈파초〉에서 "항상 앓은 나의 숨결"이라고 했는데, 그가 앓고 있는 것은 독립에 대한 앓음이다. 그에게 '독립'은 종교나 연인과도 같은 것이었다.

1943년 4월, 이육사는 급히 베이징으로 출국했다. 그곳에서 충칭과 옌안을 왔다 갔다 하면서 일을 추진했다. 충칭은 대한민국임시정부와 김원봉이 있는 곳이고, 옌안은 조선독립동맹과 조선의용군(대)이 활동하던 곳이다. 이육사에게 부여된 임무는 국내로 무기를 반입하는 것이었다.[14] 이육사가 암암리에 김원봉과 더불어 조선의용군과 연계되어 활동을 계속해왔음을 추측할 수 있는 대목이다. 그해 7월 베이징에서 체포되고, 이듬해 1월 16일 베이징 감옥의 네이이구 동창후뚱 1호에서 눈을 감았다. 해방 후에 동생 이원조가 유고 시 〈꽃〉과 〈광야〉를 발표했다.

독립에 대한 의지

초인은 백마를 타고 온다. 백마 탄 초인은 단순히 백의의 우리 민족을 표현하는 것에 그치지 않는다. 또한 초인은 현실에 안주하는 사람이 아니라 현실을 극복하려는 의지를 지닌 인물이다. 따라서 초인은 무사의 이미지다. 독립을 이룰 독립군이나 민중을 백마 탄 초인이라고 표현했던 것이다. "초인이 광야에서 목놓아 부르게 하리라"라는 시구에는 어려운 환경 속에서도 이육사(또는 의열단)가 뿌린 희망의 씨가 자라 곧 일제를 물리치고 독립을 이룰 독립군이 국내로 들어와서 민중과 함께 독립투쟁을 전개하겠다는 의지가 강하게 드러나 있다.

이육사는 〈청포도〉에서 "내 고장 칠월은 / 청포도가 익어가는 시절"이라고 썼다. 청포도가 익어가는 것처럼 우리 민족의 독립도 익어간다는 뜻이다. 청포도는 어린 시절 이육사의 집에 열렸던, 추억이 깃든 열매다. 7월도 그에게는 의미가 깊다. 형제들과 함께 어머니의 환갑잔치를 열었는데, 육사 형제들은 모시칠월장이라는 병풍을 각자 하나씩 맡아 그려 어머니에게 선물했기 때문이다. 그런 만큼 청포도가 익어가는 7월에 고향으로 돌아가고 싶은 염원이 나타나 있다.[15] 고향으로 돌아간다는 것은 독립의 그날을 말한다. 그는 조국 해방의 모습을 〈청포도〉에서 상세히 묘사했다.

하늘 밑 푸른 바다가 가슴을 열고

흰 돛단배가 곱게 밀려서 오면

내가 바라는 손님은 고달픈 몸으로
청포(靑袍)를 입고 찾아온다고 했으니

아이야 우리 식탁엔 은쟁반에
하이얀 모시 수건을 마련해두렴

　이 시에서 조국 해방을 맞아 독립군이 푸른 바닷길을 통해 흰 돛
단배를 타고 온다고 한다. 독립 투쟁의 길은 고단했지만 독립군의
때 묻은 독립군복은 조선의 관리들이 입던 관복인 청포로 당당히
비춰진다. 국내에서 힘들게 일제의 강압을 이겨낸 사람('아이')들이
은쟁반에 하얀 모시 수건을 마련하여 독립군을 맞아 청포도를 먹
으며 환희의 잔치를 하자는 것이다. 그리고 그가 생각하는 독립군
의 중추는 김원봉이 조직한 조선의용대였다.

　김원봉이 중심이 된 민족혁명당은 1938년 10월 10일에 무장
부대인 '조선의용대'를 결성했다. 조선의용대 대장 김원봉, 민족혁
명당원들로 구성된 제1구대(구대장: 박효삼), 조선청년전위동맹원
을 주축으로 제2구대(구대장: 이익성)로, 총 대원수는 97명이었다.
조선의용대는 중국 국민당의 지원으로 중국에서 조직된 최초의
한인 무장 부대였다. 그런 만큼 활동에 제약도 따랐다. 중국군사위

원회(위원장: 장제스) 정치부의 지휘에 따라 임무를 수행해야 했다.

조선의용대는 일본군에 맞서는 전투군이 아니라 정치 선전 공작 임무를 맡은 군대였다. 의용대원들은 중국어와 일본어에도 능통해 적진 깊숙이 침투하여 일본군의 사기를 떨어뜨리고 반전 의식을 심어주는 선전 활동에 전력을 쏟았다. 때로는 중국군과 연합하여 기습 공격이나 매복전, 통신 시설 파괴 등의 활동도 전개했다. 더불어 강제로 일본군에 끌려온 조선 청년들을 의용대원으로 편입시키는 작업도 주된 업무 중 하나였다. 또한 일본반전동맹·대만의용대와 국제 연대로 공동 투쟁을 벌이기도 했다.

1941년, 조선의용대원 80여 명이 중국 공산당 팔로군 지역의 화북으로 북상했다. 이들은 중국군을 보조하기보다는 중국 화북 지역으로 옮겨가 대일전에 참전하기를 원했다. 중국 공산당도 한국어·일본어·중국어에 능하면서도 강렬한 대일 항전 의지를 갖고 있는 조선의용대원들을 반겼다. 조선의용대의 북상을 김삼웅전 독립기념관장은 아래와 같이 분석했다.

> 의열단의 맥을 이은 조선의용군(대)이 옌안행을 택한 것은 공산주의 이데올로기를 추종해서라기보다, 국민당 장제스 정부의 미온적인 항일전에 실망하고 마오쩌둥파의 적극적인 대일 투쟁에 공감했기 때문이라고 보아야 한다. 또한 중국 혁명에 기꺼이 몸을 던진 것은 이 혁명을 통해 조국 독립을 쟁취

한다는 전략에 충실히 따른 것일 뿐이다.

— 김삼웅,《의열단》중에서

이들보다 앞서 옌안으로 들어간 최창익 등이 조선인들을 토대로 '화북조선청년연합회'를 결성했다. 그리고 조선의용대 대원들과 결합하여 '조선독립동맹'을 조직했다. 독립동맹의 주석은 김두봉이 맡았고, 김원봉 계열로는 박효삼·이춘암 등이 본부 집행위원으로, 박효삼이 중앙상무위원으로 선출되었다. 1941년 7월 7일에는 조선의용대 화북지대를 결성했다(지대장: 박효삼).

1941년 12월에는 호가장전투와 형태전투, 1942년 5월에는 편성전투 등을 치렀다. 그때 충칭의 조선의용대 본부가 임시정부의 광복군 제1지대로 편입되면서, 1942년 7월에 화북지대는 '조선의용군 화북지대'로 이름을 바꿨다(지대장: 박효삼). 조선의용군은 일본군 점령 지역에 들어가 병사 모집, 선전 활동, 첩보 활동 등을 전개했다. 일본군은 1941년부터 1942년까지 화베이 지역의 항일근거지를 없애기 위해 4만이 넘는 병력을 투입하고 전투기와 전차까지 동원했다.

1942년 5월, 조선의용대는 팔로군과 함께 타이항산 일대에서 반소탕전을 전개했다. 일본군은 전투기로 폭탄을 퍼붓고 대포를 쏘아댔다. 조선의용대는 팔로군 지휘부와 비전투 요원, 그리고 가족들이 모두 철수할 때까지 일본군에 맞섰다. 진광화 등 여러 의용대원들이 전사했다. 이 전투에서 김원봉의 친구이며 오랜 동지인 윤세주도 총에 맞았다. 다른 대원이 윤세주의 부상을 살피려 하자, 윤세주는 진광화의 신음 소리를 들었다며 그를 먼저 돌볼 것을 당부하고 눈을 감았다. 윤세주는 김원봉과 같은 고향 출신의 죽마고우였으며, 의지처이기도 했다. 그가 전사했다는 소식을 들은 김원봉은 〈석정(윤세주의 호) 동지 약사〉를 지어 추도사를 대신했다.

이육사, 혁명적 선구가 되다

이육사의 "내 가난한 노래의 씨"와 "백마 타고 오는 초인"은 의열단 선언문(〈조선혁명선언〉)의 투쟁과 유사한 면을 지니고 있다. 김원봉의 의열단의 이념과 노선은 민족혁명당 · 조선혁명군사정치간부학교 · 조선의용대 등 여러 단체의 활동에서 관철되고 있었다. 이육사도 이 노선을 익히 잘 알고 있었을 것이며, 이 지침에 따라 활동했을 것이다.

> 오직 민중이 민중을 위하여 일체 불평 · 부자연 · 불합리한 민중 향상의 장애부터 먼저 타파함이 곧 민중을 각오케 하는 유일한 방법이니, 다시 말하면 곧 먼저 깨달은 민중이 민중 전체를 위하여 혁명적 선구가 됨이 민중 각오의 첫째 길이다.
>
> — 신채호, 〈조선혁명선언〉 중에서

"먼저 깨달은 민중"(선각 민중)은 의열단이나 조선의용대와 같은 독립운동 세력이고, "민중 전체"('초인')는 일제의 수탈과 지배에 저항하려는 독립 의지를 갖고 행동하는 민중을 뜻한다. 이육사와 같은 선각 민중이 혁명적 선구로 나서서 전제 민중을 각오하게 해야 한다고 주장한 것이다. 따라서 이육사는 시인의 감각을 살려 은연중에 김원봉과 의열단의 독립투쟁 전략을 시적 언어로 표현한 것이 아닐까 싶다.

김원봉은 이육사에게 민중을 조직화해 혁명 의식을 고취하고 무장투쟁을 준비하라는 임무를 맡겼다. 자료가 없어서 1935년부터 1942년까지의 행적은 밝혀지지 않았지만, 이육사의 마지막 활동은 국내 민중의 무장투쟁과 연관된다. "먼저 깨달은 민중"(이육사나 독립운동 세력)이 "민중 전체"를 위해 혁명적 선구가 되는 활동을 한 것이다.

> 검은 그림자 쓸쓸하면
> 마침내 호수 속 깊이 거꾸러져
> 차마 바람도 흔들진 못해라.
>
> — 이육사, 〈교목〉 중에서

이육사의 독립에 대한 굳은 의지를 '교목'으로 상징한 시다. 죽음까지 불사하겠다는 독립투쟁을 위한 독립운동가(이육사)의 강한 의지는 그 어떤 외압도 막지 못한다는 뜻이다.

> 제 정열에 못이겨 타서 죽는 불사조는 아닐망정
> 창공 잠긴 달에 울어 새는 두견새 흘리는 피는
> 그래도 사람의 심금을 흔들어 눈물을 짜내지 않는가!
>
> — 이육사, 〈편복〉 중에서

독립운동가(의열단원)들은 "불사조"가 되지 못한다 해도 독립을 위해 목숨 바치는 모습이 "두견새"처럼 식민지민의 독립 정신을 더욱 고취시킬 수 있다고 자신한다. 이처럼 이육사는 일제의 식민 지배에 민중 전체가 들고일어나는 민족의 독립투쟁을 염원하며 자신의 죽음으로 독립운동의 씨앗을 뿌렸던 것이다. 그렇다면 이육사는 독립된 조국을 어떻게 묘사했을까?

> 한바다 복판 용솟음치는 곳
> 바람결 따라 타오르는 꽃성에는
> 나비처럼 취하는 회상(回想)의 무리들아
> 오늘 내 여기서 너를 불러보노라
>
> — 이육사, 〈꽃〉 중에서

독립된 국토, 향기로운 꽃으로 가득한 한반도에서 죽어간 동지들을 생각하며 동지들의 이름을 불러보는 모습은, 과연 〈꽃〉이 〈광야〉와 더불어 이육사의 유고 시임을 잘 드러낸다. 한편 그는 독립된 조국을 일제와 같은 침략주의 국가로 그리지 않았다.

> 꼭 한 개의 별! 아침 날 때 보고 저녁 들 때도 보는 별
> 우리들과 아―주 친하고 그중 빛나는 별을 노래하자
> 아름다운 미래를 꾸며 볼 동방의 큰 별을 가지자
>
> — 이육사, 〈한 개의 별을 노래하자〉 중에서

독립된 조국은 아침이나 저녁에도 볼 수 있는 "한 개의 별"이다. 그는 아름다운 미래를 생각하며 그 별을 "동방의 큰 별"로 가꾸자고 한다. "다만 한 개의 별일망정 / 한 개 또 한 개의 십이성좌 모든 별을 노래하자"고 한 것처럼, 약탈과 빼앗김, 식민과 피식민이 없는 평화의 세계를 그렸던 것이다.

1) 김희곤,《이육사 평전》, 푸른역사, 2013.
2) 김학동,《이육사 평전》, 새문사, 2012.
3) 김삼웅,《의열단, 항일의 불꽃》, 두레, 2019.
4) 김삼웅,《의열단, 항일의 불꽃》, 두레, 2019.
5) 박찬승,《한국독립운동사》, 역사비평사, 2014.
6) 김희곤,《이육사 평전》, 푸른역사, 2013.
7) 김희곤,《이육사 평전》, 푸른역사, 2013.
   김삼웅,《약산 김원봉 평전》, 시대의창, 2016.
8) 류종훈은 김시현의 권유로 이육사가 조선혁명군사정치간부학교 1기생으로 입교한 것으로 보고 있다(류종훈,《우리들이 잃어버린 이름 조선의용군》, 가나출판사, 2018).
9) 김희곤,《이육사 평전》, 푸른역사, 2013.
10) 김희곤,《이육사 평전》, 푸른역사, 2013.
11) 한상도,《대륙에 남긴 꿈 김원봉》, 역사공간, 2017.
12) 김희곤,《이육사 평전》, 푸른역사, 2013.
13) 김희곤,《이육사 평전》, 푸른역사, 2013.
14) 김희곤,《이육사 평전》, 푸른역사, 2013.
15) 김학동,《이육사 평전》, 새문사, 2012.

신석정 시비(전주 덕진공원)

신석정의
꽃덤불 세상

이 성전(聖戰)의 용사로 / 부름받은 그대 조선의 학도여 / 지원하였는가, 하였는가 / …… / 그대들의 나섦은 / 그대들의 충의, 가문의 영애 / 삼천만 조선인의 생광(生光)이오, 생로(生路) / 1억 국민의 기쁨과 감사 / 남아 한 번 세상 나 / 이런 호기 또 있던가 / 일생일사는 저마다 다 있는 것 / 위국충절은 그대만의 행운 / 가라 조선의 6천 학도여

일본 천황을 위해 조선의 청년들을 전쟁터에 나가라고 선동하는 시 〈조선의 학도여〉 중 일부다. 이 시를 쓴 이광수는 한때 신석정이 존경하며 흠모해 마지않던 문인이다. '조선의 셰익스피어'라 칭송받을 정도로 문학적 재능이 뛰어났던 만큼, 이광수의 변절은 사람들에게 미치는 파급력이 매우 클 수밖에 없었다. 이광수는 반민법 재판에서 "애국자로서의 명예를 희생하더라도 민족 보존

을 위해서는 어쩔 수 없는 고육지책"이었다고 고백했다. 자신의 친일이 민족을 위한 불가피한 선택이었다는 억지 변명에 불과했다. 이광수와 주요한, 한용운을 스승처럼 생각하며 같은 시기에 문인의 시절을 보낸 신석정은 과연 어떤 생각을 하며 그 시대를 살았을까? 그의 시 〈꽃덤불〉(1946년)로 살펴보자.

> 태양을 의논하는 거룩한 이야기는
> 항상 태양을 등진 곳에서만 비롯하였다.
>
> 달빛이 흡사 비 오듯 쏟아지는 밤에도
> 우리는 헐어진 성(城)터를 헤매이면서
> 언제 참으로 그 언제 우리 하늘에
> 오롯이 태양을 모시겠느냐고
> 가슴을 쥐어뜯으며 이야기하며 이야기하며
> 가슴을 쥐어뜯지 않았느냐?
>
> 그러는 동안에 영영 잃어버린 벗도 있다.
> 그러는 동안에 멀리 떠나버린 벗도 있다.
> 그러는 동안에 몸을 팔아버린 벗도 있다.
> 그러는 동안에 맘을 팔아버린 벗도 있다.
> 그러는 동안에 드디어 서른여섯 해가 지나갔다.

다시 우러러보는 이 하늘에

겨울밤 달이 아직도 차거니

오는 봄엔 분수처럼 쏟아지는 태양을 안고

그 어느 언덕 꽃덤불에 아늑히 안겨보리라.

— 신석정, 〈꽃덤불〉

신석정은 〈그 먼 나라를 알으십니까〉나 〈아직 촛불을 켤 때가 아닙니다〉로 일반인들에게 많이 알려진 시인이다. 일제 강점기에 신석정은 전원적인 서정시를 주로 썼는데, 동화 같은 목가풍의 분위기였다.[1] 해방 후, 4·19를 경험한 1960년대에 그는 시인의 적극적인 현실 참여를 주장했다.

신석정은 1907년 7월 전북 부안에서 태어났다.[2] 어릴 적에는 한학을 공부했으며 할아버지의 뜻에 따라 당시(唐詩)를 주로 읽었다. 부안보통학교 6학년 때 두 가지 사건을 겪는다. 하나는 후배와 관련되는데, 후배가 공을 차서 실수로 일본 사람의 배추 한 포기를 상하게 했고 일본 사람은 후배를 학교에 데려가 무기정학 처분을 받게 했다. 이때 시인은 후배에게 등교 투쟁을 벌일 것을 당부하고, 학생들에게 그 부당함을 은밀히 전파하여 후배가 등교할 수 있도록 했다. 또 하나는 일본인 담임교사가 수업료를 내지 못한 학생을 전체 학생들이 보는 앞에서 발가벗긴 사건이었다. 시인은 가난한 식민지민의 슬픔과 수치심을 감출 수 없어 동맹 휴학을 주도했

다. 이처럼 시인은 민족에 대한 자존심과 감수성으로 학창 시절을
보냈다.

이후 매창·구르몽 등의 시를 음미하고 괴테·셰익스피어, 이
광수의 소설, 주요한의 시에 빠져 지냈다. 18살 때 계화도를 여행
하고 첫 시〈기우는 해〉를〈조선일보〉에 투고했다. 그는 24살이 되
던 1930년에 불교 공부를 위해 서울에 올라와 중앙불교전문강원
에서 박한영 선사를 만났다. 그곳에서 종교보다는 문학에 더욱 관
심을 가졌다. 시인은 '시문학사' 모임에 참여하면서 정지용·김기
림·이하윤·김영랑 등과 시를 주제로 자주 어울렸다. 또 만해·
이광수·주요한 등 기라성 같은 문학인들을 찾아다녔다.

고향으로 돌아온 시인은 아내와 함께 소작 농사를 지으면서 문
학 공부에도 박차를 가했다. 이 시기 농촌 생활은 신석정에게 시인
으로서 큰 자산이 되었다. 그는 소작한 돈으로 초가삼간을 마련하
여 '청구원'이라 이름 붙이고, 청구원에서 과일나무를 키우며 본격
적으로 목가풍의 시를 썼다. 또한 인도 시성 타고르의 민족적인 시
를 음미하고, 한용운의 정신세계를 자신의 철학적 지표로 삼았다.

1939년, 34세 때 첫 시집《촛불》을 냈다. 첫 시집 출판 기념식에
서 이육사·신석초·임화 등을 처음 만났다. 당시는 일제가 침략
전쟁에 여념이 없을 때였다. 서울에 살던 많은 문인들이 친일 문학
으로 내몰렸다. 신석정도 이런 강압을 비껴갈 수 없었고, 창씨개명
까지 했다.

일정의 억압과 착취가 범람하는 그 당시, 나는 일제와 정면으로 싸울 수 있는 용감한 청년이 못 되었다.

– 신석정, 〈나의 문학적 자서전〉, 《난초 잎에 어둠이 내리면》[3]

이 시기에 신석정은 술과 친구로 일제의 광풍을 견뎌내야 했다. 신석정이 할 수 있었던 일은 별로 없었기에, 소극적인 저항으로 지조를 지키려 했다. 결국 친일 문학지 〈국민문학〉의 원고 청탁을 거절하면서 해방 때까지 붓을 꺾을 수밖에 없었다. 39세 때 해방을 맞아 잠시 서울에 올라왔다가 고향 부안으로 다시 내려갔고, 부안이나 전주에서 국어 교사로 일하거나 전북대학교에서 강의했다.

그러던 중 4·19혁명을 맞이했다. 이때부터 그는 현실 참여적인 문학에 적극적으로 뛰어들었다. 이 시기에 〈전아사〉, 〈쥐구멍에 햇볕을 보내는 민주주의의 노래〉, 〈단식의 노래〉 등을 발표했다. 5·16 직후에는 〈단식의 노래〉로 인해 박정희 군사 정권에 연행되어 고초를 겪었다. 1969년에는 박정희 정부의 검열에 걸려 '남산(중앙정보부)'에 끌려갔고, 그때의 경험을 〈서울 1969년 5월 어느 날〉이라는 시로 남겼다. 이후 시인은 유고시를 포함하여 120편 정도의 시를 썼다. 전주에서 교편을 마무리하고, 1973년 고혈압으로 쓰러져서 이듬해 7월 눈을 감았다.

태양을 등진 곳에서 광복을 이야기하다

'광복(光復)', 빛을 다시 본다는 말이다. 1876년부터 진행된 일제의 침략적 야욕은 결국 주권 상실로 이어졌다. 1910년은 신석정이 태어난 지 3년 후였다. 일제는 한국인의 민족운동 의지를 완전히 뿌리 뽑을 목적으로 사회를 군사적으로 통제했다. 그래서 독립에 대한 이야기는 은밀하고 조심스럽게 해야 했다. 음지에서 의견을 모으면 행동으로 옮겼다.

고종은 대한제국의 관료이자 의병장 출신인 임병찬에게 주권을 다시 찾도록 몰래 지령을 내렸다. 1912년 9월, 임병찬은 의병과 유생을 모아 독립의군부를 조직하여 의병 전쟁을 계획했다. 박상진은 서상일과 함께 여러 비밀 독립 단체들을 모아 1915년 7월에 대한광복회를 조직하여, 친일파를 처단하고 독립 자금을 모아 만주에 독립군을 결성하려 했다. 이외에도 국내에서는 풍기광복단·조선국권회복단·선명단·송죽회 등등이 비밀스럽게 만들어졌다.

이회영은 신민회 활동을 하면서 이동휘·안창호 등과 서간도에 독립운동 기지를 만들자고 의견을 모았다. 그는 둘째 형 이석영을 설득하여 모든 재산을 헐값에 처분하고 마련한 돈 40만 원(지금의 600억 원에 해당)을 가지고, 6형제의 일족 60여 명을 데리고 서간도 삼원보로 건너갔다. 그곳에 경학사를 세워 민족운동의 터전으로 삼고 독립군을 양성하기 위해 신흥강습소(후에 신흥무관학교)를 설

립했다.[4)]

　만주와 연해주에서는 이상설의 활동이 주목된다. 그는 간도 용
정촌에 서전서숙을 만들었는데, 고종의 밀지를 받고 이준·이위
종과 함께 헤이그 특사로 파견되었다. 이후 그는 블라디보스토크
로 가서 유인석 등과 함께 성명회를 조직했고, 1914년 대한광복
군정부를 세워 정통령으로 활동했다. 이외에도 많은 애국지사들
이 국내·남만주·북간도·연해주·미주 등 그늘진 곳에서 "태양
을 의논하는 거룩한 이야기"들로 의기를 다졌다.

　독립지사들은 독립이 올 것 같지 않은 참담한 시절('달빛이 흡사
비 오듯 쏟아지는 밤')에도 식민지 한반도 땅과 만주 땅('헐어진 성터')
을 이리저리 뛰어다니며 시행착오와 갈등을 겪었다. 그러나 독립
을 반드시 이루고야 말겠다는 꿈('우리 하늘에 오롯이 태양을 모시겠냐
고') 하나만은 지키며, 목숨을 걸고 의지를 불태웠다.

　민중들은 3·1운동, 6·10만세운동, 광주학생항일운동, 농
민·노동운동, 형평운동을 통해 태양을 오롯이 모시고자 했다. 독
립지사들은 대한민국임시정부·신간회·근우회를 통해 빛을 다
시 보고 싶어 움직였다. 홍범도의 대한독립군과 최진동의 군무도
독부는 봉오동에서 일본군을 격퇴했다. 다시 김좌진의 북로군정
서가 합세한 독립군 부대는 청산리에서 6일간의 격전 끝에 엄청
난 승리를 태양에 헌상했다. 지청천의 한국독립군과 양세봉의 조
선혁명군은 중국군과 연합하여 만주에서 일본군에 타격을 주었

다. 김원봉의 조선의용대, 무정의 조선의용군, 한인 사회주의자들의 동북항일연군, 대한민국임시정부의 한국광복군 등도 무력으로 일제를 "헐어진 성터"에서 내쫓으려 했다.

노인동맹단의 강우규, 의열단 소속의 박재혁 · 최수봉 · 김익상 · 김상옥 · 나석주, 한인애국단의 이봉창 · 윤봉길 등도 태양의 제단 앞에 기꺼이 신성한 몸을 제물로 올려놓았다. 또한 문학의 김소월 · 한용운 · 윤동주 · 심훈 · 이육사, 역사학의 박은식 · 신채호 · 백남운, 국어학의 이윤재 · 한징 · 최현배, 영화의 나운규 등 애국지사와 민중은 "오롯이 태양을 모시겠"다고 "가슴을 쥐어뜯으며 이야기하며 이야기"했다.

잃어버린 벗들과 변절자들

그러나 광복을 보기도 전에 "영영 잃어버린 벗"들이 너무나 많았다. 1910년에 황현을 시작으로 1914년에 주시경, 1916년에 대종교의 나철을 잃어버렸다. 3 · 1운동의 유관순은 일제의 폭행과 고문으로 18살 꽃다운 나이에 잃어버렸다. 3 · 1운동의 대부 손병희도 1922년에 잃어버렸다. 윤봉길과 이봉창도 1932년에 잃어버렸다. 신채호도 1936년 차디찬 여순의 감옥에서 잃어버렸고, 그해 심훈도 잃어버렸다. 한용운과 이육사도 광복 1년여를 남기고 잃어버렸다. 신흥무관학교 설립자 이회영도 1932년에 잃어버렸다. 윤동주도 독립을 코앞에 두고 2월에 잃어버렸다.

　김상옥 · 나석주 · 양기탁 · 양세봉 · 홍범도 · 이윤재 · 박은식 · 이승훈 · 문일평 · 이동휘 · 안창호 · 이상설 · 방정환 · 조마리아 등 너무나 많은 민족 지사들을 잃어버렸다. 독립군으로, 노동 · 농민운동으로, 학생운동으로 잃어버린 벗들이 너무나 많았다.

　"헐어진 성터"를 뒤로하고 "멀리 떠나버린 벗"들도 많았다. 애국지사들이 태양을 오롯이 모시기 위해 만주 · 연해주 · 중국 · 미주 등지로 떠나버렸다. 총독부의 토지조사사업이나 산미증식계획 때문에 만주나 간도로 헐벗은 농민들이 떠나버렸다. 막노동이라도 하기 위해 가난한 백성들이 일본으로 떠나버렸다. 중 · 일전쟁 직후 일제는 우리 젊은이들을 전선의 총알받이로 떠밀었다. 젊은 여인들을 일본군 성노리개로 떠밀었다. 한국 사람들을 일본의 어두컴컴한 탄광 속에 강제로 처넣어버렸다. 이렇게 멀리 떠나버린 벗들이 부지기수였다.

　"몸을 팔아버리"거나 "맘을 팔아버린 벗"들도 있다. 민족을 변절하거나 아예 황국신민이 되고자 한 사람들이다. 이들의 변절은 1937년 중 · 일전쟁 때부터 눈에 띄게 늘어난다. 더군다나 일본이 중국과의 전쟁에서 승승장구할 때, 1941년 12월에 미국을 상대로 아시아 · 태평양전쟁을 일으킬 때 기승을 부렸다. 이미 이들은 독립은 물 건너갔다고 확신했다. 이들은 일본인보다 더 일본인이 되어야 한다고 생각했고, 그것이 일본 군부와 천황에게 충성하는 길뿐이라는 것을 누구보다도 잘 알고 있었다.

　친일 민족 반역 문인들을 친일 글들을 중심으로 살펴보자.[5] 가장 먼저 몸과 마음을 팔아버린 인물이 이광수다. 그는 〈2·8독립선언서〉를 기초하고 대한민국 임시정부 사료편찬위원회 주임과 임시정부 기관지 〈독립신문〉의 사장 겸 주필을 맡은 적도 있었다. 그러나 민족을 위한 활동은 이것으로 끝이었다. 그는 1922년에 〈민족개조론〉을, 1924년에 〈민족적 경륜〉을 쓰며 변절의 길로 들어섰고, 1937년 수양동우회 사건[6]을 계기로 민족반역자가 됐다.

　이광수의 일본 이름은 가야마 미쓰로(香山光郞)다. 그는 자발적이고 적극적으로 창씨개명을 선택했다. 일본의 진무천황이 즉위한 산이 가구야마(香久山)였기에 성씨를 '가야마(香山)'로 정했고, 광(光)은 본인의 가운데 이름이었으며 '랑(郎)'은 '수(洙)'의 일본식 글자였다. 창씨는 그의 신념이었던 만큼, 창씨개명의 최전선 전도사 역할을 한 것도 당연했다.

> 나는 지금에 와서 이런 신념을 가진다. 즉, 조선인은 전연 조선인인 것을 잊어야 한다고. 아주 피와 살과 뼈가 일본인이 되어버려야 한다고. 이 속에 진정으로 조선인의 영생의 길이 있다고……
>
> 　　　　　　　　　　　　　　-〈매일신보〉, 1940년 9월 4일 자

친일에서는 주요한도 이광수에 뒤지지 않는다. 주요한은 우리나라 최초의 자유시 〈불놀이〉로 익히 알려진 인물이다. 그의 창씨개명은 이광수보다 더했다. 주요한은 마쓰무라 고이치였는데, '고이치(紘一)'는 일왕 중심의 군국주의 정신인 '팔굉일우(八紘一宇, 전 세계가 하나의 집)'에서 따온 것이다. 그가 친일을 하게 된 것도 수양동우회 사건이 계기였다. 그도 이광수와 함께 한때 임시정부에서 〈독립신문〉의 편집국장 겸 기자로 일했다. 침략 전쟁이 한창이던 1940년대 초, 일제는 문인들에게 학병·지원병·징병·징용 등을 선전·선동하는 일을 맡겼다. 지원병 선동과 관련하여 눈길을 사로잡는 그의 시가 〈첫 피〉인데, 조선인 지원병 첫 전사자인 이인석의 죽음으로 선동하고 있다.

> 나는 간다. / 만세를 부르고 / 천황폐하 만세를 / 목껏 부르고 / 대륙의 풀밭에 / 피를 뿌리고 / 너보다 앞서서 / 나는 간다. / …… / 앞으로 너들의 피가 / 백으로 천으로 / 만으로 십만으로 / 뿌려질 줄을 / 나는 안다.

한편 〈운현궁의 봄〉 등 역사소설가로 널리 알려진 김동인의 창씨개명은 히가시 후미히토(東文仁)다. 그는 역사소설을 통해 '황민화운동'과 '내선일체'의 전도사 역할을 했다. 내선일체에서 그는 타의 추종을 불허했다. 그는 "대동아전이 발발되자 인제는 '내선일체'도 문젯거리가 안 되었다. 지금은 다만 '일본 신민'일 따름이다. 한 천황폐하의 아래서 생사를 같이하고 영고(榮枯, 성함과 쇠함)를 함께할 한 백성일 뿐"((매일신보), 1942년 1월 23일 자)이라고 썼다. 〈북청 물장수〉와 〈국경의 밤〉의 주인공 김동환(시라야마 아오키)도 있다. 그는 〈총, 1억 자루 나아간다〉라는 글에서 다음과 같이 선동했다.

> 일본이여, 일본이여, 나의 조국 일본이여 / 어머니여, 어머니여, 아세아의 어머니 일본이여 / 주린 아이 배고파서, 벗은 아이 추워서 / 젖 달라고, 옷 달라고 10억의 아이 우나이다, 우나이다.
>
> −〈삼천리〉, 1942년 1월호

김소월의 스승이었던 김억은 조선인 김원이 가미카제 자살공격대로 전사하자 〈님 따라 나서자─가네히라(金原) 군조 영전에〉라는 시에서 "이 목숨 귀할시고 모두들 아낀다면 / 일월(日月)의 충의(忠義) 도고는 보잘 것이 있는고 / …… / 맘들은 한데 모아 역천은 부서지고 / 님 따라 손 높이 들고 나설 때는 왔나니"라며 침략 전쟁에 나서서 희생하는 것만이 충성임을 외쳐댔다.

또한 여성 문인으로는 〈사슴〉을 지은 노천명이 있다. 조선임전보국단 산하의 부인대(婦人隊)의 간사로 일하며 "한 땀 두 땀 무운을 빌며 / 바늘을 옮기는 양 든든도 하다 / 일본의 명예를 걸고 나간 이여 / 훌륭히 싸워주 공을 세워주"라고 노래하며 여성들의 근로 충성을 앞장서서 부르짖었다. 쌍벽으로 모윤숙이 있는데, 해군지원병제도 시행에 맞춰 〈아가야 너는—해군기념일을 맞이하여〉라는 시를 발표했다.

> 아가야! 조개 잡기 즐겨 모래성을 쌓고 / 땅에서 서기보다 물에 놀기 좋아하는 너 그 못 잊어운 바다가 / 이제 너를 오란다. / 이제 너를 부른다. / 해군모 쓰고 군복 입고 나오란다.

근우회를 주도했고 이화여대 초대 총장을 했던 김활란이란 인물도 있다. 김활란은 자발적으로 아미기 가쓰란(天城活蘭)이라고 창씨개명하고, 일제의 미친 전쟁이 한창일 때 이화여전 학생들을 선동하는 글을 〈매일신보〉(1943년 12월 25일 자)에 기고했다.

> 아세아 10억 민중의 운명을 결정할 중대한 결전이 바야흐로 최고조에 달한 이때 어찌 여성인들 잠자코 구경만 할 수가 있겠습니까. 이날을 위한 마음의 준비는 이미 벌써부터 되어 있었습니다. …… 이번 반도 학도들에게 열려진 군문(軍門)으로 향한 광명의 길은 응당 우리 이화 전문학교 생도들도 함께 걸어가야 될 길이지만 오직 여성이라는 한 가지 이유 때문에 참

렬을 못하는 것입니다.

서정주는 〈화사집〉·〈귀촉도〉로 유명한 문인으로, 다쓰시로 시즈오(達城靜雄)가 일본 이름이다. 그의 친일 시는 태평양전쟁과 가미카제를 찬양하는 내용 일색인데, 그중 압권이 〈마쓰이 오장 송가〉다.

> 마쓰이 히데오! / 그대는 우리의 가미카제 특별 공격대원. / 귀국대원 /…… / 우리의 동포들이 밤과 낮으로 / 정성껏 만들어 보낸 비행기 한 채에 / 그대, 몸을 실어 날았다간 내리는 곳. / 소리 있어 벌이는 고운 꽃처럼 / 오히려 기쁜 몸짓 하며 내리는 곳. / 쪼각쪼각 부서지는 산더미 같은 미국 군함!

이렇게 가미카제 특공대로 전사한 인재웅을 추모하면서 일왕을 위해 기꺼이 목숨을 바치라고 선동했다. 해방 후 그는 "일본이 그렇게 쉽게 항복할 줄은 꿈에도 몰랐다. 못 가도 몇 백 년은 갈 줄 알았다"고 말한 바 있다.[7]

반민특위 vs 민족반역자
해방되자마자 친일파들은 몸을 숨겼다. 그중에는 경찰과 행정

관리가 많았지만, 기업인·문학인·예술인·교육자·종교인·일본군 장교 등 사회 모든 분야에 걸쳐 있었다. 1945년 8월 15일은 민중에게는 머리를 들어 태양을 마주한 감격스러운 날이지만, 친일파들에게는 하늘이 무너져 내린 날이었다.

이런 친일파들을 양지로 다시 불러내 그 손에 검을 쥐여준 것이 미군정과 이승만이었다. 일본에서 미군정은 이미 전범들을 좌익의 대항마로 사용했고, 한국에서도 친일파를 경찰이나 행정의 요직에 다시 앉혀서 그렇게 이용할 작정이었다. 이때부터 해방된 한국 사회가 요동치기 시작했다. 이승만도 한몫을 단단히 했다. 지금 당장 친일파를 청산해서는 안 되고, 정부 수립 이후에 우리 손으로 처리해야 한다는 논리를 폈던 것이다. 그는 이미 미국의 친일파 이용을 그대로 받아들여 권력 기반으로 삼아가고 있었다.[8] 그러자 친일 경찰이나 친일파는 이승만을 진정한 지도자라고 찬양했다. 친일파들이 설쳐대며 반공을 부르짖었고, 반공 투사가 진정한 애국자라는 요상한 논리를 만들어냈다. 그리고 친일파 청산을 주장하는 사람들을 공산주의자로 몰아붙였다.

제헌국회는 정부 수립 다음 날인 1948년 8월 16일, 반민족행위처벌법안을 국회에 상정하여 통과시켰다. 젊은 국회의원들이 주도했지만, 이승만 지지 세력이나 한국민주당(한민당) 계열의 국회의원 상당수가 찬성표를 던졌다. 그들도 국민의 눈치를 보지 않을 수 없었던 것이다.

그러자 친일파들은 서울 시내에서 반공구국궐기대회를 대대적으로 열었다. "민족 처단을 주장하는 놈은 공산당의 앞잡이다" 등등의 삐라도 뿌려댔다. 심지어 김구나 김규식이 공산주의 색깔을 띠었다며 악성 루머를 퍼트렸다.[9] 이승만은 "지금 국회의 친일파 처리 문제로 많은 사람들이 선동되고 있는데 이런 문제로 민심을 이산시킬 때가 아니다"라며 특별 담화를 발표했다.[10] 이승만의 반민법이나 반민특위 반대 담화는 계속 이어졌다.

1948년 10월, 반민족행위특별조사위원회(반민특위)가 김상덕을 위원장으로 하여 발족하고 특별재판부와 특별검찰부도 구성되었다. 이듬해 1월부터 박흥식 · 최린 · 최남선 · 이광수 · 김연수 등이 구속됐다. 그리고 친일 경찰에 칼날을 겨누었다. 당시 경찰의 80%가 일제 강점기 때 경찰 노릇을 했다. 경찰 수뇌부들은 총독부에 그랬던 것처럼 이승만의 충직한 개였다. 반민특위는 악질 고문 경찰로 유명한 노덕술 등을 체포했다. 이승만은 이때부터 노골적으로 반민특위 활동을 방해했다. 악질 친일 경찰들은 테러리스트를 고용해 반민특위의 김상덕 · 김상돈 등 15명에 대해 암살을 도모하기까지 했다.

반민특위 위원으로 친일파 처단에 의욕적이었던 젊은 국회의원들을 북한의 간첩으로 조작하여 체포했다. 일명 국회 프락치 사건이다. 6월 6일, 드디어 친일 경찰들의 쿠데타가 일어났다. 친일 경찰들은 이승만의 지시하에 반민특위 사무실을 습격해 특위 위원들을 무장 해제시키고 35명을 강제 연행했다.[11] 또 제2차 국회 프락치 사건을 일으켜 국회부의장 김약수와 반민법 제정에 중요한 역할을 한 노일환 의원을 체포했다.[12] 반민특위위원장의 후임으로는 반민법에 부정적이었던 전 법무장관 이인을 새로 선임하여 특위를 다시 구성한 후, 반민법 제정 1년 만에 졸속으로 끝맺었다. 곧이어 6월 26일에는 김구 암살 사건이 발생했다.

반민특위에서 검찰로 넘어간 559명(피의자 중 0.6%) 중 처벌받은 사람은 사실상 "0"이었다. 반민특위 활동 과정에서 암살당할 뻔한 강원도 지부장 김우종의 회고는 시사점을 준다.

> 빼앗긴 나라를 되찾기 위해 가족을 버리고 국내외에서 목숨을 바쳐 순국한 선열들과 생존해서 조국 광복을 본 애국 독립 지사들은 모두 어리석은 존재들이 되었고, 반민족자들은 일제에 충성을 다함으로써 부귀영화를 누렸고, …… 우리 정부가 수립되자 정권욕에만 눈이 어두운 이승만 박사를 끌어안고 또 부귀영화를 누리는 권력층 · 부유층 · 유력층이 된 가장 지혜로운 자들이 된 것이다.
>
> − 조덕송, 〈초기의 반민특위 활동을 증언한다〉,
> 《머나먼 여로 3》, 다다[13]

이것이 우리 사회의 현주소다. 그들은 언제나 '주류'였고, '주류'

여야 했다.

친일 문인들의 '주류'로서의 삶을 조금 더 살펴보자.[14] 노천명은
해방 직후 〈서울신문〉(총독부 기관지 〈매일신보〉의 후신) 문화부에서
근무하다가 〈부녀신문사〉에서 편집차장을 맡았다. 서라벌예술대
학 강사를 비롯하여, 이화여대출판부에서 《이화 70년사》의 간행
을 맡는 등 언론과 대학에서 똬리를 틀었다(1957년 사망).

모윤숙은 해방 직후 이승만에 밀착했다. 월간 문예지 〈문예〉를
창간했으며, UN한국위원단 연락관, 국제펜본부 한국펜클럽본부
위원장, 서울대 문리대 강사 등을 역임했고, 이화여대 문화공로상
도 수상했다. 박정희 정권에서는 민주공화당 전국구 국회의원, 대
만 세계시인대회에서 부회장 피선, 문학진흥재단 이사장 등을 역
임하다가 1990년 6월 사망했다. 정부는 사망 다음 날 그에게 대한
민국 금관문화훈장을 추서했다.

김활란도 화려하다. 해방 직후 미군정청 한국교육위원회 위원
에 임명되었고, 곧바로 이화여자전문학교 교장을 맡았다. 또한 대
한여자기독교청년연합회(YWCA)를 재건하고 재단 이사장을 맡았
으며, 이화여대 초대 총장에도 올랐다. 국제연합총회에 한국 대표
로 여러 차례 참여했으며, 제1공화국 전시 내각 공보처장, 영자 신
문 〈코리아타임즈〉 사장, 대한적십자사 부총재, 한국여성단체협
의회 회장 등을 지냈다. 이화여대에서 정년 퇴임한 후 명예총장 겸
재단 이사장을 지냈으며 12~14차 유네스코총회에 한국 수석 대

표 및 대표로 참여하다가 1970년 2월 뇌일혈로 사망했다.

여러 친일 문인들 중 김활란에 버금갈 만한 인물은 서정주다. 그는 해방 직후 조선청년문학가협회를 결성하여 시분과위원장을 맡아 활동했고, 〈동아일보〉에 입사하여 사회부장과 문화부장을 맡았다. 정부 수립 직후에는 문교부 초대 예술과장으로 근무했고, 한국문학가협회 창립과 함께 시분과위원장으로 활동하며 《이승만 박사전》을 발간했다. 또 1956년부터 4년간 한국문학가협회 최고위원, 동국대학교 교수 등을 지냈으며 5 · 16문예상과 대한민국 예술원상을 받았다. 그는 친일파라 불리는 것에 대해 자신은 일본의 "욱일승천지세(旭日昇天之勢)" 밑에서 "종천순일파(從天順日派, 시세를 쫓아 일본에 순종한 부류)"로 체념하면서 살아간 사람에 불과하다고 변명했다. 1981년에는 전두환 대통령 후보를 지원하는 TV 연설을 했으며, 범세계한국예술인회 이사장도 지냈다. 그는 1987년 1월 18일, 박종철 고문치사 사건이 발생한 시기에 전두환 대통령 생일 축하장에서 자작시 〈전두환 대통령 각하 제56회 탄신일에 드리는 송사〉를 낭독했다. 2000년 11월에 사망할 때까지 그는 철저하게 '센 놈'에게 붙어 주류로 살았다.

이무영은 해방 직후 경기 군포에 칩거하다가 서울대학교 문리대에서 소설론을 강의하면서 나래를 펴기 시작했다. 연희대학교 문과대에 출강하면서 전국문화단체총연합회 최고위원도 맡았다. 한국전쟁이 발발하자 해군 소령으로 입대하여 정훈교육을 담당했고, 충무공 동상 제작을 지휘하며 대령으로 해군 정훈감에 취임했다. 또 숙명여대 문리대에서도 강의를 맡았다. 예편 후, 전국문화단체총연합회 최고위원, 펜클럽 한국본부 중앙위원, 자유문학가협회 부회장 등을 지내다 단국대 국문과 교수로 마지막을 보냈다(1960년 사망).

역사소설가 정비석은 해방 직후, 〈중앙신문〉 편집부장 겸 문화부장을 지냈으며, 한국전쟁 때 육군 종군작가단으로 활동했다. 백철과 함께 국제펜클럽대회에 참가하고, 국제펜클럽 한국본부 부위원장을 맡아 활동했다. 1965년에 방송윤리위원, 1971년에 라이온스클럽 한국A지구 총재, 1973년 적십자사 서울시 상임위원으로 활동하다가 1991년에 사망했다.

주요한의 해방 후 활동도 눈부시다. 한국무역협회 초대 부회장에 취임했고, 이광수 · 김대우 · 최린 등과 '흥사단 국내위원회'를 만들어 활동했다. 1957년에 민주당에 입당하여 이듬해 제4대 민의원에 당선됐고, 민주당 장면 정권하에서 부흥부 · 상공부 장관을 지냈다. 경제과학심의회 상임위원, 대한해운공사 사장 등을 역임했다. 1970년대에 들어 세종대왕 · 도산 안창호 · 안중근 선생 등의 기념사업회를 주도했으며, 대한해운공사 사장으로서 동탑산업훈장을 받았다. 전국경제인연합회 부회장에 이어 수석부회장, 이보다 앞서 한국선주협회 회장, 한국특허협회 회장, 한국능률협회 회장 등을 지냈다(1979년 사망).

한국전쟁을 겪으며 냉전 이데올로기가 강화된 정치적·사회적 분위기에서 '친일파'라는 단어는 금기어가 되었다. 이승만·박정희·전두환의 통치 과정에서 친일 문인들뿐 아니라 군·경찰·언론 가릴 것 없이 사회 각 분야의 친일파들이 우리 사회의 굳건한 기득권층으로, '주류'로 자리 잡았다.

반쪽짜리 광복

신석정이 39세 때 광복을 맞이했다. 이제 태양을 당당하게 볼 수 있었지만, 하늘에 보이는 것은 겨울밤의 차가운 달이었다. 신석정은 왜 이렇게 표현했을까?

광복과 동시에 한반도 북쪽에는 소련군, 남쪽에는 미군이 밀고 들어왔다. 미군정과 소군정이 당시 한반도의 정치 상황에서 변수가 아닌 상수로 작용했다. 우익이든 좌익이든, 단체나 개인의 입장에 따라 군정 세력과 관계했다.

한반도 남쪽에서 여운형·안재홍 등 중도 좌우익이 함께한 조선건국준비위원회도 이런 상황에서 이미 힘을 잃었다. 송진우·김성수 등이 재빨리 한민당을 조직했다. 그러나 친일 경력자들이 다수 포함되어 있어 민중의 지지를 받지 못했다. 이승만은 미국에서 귀국한 직후 독립촉성중앙협의회를 결성하여 지지 기반을 만들려 했고, 한민당·친일파와도 긴밀히 협조했다.

한편 미군정에 의해 대한민국임시정부는 임시정부로서 공인받지 못했다. 김구 등 임정 요인들은 임시정부의 간판을 내리고 개인 자격으로 귀국해야 했다. 박헌영 등 좌익 세력은 남조선노동당을 결성하여 사회주의 세력을 확대시키려 했다. 북쪽에서 소군정은 김일성 중심의 사회주의 체제를 밀어붙이고 있었다. 이를 위해 소련은 옌안의 조선독립동맹의 귀국을 한동안 막았다.

1945년 12월, 미국·영국·소련의 외무장관들이 모스크바에 모여 한반도에 대한 강대국들의 입장을 정리했다. 한국에 민주주의 임시정부를 수립하고, 미·소공동위원회를 두어 한반도의 문제를 협의하며, 미·소·영·중이 최고 5년 기한으로 신탁통치를 한다는 것이다.

해방된 조국에서 독립 국가 건설을 위한 전제로 임시정부 수립은 가장 시급한 일이었으나, 우익과 언론은 신탁통치 문제로 여론을 몰았다. 그들은 즉시 반탁 운동을 전개했다. 좌익 세력은 반탁의 입장에서 태도를 완전히 바꾸어 모스크바 3국외상회의 결정 사항을 완전히 지지하는 것으로 돌아섰다. 반탁 운동은 김구가 처음 주도했고, 이후 이승만과 한민당·친일파는 사활을 걸다시피 했다. 이승만은 대중적 기반을 넓히려 했고, 한민당과 친일파는 반탁은 '반소', '반공'이라고 열변을 토하면서 반공 이데올로기를 정치의 쟁점으로 몰아갔다. 그래야 그들의 친일 경력을 감출 수 있기 때문이다.

신탁통치 문제로 좌우 진영은 서로 격하게 대립했다. '내전' 수준이었다. 이 과정에서 여운형과 김규식의 좌우합작운동도 좌절되었다. 분단이 가시화되자, 김구와 김규식이 남북협상운동을 전개했다. 그마저도 성과가 없었다. 그러나 그들의 노력은 차가운 겨울밤 달을 봄날의 따사로운 태양으로 전환시키기 위한 마지막 안간힘이었다.

남쪽에서는 1948년 8월 15일에 이승만을 대통령으로 삼아 대한민국 정부가 수립됐다. 9월 9일 북쪽에서 조선민주주의인민공화국이 수립되면서, 한반도에는 두 개의 정부와 나라가 만들어졌다. 민족의 염원을 담은 친일파 청산도 물 건너갔다. 태양을 온몸에 걸머지려 한 김구가 우익의 총탄에 쓰러졌다. 광복된 조국에서 바라본 하늘은 너무나 차가웠던 것이다.

신석정이 맞이하고픈 꽃덤불

신석정이 해방 직후의 상황을 겨울밤이라고 했으니, 따사로운 햇살을 품은 봄은 반드시 올 것이다. 그는 기분 좋은 봄날 햇볕을 대하며 꽃덤불에 아늑하게 안겨보고 싶다고 했다. 신석정이 생각하는 꽃덤불은 어떤 모습일까?

어머니

당신은 그 먼 나라를 알으십니까?

깊은 삼림대를 끼고 돌며
고요한 호수에 흰 물새 날고
좁은 들길에 들장미 열매 붉어.

멀리 노루 새끼 마음 놓고 뛰어다니는
아무도 살지 않는 그 먼 나라를 알으십니까?

그 나라에 가실 때에는 부디 잊지 마셔요.
나와 같이 그 나라에 가서 비둘기를 키웁시다.

어머니,
당신은 그 먼 나라를 알으십니까?

산비탈 넌지시 타고 내려오면
양지밭에 흰 염소 한가히 풀 뜯고
길 솟는 옥수수밭에 해는 저물어 저물어
먼 바다 물소리 구슬피 들려 오는

아무도 살지 않는 그 먼 나라를 알으십니까?

어머니, 부디 잊지 마셔요.
그때 우리는 어린 양을 몰고 돌아옵시다.

어머니,
당신은 그 먼 나라를 알으십니까?

오월 하늘에 비둘기 멀리 날고
오늘처럼 촐촐히 비가 내리면,
꿩 소리도 유난히 한가롭게 들리리다.
서리 까마귀 높이 날아 산국화 더욱 곱고
노오란 은행잎이 한들한들 푸른 하늘에 날리는
가을이면 어머니! 그 나라에서

양지밭 과수원에 꿀벌이 잉잉거릴 때,
나와 함께 그 새빨간 능금을 또옥똑 따지 않으렵니까?
— 신석정, 〈그 먼 나라를 알으십니까〉

　"어머니"는 신석정이 가장 가까이하고 싶은 존재다. 이 시가 쓰여진 1939년은 일제의 미치광이 전쟁이 확대일로에 있던 시기로, 침략 전쟁의 고통은 우리 민중들이 져야 했다. 따라서 신석정의 어머니를 확대 해석하면 식민지하에서 고통받는 민중으로 읽힌다. 신석정은 어머니에게 자기와 함께 "그 먼 나라"에 같이 가자고 한다. 그 나라는 깊은 삼림대, 고요한 호수가 있고, 들장미, 옥수수, 산국화, 산수화, 은행잎, 과수원, 새빨간 능금 등이 있다. 또 흰 물새, 노루 새끼, 비둘기, 흰 염소, 어린 양, 꿩, 까마귀, 꿀벌 들이 평화롭게 살고 있다. 현대 문명의 이기가 제국주의를 만들어냈고 세계 전쟁을 낳았다면, 신석정의 평화롭고 행복한 "그 먼 나라"는 자연 그대로의 순수한 세계였다. 우리 민족의 순수함이 깃든 사회, 공동체의 조화로움과 어우러짐이 있는 사회였으며, 노장사상의 무릉도원이었다. 그러나 역사의 전개는 신석정의 바람과는 달랐다. 이데올로기의 대립은 급기야 민족사 최대의 불행이라 불리는 한국전쟁으로, 극단적인 냉전의 대립으로 치달았다.

광복을 앞둔 시점, 독립운동가들은 어떤 '꽃덤불'을 만들고자 했을까? 독립운동 단체들은 독립을 예견하고, 해방된 조국을 어떤 모습으로 만들지 고민했다. 대한민국 임시정부는 1941년에 대한민국 건국 강령을 발표했는데, 삼균주의를 반영해 대한민국을 민주공화국으로 선언했다. 삼균주의는 1930년대 이후 민족주의 계열의 독립운동 진영의 기본 이념으로 자리 잡은 것이다.[15] 이는 정치 · 경제 · 교육의 균등 이념을 나타낸다. 정치적으로는 18세 이상의 남녀가 선거권을 행사하는 보통선거, 경제적으로 생산기관을 국유와 사영 인정, 교육적으로는 국고 지원에 의한 보통교육의 의무교육을 제시한 것이다. 중국 공산당과 연결되어 있던 화북의 조선독립동맹도 보통선거에 의한 민주 정권 수립, 대기업의 국가 운영과 국민 의무교육 제도 실시 등을 주장했다. 국내의 건국동맹의 강령도 거의 비슷했다.

일본이 항복하자, 여운형은 건국동맹을 건국준비위원회로 바꾸었다. 미군 진주 전까지는 임시정부의 역할을 수행하다가 '인민공화국' 수립을 선포하고, 인민공화국 중앙위원회를 주석 이승만(우익), 부주석 여운형(중도 좌익), 국무총리 허헌(좌익), 내무부장 김구(우익), 외무부장 김규식(중도 우익), 재무부장 조만식(우익), 군사부장 김원봉(중도 좌익), 사법부장 김병로(우익), 문교부장 김성수(우익) 등 좌우의 주요 인물들로 조직해 발표했다.[16]

해방 직전과 직후의 독립운동 단체들의 주장이 거의 일치하는 이유는 우익이든 좌익이든 독립운동 세력이 함께하는 나라를 구성하는 것이 당면 과제였기 때문이다. 친일파는 당연히 처벌해야 한다는 생각도 같았다. 신석정의 '꽃덤불'과 '그 먼 나라'는 바로 이와 같은 독립 국가였다.

좌우가 함께하는 통일 정부를 수립하기 위해 혼신을 다한 여운형은 좌익과 우익에 의해 10여 차례나 테러를 받았고, 결국 1947년 7월 암살당했다. 김구 · 김규식 · 여운형 · 안재홍 · 김두봉 등은 처음부터 정치의 중심에서 밀려나 있었고, 그 자리에 남쪽에서는 미군정, 이승만과 한민당 세력이, 북쪽에서는 소군정과 김일성 세력이 앉아 있었던 것이다. 차가운 겨울밤에서 따사로 운 봄날로 넘어가려는 터널에서 신석정의 바람을 이룰 여운형에 이어 김구도 잃어버렸다. 이후, 좌우합작운동이나 남북협상에 뜻 을 함께했던 벗들도 잃어버렸다. 결국 신석정도 유신 체제의 서슬 이 시퍼렇던 1974년에 '꽃덤불'에 안겨보지 못하고 눈을 감았다. 7,000만 겨레는 신석정의 꽃덤불 세상에 아늑히 안겨보고 싶다.

1) 김윤식, 《김윤식 교수의 시 특강2》, 한국문학사, 1997.

2) 신석정 일대기는 윤여탁의 《자연과 생활을 노래한 목가 시인 신석정》(건국대학교 출판부, 2000)을 참고했다.

3) 윤여탁, 《신석정》, 건국대학교출판부, 2000. 재인용.

4) 김삼웅, 《이회영 평전》, 책보세, 2014.

5) 이하 글에서 인용한 1차 자료는 임종국의 《친일문학론》(민족문제연구소, 2019), 장호철의 《부역자들, 친일문인의 민낯》(인문서원, 2019), 정운현의 《친일파의 한국 현대사》(인문서원, 2016)에서 재인용했다.

6) 수양동호회는 안창호, 이광수, 주요한 등이 주축이 되어 결성한 교육, 계몽, 사회운동 단체였다. 중일전쟁이 발발하자 일제는 한반도를 전쟁 체제로 만들기 위해 지식인들을 포섭할 필요가 있었다. 그래서 181명의 수양동호회 회원들을 치안유지법 위반 혐의로 체포했고, 많은 이들이 전향을 강요당하여 일제의 침략 전쟁에 협력했다.

7) 이들 외에도 임종국의 《친일문학론》과 장호철의 《부역자들, 친일 문인의 민낯》에서 함께 다루고 있는 작가로 이무영 · 이원수 · 정비석 · 김문집 · 백철 · 유진오 · 이석훈 · 장혁주 · 정인섭 · 정인택 · 조용만 · 최남선 · 최정희 등이 있다.

8) 김민웅, 〈1949년 반민특위와 오늘〉, 김민웅 외 2인, 《반민특위의 역사적 의미를 다시 묻는다》, 한길사, 2019.

9) 서중석, 《서중석의 현대사이야기 1》, 오월의봄, 2016.

10) 김삼웅, 《김상덕 평전》, 책보세, 2011.

11) 김민웅, 〈1949년 반민특위와 오늘〉, 김민웅 외 2인, 《반민특위의 역사적 의미를 다시 묻는다》, 한길사, 2019.

12) 오익환, 〈반민특위 활동과 와해〉, 김민웅 외 2인, 《반민특위의 역사적 의미를 다시 묻는다》, 한길사, 2019.

13) 김삼웅, 《김상덕 평전》, 책보세, 2011. 재인용.

14) 이하 내용은 민족문제연구소의 《친일인명사전》(2016)을 참고했다.

15) 박찬승, 《대한민국은 민주공화국이다》, 돌베개, 2016.

16) 박찬승, 《대한민국은 민주공화국이다》, 돌베개, 2016.

김수영 시비(도봉구 도봉산)

김수영, 민초들의 자유와
사랑을 읊다

껌벅껌벅

두 눈을

감아가면서

아주

금방 곯아떨어질 것

같은데

밥보다도

더 소중한

잠이 안 오데

......

— 김수영, 〈안 쓰려고 그러나〉 중에서

4 · 19혁명 1주년을 5일 앞둔 밤, 김수영은 잠을 이루지 못하고

있었다. 그 이유 중 하나로 그는 "이 나라 백성들이 너무 지쳐 그러나"라고 추측해본다. 마지막에서 그는 "시 같은 것 / 시 같은 것 / 써보려고 그러나 / 〈4·19〉 시 같은 것 / 써보려고 그러나"라고 한다. "〈4·19〉 시 같은 것"에는 두 가지 상반된 의미가 느껴진다. 김수영에게 4·19혁명의 울림이 여진처럼 계속되고 있다는 것과 함께, 그가 생각하던 4·19혁명의 길이 크게 어긋나고 있어서 제대로 된 '4·19'와 같은 사건을 강렬히 희망하고 있다는 느낌이다. 김수영에게 시란 어떤 것이어야 하고, "〈4·19〉 시 같은 것"은 과연 어떠한 의미일까? 그의 마지막 시이자 대표작인 〈풀〉(1968년 5월 29일)을 살펴보자.

> 풀이 눕는다.
> 비를 몰아 오는 동풍에 나부껴
> 풀은 눕고
> 드디어 울었다.
> 날이 흐려서 더 울다가
> 다시 누웠다.
>
> 풀이 눕는다.
> 바람보다도 더 빨리 눕는다.
> 바람보다도 더 빨리 울고

바람보다 먼저 일어난다.

날이 흐리고 풀이 눕는다.
발목까지
발밑까지 눕는다.
바람보다 늦게 누워도
바람보다 먼저 일어나고
바람보다 늦게 울어도
바람보다 먼저 웃는다.
날이 흐리고 풀뿌리가 눕는다.

이 시에서 "풀"은 민초(民草, 민중)를 상징한다. "동풍"(바람)은 비를 몰아온다고 했는데, "바람"은 권력자이며, 권력자가 권력을 유지하고 행사하는 강력한 수단은 경찰력과 군사력, 행정력이다. 그러므로 권력의 기반, 폭력의 수단이 바로 "비"다. 이 세 개의 힘을 통해 권력자는 민초 위에 군림한다. "풀이 눕는" 것은 민초들이 통치의 대상이 되어 바람 부는 대로 흔들리는 수동성을 나타낸다.[1]

신동엽은 김수영에 대해 다음과 같이 회고했다.

그가 어느 날 대폿집에서 한 말을 잊지 못한다.

"신 형, 사실 말이지, 문학하는 우리들이 궁극적으로 무슨무슨 주의의 노예가 될 순 없는 게 아니겠소?" 그러나 그의 커다란, 사슴보다도 천 배, 만 배 순하디순한 눈동자를 기계문명의 부속품들은 궁지로 몰아넣으려 한다.

한반도는 오직 한 사람밖에 없는, 어두운 시대의 위대한 증인을 잃었다. 그러나 시인 김수영은 죽지 않았다. 위대한 민족시인의 영광이 그의 무덤 위에 빛날 날이 멀지 않았음을 민족의 알갱이들은 다 알고 있다.

– 김수영문학관에서

김수영의 시는 힘이 있다고 평가받는다. 아니, 그는 힘을 지닌 시를 썼다. 그 스스로 '자유'를 실천하는 삶을 살았기 때문이다. "그는 시에 있어서 무엇보다 거짓을 미워했다. 그중에서도 특히 미워했던 것은 감정이나 태도의 거짓 꾸밈이었다"라는 문학평론가 김우창의 말[2]처럼 시대를 고민하고 진실한 감정을 정직한 언어로 표현한 인간이었다.

거제 포로수용소에서 자유의 의미를 체득하다

김수영은 1921년 11월 서울 종로에서 태어났다. 어의동 보통공립학교와 선린상업학교 야간 과정을 졸업하고 일본 유학에서 연극을 익히기도 했다. 1943년 23세 때 태평양전쟁이 확대되자 가족 모두 만주 길림으로 이주했다. 그곳에서 길림극예술연구회를 운영하며 직접 무대에 서기도 했다. 1945년 해방과 더불어 서울로 돌아왔다. 이듬해 연희전문대학 영문과에 편입했으나 이내 자퇴했다. 같은 해 〈예술부락〉 2집에 시 〈묘정의 노래〉를 발표하며 본격적으로 시 쓰는 일에 뛰어들었다.[3]

1948년 김수영이 28세 되던 해에 남과 북에서는 대한민국 정부와 조선민주주의인민공화국이 수립되었다. 대한민국 정부의 대통령으로 국회에서는 이승만을 선출했다. 이듬해 김수영은 김경린·박인환·임호권 등과 함께 공동 시집으로 《새로운 도시와 시민들의 합창》을 펴냈다. 1950년 8월 한국전쟁이 한창일 때 김수영은 김용호 등과 북한군에 의해 의용군에 강제 입대했다. 인천상륙작전 직후 의용군에서 탈출했지만, 경찰에 체포되어 거제 포로수용소에 수감되었다. 포로수용소에서의 생활은 김수영에게 자유의 의미와 가치를 온몸으로 깨닫는 계기가 되었다. 이때부터 그는 현실 참여적인 시를 쏟아냈다. 거제 포로수용소에서 인간은 이데올로기의 노예였고 짐승보다 못한 존재였다. 친공 포로와 반공 포로 간의 싸움과 살인극 등에서는 인간 존재의 가치라고는 찾아볼 수 없었다. 그는 그곳의 야전병원에서 통역을 담당했고, 1952년 12월에 풀려났다.[4]

한국전쟁이 한창이던 1952년에 이승만 대통령은 직선제를 골자로 하는 개헌안을 내세워 야당 의원들에게 강요했다. 이미 이승만은 친일 인사들과 손잡고 민초들의 염원인 반민특위를 좌초시켜 반민초적 행보를 걷기 시작했다. 그해 7월 7일에 발췌개헌안이 통과되었고, 8월 5일 직선제 선거에서 이승만은 경찰력을 동원하여 야당 후보 조봉암을 누르고 재임에 성공했다. 제헌헌법에서는 대통령을 국회에서 선출한다고 규정되었고, 1950년 5월 국회의원 선거에서 반이승만 세력들이 다수의 의석을 확보하자, 재임을 장담할 수 없는 상황이 되었다. 그래서 이승만은 직선제로 그 위기를 넘겼던 것이다. 이승만은 독재의 길로 들어섰고, 그 고통은 민초들이 짊어져야 했다. "풀은 눕고 드디어 울었"던 것이다.

민초들이 엎드려 우는 일은 계속해서 벌어졌다. 제헌헌법에 의하면 대통령은 4년 임기에 1차에 한해 중임할 수 있다고 되어 있다. 이 조항에 따르면 이승만의 대통령 임기는 1956년에 끝나야 했다. 대통령을 또 하고 싶어도 자격이 되지 않았다. 그러나 이승만은 헌법에 다시 손을 댔다. 1954년 5월, 국회의원 선거에 경찰력과 관료 조직을 최대한 동원하여 자유당 의원을 114석에 앉혔고 무소속까지 끌어 모아 136석을 만들었다. 개헌 통과선인 203명의 3분의 2는 135.333……명으로 136명이었다. 그런데 헌법 개정을 묻는 투표에서 135명이 찬성했다. 국회에서는 부결이 선언되었으나, 다음 날 여당과 정부는 수학적 논리를 내세워 재통과시켰다. 이것이 4 이하는 버리고 5 이상은 반올림한다는 사사오입개헌이다. 기존 헌법의 내용에 초대 대통령에 한해 연임할 수 있다는 규정을 부칙으로 넣으면서, 이승만 영구 독재의 레드카펫이 깔린 셈이었다. 이에 야당들은 반이승만 세력을 모아 신익희를 총재로 민주당을 결성했다.

새 헌법에 따라 치러진 1956년 5월의 대통령 선거에서 이승만은 또다시 대통령이 되었다. 부통령으로는 민주당의 장면이 자유당의 이기붕을 간신히 이겼다. 당시 무소속 대통령 후보였던 조봉암은 24%를 득표하여 이승만의 라이벌로 떠올랐다. 조봉암은 투표에서 이기고 개표에서 졌다고 주장했다. 개표 조작이 있었다는 말이다. 그해 11월 조봉암은 '진정한 혁신', '서민 대중'에 기반을 둔 정치를 내세우며 진보당을 창당했다.

김수영은 이 시기에 〈폭포〉(1957년)라는 시를 썼다.

폭포는 곧은 절벽을 무서운 기색도 없이 떨어진다.

규정할 수 없는 물결이
무엇을 향하여 떨어진다는 의미도 없이
계절과 주야를 가리지 않고
고매한 정신처럼 쉴 사이 없이 떨어진다.

금잔화도 인가도 보이지 않는 밤이 되면
폭포는 곧은 소리를 내며 떨어진다.

곧은 소리는 소리이다.
곧은 소리는 곧은
소리를 부른다.

번개와 같이 떨어지는 물방울은
취할 순간조차 마음에 주지 않고
나타(懶惰)와 안정을 뒤집어놓은 듯이
높이도 폭도 없이
떨어진다.

폭포는 무서워하지도 않고, 틀에 매이지도 않고, 여름이건 겨울이건, 낮이건 밤이건 상관없이 자기 모습 그대로 떨어진다. 구속하고 억압하는 것에 굴하지 않는 성질 그대로 줄기차게 떨어진다. 그 자유를 구속하려 할수록('밤') 폭포는 저항의 목소리를 내며 떨어진다. 저항의 목소리는 더욱 확산되고 커진다. 통제의 물길에 맞추는 나태함과 안정 지향성을 뒤집어버리고 자유의 모습 그대로 떨어진다. 김수영은 '폭포'를 통해 이승만의 독재 정치에 안주하기 쉬운 민초들이나 지식인들의 태도를 경계한다. 동시에 자기 경계이기도 하다. 당당하게 떨어지는 폭포 소리는 자유와 정의를 나타내는 소리다.

1958년 1월, 이승만은 보안법의 칼날을 휘둘러 진보당 사건을 조작했다. 타깃은 조봉암이었다. 간첩 혐의로 진보당 관계자들과 조봉암을 구속했다. 조봉암에 대한 1심 판결은 간첩 혐의에 대해 무죄를 선고하고 징역 5년형을 선고했다. 그러나 진보당을 해산시키고 조봉암을 간첩으로 몰아 사형시켰다. 나머지 피의자는 전원 무죄로 풀려났다. 그해 12월 국가보안법을 강화시킨 신국가보안법을 제정해 야당 정치인들을 옥죄었다. 이 법으로 1959년 4월 이승만 정권에 비판적인 글들을 실었던 〈경향신문〉을 폐간시켜 언론에 재갈을 물렸다. 먹구름이 잔뜩 낀 정치에 민초들은 권력의 눈치를 보며 처신해야 했다.

이 폭압의 폭풍우에서도 김수영은 첫 시집《달나라의 장난》을 출간했다. 이 시기 그는 술집을 드나들며 자유당과 이승만을 안줏거리로 삼았다.[5] '민주주의'라는 겉옷을 입은 이승만 정권의 비민주적 행위들을 비판했던 것이다.

썩어빠진 어제와 결별하자

민초들은 권력자의 제도와 체제를 악용한 억압에 순종하고 굴복했다. 이미 진보당 사건이나 신국가보안법의 칼날의 번뜩임을 봤기 때문에 바람보다 더 빨리 누울 수밖에 없다. 그러나 민초들은 부정과 불의에 바람보다도 더 빨리 울부짖는다. 1959년 말에 미국의 〈콜론 보고서〉는 당시의 한국 사회에 대해 다음과 같이 발표했다. "젊은 사람들은 희망을 잃고, 부자는 점점 더 부자가 되고, 가난한 사람들은 점점 소외되거나 배척되고, 목적을 위해 수단과 방법을 가리지 않는 자들만이 출세하는 사회이기 때문에 머지않아 한국 사회에는 심각한 상황이 벌어질 것이다."[6] 원칙과 정의가 없는 '바람'만의 사회다.

1960년 3월 15일 대선, 민주당의 대선 후보 조병옥이 병사해 이승만이 단독 후보였다. 부통령 후보로 자유당의 이기붕과 민주당의 장면이 나섰으나, 이기붕은 적수가 되지 못했다. 당시 이승만의 나이 85세로, 장면이 부통령에 당선된다면 큰 문제였다. 이승만이 죽으면 정권은 민주당으로 넘어가게 된다. '바람'(이승만과 자유당)은 '비'(행정력과 경찰력)까지 거세게 퍼부으며 민초들을 누이려 했다. 그것이 관권 부정선거 계획이다. 부정선거 총관리자로 최인규를 내무부 장관에 앉혔다. 최인규는 공무원의 선거 개입을 독려하고, 경찰의 핵심 요직과 도지사까지 새로 뽑아 임명했다. 선거 자금과 명령이 일선 파출소와 말단 동사무소나 면사무소에까지 하달됐다. 4할은 사전 투표를 했고, 공개 투표도 했다. 완장 부대를 투표소에 풀어놓아 자유당을 찍도록 공포 분위기를 조성했다. 투표함을 바꿔치기했고, 개표도 조작했다. 이기붕이 거의 100%에 가까운 득표를 기록했다. 자기들도 말이 되지 않았는지 70%선으로 맞추라고 급히 지시를 내렸다.

김수영은 3·15부정선거에 대해 "이번 선거의 양상이란 것이 너무 악착하게 횡포하고 굴욕적이기 때문에 이에 대하여는 이루 말로 다할 수 없도록 가슴이 메일 지경이다"(〈자유란 생명과 더불어〉)라고 썼다. 같은 글에서 그는 "나는 정치 문제에는 도대체가 왈가왈부하고 싶지도 않고 말해본 일도 없고 또 잘 알지도 못하지만, 이번 선거의 만행은 정치 문제를 떠나서, 또는 지성의 문제를 떠나서 전 국민에 관련된 문제이기 때문에 우리가 여기에 분격하지 않는다면 그런 사람은 생리적인 불구자이거나 '미라'이거나 혹은 허수아비일 것이며 대한민국의 백성이 아닐 것이다. 국민 된 자라면 어찌 엎드려 누워서 모른 체하고 있을 수 있겠는가!"라고 하며 분개한 마음으로 '풀'이 저항할 것을 주장하고 있다.

3·15선거는 무효이고 선거를 다시 하라며 마산의 중·고등학생들이 먼저 일어났다. 4월 11일, 김주열 군의 시신이 마산 앞바다에 떠오르자 마산 민초들도 함께 일어섰다. 4월 18일, 고려대 학생들도 일어섰고 서울의 다른 대학, 중·고생, 심지어 초등학생들까지 일어섰다. 민초들도 꼿꼿하게 일어섰다. 경찰이 총을 쏘아댔다. 잠시 조용해진 듯했으나, 서울의 고등학생들이 또 먼저 일어섰고, 4월 25일에는 대학교수들이 이승만의 하야를 외치며 대열의 앞자리에 섰다. 주된 이슈가 '재선거'에서 '이승만 하야'로 바뀐 것이다. 민초들의 거대한 행렬에 군은 중립을 지켰다. 이승만은 "국민이 원한다면 물러나겠다"고 짧게 발표했다. 4월 26일이었다. 이제 '바람'이 누운 것이다. 김수영도 대열에 함께했다. 그의 나이 40세 때

다. 불혹의 나이에 맞이한 자유의 날, 그날의 감동을 김수영은 이렇게 썼다.

우선 그놈의 사진을 떼어서 밑씻개로 하자

그 지긋지긋한 놈의 사진을 떼어서

조용히 개굴창에 넣고

썩어진 어제와 결별하자

그놈의 동상이 선 곳에는

민주주의의 첫 기둥을 세우고

쓰러진 성스러운 학생들의 웅장한

기념탑을 세우자

아아 어서어서 썩어빠진 어제와 결별하자

(……중략……)

너도 나도 누나도 언니도 어머니도

철수도 용식이도 미스터 강도 류 중사도

강 중령도 그놈의 속을 모르는 바는 아니었지만

무서워서 편리해서 살기 위해서

빨갱이라고 할까 보아 무서워서

(……후략……)

– 김수영, 〈우선 그놈의 사진을 떼어서 밑씻개로 하자〉 중에서

이승만의 사진을 떼어내서 화장지로 쓰자고 한다. 이승만의 동상을 무너뜨리고 거기에 학생들의 민주주의 기념탑을 세우자고 한다. 이승만의 본질이 무엇인지 민초들과 군인들도 알고도 빨갱이로 몰릴까 봐 두려워했지만, 이제는 "썩어빠진 어제"와 결별하고 민주주의 꽃을 피우자고 웅변했다. 그는 5월 18일에 4월혁명에서 희생된 학생들을 위령하는 시도 썼다.

> 시를 쓰는 마음으로
> 꽃을 꺾는 마음으로
> 자는 아이의 고운 숨소리를 듣는 마음으로
> 죽은 옛 연인을 찾는 마음으로
> 잃어버린 길을 다시 찾은 반가운 마음으로
> 우리는 우리가 찾은 혁명을 마지막까지 이룩하자
> – 김수영, 〈기도―4·19순국학도 위령제에 부치는 노래〉
>
> (1960년 5월) 중에서

시여, 침을 뱉어라!

> 푸른 하늘을 제압(制壓)하는
> 노고지리가 자유로웠다고

부러워하던

어느 시인의 말은 수정되어야 한다.

자유를 위해서

비상(飛翔)하여 본 일이 있는

사람이면 알지.

노고지리가

무엇을 보고

노래하는가를

어째서 자유에는

피의 냄새가 섞여 있는가를

혁명(革命)은

왜 고독한 것인가를.

혁명은

왜 고독해야 하는 것인가를.

　　　　　　　　　　- 김수영, 〈푸른 하늘을〉(1960년 7월 3일)

　종달새('노고지리')는 푸른 하늘을 자유자재로 날아다닌다. 그에
게는 자유가 있다. 자유는 그냥 주어지지 않으며, 피의 냄새가 섞
여 있다. 프랑스혁명, 미국독립혁명, 러시아혁명도 그러했다. 혁명

의 유일한 목적은 압제에서 벗어나 자유를 얻는 것이다. 이기심이 혁명에 주입됐다면 그 혁명은 순수하지 않고, 고결하지도 못하다. 인간의 본원적 가치인 자유를 되찾기 위해 흘린 피는 고귀하고, 그래서 고독하다.

이승만과 자유당의 독재는 끝났다. 민초들이 그들을 영원히 눕게 한 것이다. 민주당이 정치권력을 쥐었다. 그러나 그들은 혁명 과정에서 고귀한 피를 흘리지 않고 열매만 챙겼다. 윤보선의 구파와 장면의 신파로 갈려 권력이라는 밥그릇을 챙기기에만 바빴다. 이러한 민주당의 정치 행태에 대해 김수영은 "국무총리를 신파가 잡든 구파가 잡든 우리들의 관심은 그런 데에 있는 것이 아니다. 오히려 우리들의 총신경은 진정한 민주 운동을 누가 어떠한 구실로 어느 정도까지 다시 탄압하기 시작하느냐의 여부에 쏠려 있다"(〈치유될 기세도 없이〉)라고 비판하고 있다.

이러한 실망감은 〈그 방을 생각하며〉에서도 잘 나타나 있다. "혁명은 안 되고 나는 방만 바꾸었지만 / 나의 입속에는 달콤한 의지의 잔재 대신에 / 다시 쓰디쓴 담뱃진 냄새만 되살아났지만"이라며, 거대한 사회의 변화가 아니라 이승만에서 민주당 장면으로만 바뀐 현실 정치를 꼬집고 있다. 그러면서도 "이제 나는 무엇인지 모르게 기쁘고 / 나의 가슴은 이유 없이 풍성하다"라면서 민주주의를 이 땅에 실현하고자 하는 들뜬 의지를 숨기지 않고 있다.

민주주의 혁명은 자연스럽게 통일 운동으로 이어졌다. 이승만

정부의 북진통일론에 압살당했던 중립화통일론·남북협상론·평화통일론 등 다양한 방법과 감정이 분출되었다. 학생들도 판문점에서 남북학생 대표 회담을 갖자고 했다. 김수영의 관심도 통일로 향했다. 그는 〈가다오 나가다오〉에서 미국인과 소련인이 하루바삐 한반도에서 나가달라고 외쳤다.

한편 〈민족일보〉의 청탁으로 김병욱에게 보내는 편지 형식으로 원고(〈저 하늘 열릴 때〉)를 썼다. 남한이 정치에서 여유가 생긴 만큼 "이북에도 하루바삐 그만한 여유가 생"겨야 하며 그래야 "통일의 기회도 그만큼 열려질 것" 같다고 말한다. 그는 4·19 때 하늘과 땅 사이에서 통일을 느꼈고 "그때는 정말 '남'과 '북'도 없고 '미국'도 '소련'도 아무 두려울 것이 없습니다. 하늘과 땅 사이가 온통 '자유 독립' 그것뿐입니다"라고 이야기했다. 이어서 "이북이 생각하는 시에 대한 관념과 이남이 생각하는 시에 대한 관념을 접근시켜"보자고도 했다. 그러나 통일에 대한 열망은 민주당 정부의 소극적인 자세로 민족적 힘으로 분출되지 못했다.

그러다가 5·16군사쿠데타가 일어났다. 박정희 등 정치 군인 무리들이 군홧발로 4·19혁명의 이념을 짓밟았다. 다시금 날이 흐리고, 발목이 아니라 발밑까지 민초들이 누웠다. 박정희는 헌법을 무시하고 국가 재건 최고 회의를 설치하여 군인들이 정치하는 시대를 열었다. 중앙정보부를 설치해 최고 권력 기구로 삼았다. 중앙정보부장은 박정희의 오른팔이었던 김종필이 맡았다. 그는 민주당 의원 등 기존의 국회의원들을 정치에 참여하지 못하도록 총 칼로 막았다. 또한 부통령제를 없애 대통령 권한을 전보다 강화 시켰다. 그리고 은밀한 공작을 통해 박정희 당을 만들었다. 그것 이 민주공화당이다. 박정희는 정치가 안정되면 군인 본래의 업무 로 돌아가겠다고 민초들에게 약속했지만, 거짓말이었다. 1963년 10월 대선에서 윤보선을 누르고 박정희 군사 독재 시대를 열었다.

자유의 상실은 김수영에게 자유에 대한 의지를 더욱 강하게 만 들었다. 1968년 4월 부산에서 개최된 문학 세미나에서 김수영은 〈시여, 침을 뱉어라〉(1968년)라는 제목으로 자기의 생각을 발표 했다.

> 시작(詩作)은 '머리'로 하는 것도 아니고 '심장'으로 하는 것 도 아니고 '몸'으로 하는 것이다. '온몸'으로 밀고 나가는 것이다. 정확하게 말하자면, 온몸으로 동시에 밀고 나가는 것이다.

시를 짓는 것은 머리만 굴려 하는 것도 아니며, 마음의 감정으로 만 하는 것도 아니다. 실천 속에서 하는 것이다. 잘못된 현실을 비 판하는 실천, 즉 몸으로 시를 짓는 것이다. 시를 짓는 것은 자유를 향한 의지를 마음과 몸으로 한꺼번에 밀고 나가는 것이다. 이것이 김수영의 '온몸의 시학'이다. 4·19혁명 때 경무대로 향하던 민초의 무리는 이것저것 재지 않았다. 자유의 의지에 따라 몸이 알고 있는 이상을 향해 그냥 밀고 나갔다. 시인의 현실 참여와 실천, 그리고 그것을 반영한 시작 활동을 온몸의 시학을 통해 강조했던 것이다.

나라와 역사를 움직여가는 힘은 민중에게 있다

박정희 정권은 민초들의 바람에 역행하는 정책들을 추진했다. 제2의 을사조약이라 불리는 한·일회담, 명분이 약한 베트남 파병, 무수히 많은 간첩 조작 사건을 통해 공포 분위기를 조성했다. 그리고 관제 데모로 여론몰이를 했다. 민초들은 다시 납작 엎드려 '민족의 영웅'이라고 입을 모았다. 현실 참여를 주장하는 김수영의 시와 산문, 신문의 글은 정보기관의 감시를 받았다. 정보기관은 한국전쟁 때 의용군으로 북에 거주하고 있는 동생 수경이 남파 간첩으로 왔다며 김수영 형제들을 조사한 적이 있다.[7] 얼마든지 엮어 넣을 수 있다는 협박이었다. 이 시기에 김수영은 또 한 편의 시를 발표한다.

> 한번 정정당당하게
> 붙잡혀간 소설가를 위해서
> 언론의 자유를 요구하고 월남 파병에 반대하는

자유를 이행하지 못하고

이십 원을 받으러 세 번씩 네 번씩

찾아오는 야경꾼들만 증오하고 있는가

(……중략……)

아무래도 나는 비켜서 있다 절정(絶頂) 위에는 서 있지

않고 암만해도 조금쯤 옆으로 비켜서 있다

그리고 조금쯤 옆에 서 있는 것이 조금쯤

비겁한 것이라고 알고 있다

　　－ 김수영, 〈어느 날 고궁을 나오면서〉(1965년 11월 4일) 중에서

　이 시는 김수영이 자신에게 쓴소리하는 동시에, 지식인들을 향한 외침이다. 언론의 자유를 요구하고 베트남 파병에 반대하는 목소리를 내지 못하며 사소한 것에만 목청을 높인다고 비판한다. 소시민 의식에 대한 부끄러운 고백이다. 자유와 민주주의를 향한 힘찬 대열을 이끌지 못하고, 시나 쓰면서 소극적으로 반항하고 있는 비겁한 사람이 바로 자신이라고 한다. 그러면서 그는 "그러다가 드디어 나는 월남인이 되기까지도 했다 / 엉클 샘에게 학살당한 / 월남인이 되기까지도 했다"(시 〈풀의 영상〉(1966년 3월) 중에서)라고 쓰며 박정권의 베트남 파병에 저항했다.

5·16 한 달 전, 김수영은 〈아직도 안심하긴 빠르다—4·19 1주년〉이라는 산문에서 지식인들에게 "오늘이라도 늦지 않으니, 썩은 자들이여, 함석헌 씨의 잡지의 글이라도 한 번 읽어보고 얼굴이 뜨거워지지 않는가 시험해보아라. 그래도 가슴속에 뭉클해지는 것이 없거든 죽어버려라!"라고 썼다. 그는 지식인이 소시민 의식을 벗어버리고 나서야 한다고 주장한다. 김수영은 박두진·조지훈·박경리·신동엽 등과 함께 한·일협정 반대 성명서에 이름을 올렸다.

날이 흐리면 민초들은 눕지만, 민초들은 5·18민주화운동으로 일어나고 6월민주항쟁으로 일어났다. 그리고 또 촛불 시민 혁명으로 일어났다. 민초들이 바람보다 먼저 웃는다.

김수영의 자유는 민초에 대한 믿음과 사랑에 가 닿아 있다. 민초에 대한 믿음은 시에서도 확인할 수 있다.

> 답답하더라도
> 답답하더라도
> 요시인
> 가만히 계시오
> 민중은 영원히 앞서 있소이다
> 요시인
> 그대의 저항은 무용(無用)

저항시는 더욱 무용

막대한

방해로소이다

까닥 마시오 손 하나 몸 하나

까닥 마시오

눈 오는 것만 지키고 계시오……

– 김수영, 〈눈〉(1961년 1월 3일)

김수영이 참여시를 주장하면서도 여기서는 시인들에게 "가만히 계시"라고 한다. 그 이유는 민중이 영원히 앞서 있기 때문이다. 민중이 제 갈 길로 나아가고 있으니 시인의 시나 행동은 이미 방해밖에 되지 않는다고 한다.

그는 1968년 6월 15일, 불의의 교통사고로 마흔여덟이라는 젊은 나이로 풀처럼 누웠다. 죽기 4년 전, 그는 시가 어떠한 것이어야 하는지, 시인은 어떤 글을 써야 하는지에 대해 말했다.

오늘날의 시가 골몰해야 할 가장 큰 문제는 인간의 회복이다. 오늘날 우리들은 인간의 상실이라는 가장 큰 비극으로 통일되어 있고, 이 비참의 통일을 영광의 통일로 이끌어 나가야 하는 것이 시인의 임무다. 그는 언어를 통해서 자유를 읊고, 또 자유를 산다. 여기에 시의 새로움이 있고, 또 그 새로움이 문

제 되어야 한다. 시의 언어의 서술이나 시의 언어의 작용은 이
새로움이라는 면에서 같은 감동의 차원을 차지하게 된다. 따
라서 우리의 생활 현실이 담겨 있느냐, 아니냐의 기준도, 진
정한 난해시냐, 가짜 난해시냐의 기준도 이 새로움이 있느냐,
없느냐에서 결정되는 것이다. 새로움은 자유다, 자유는 새로
움이다.

– 김수영, 〈생활 현실과 시〉(1964년 10월)

지금쯤 김수영은 바람보다 먼저 웃고 있을까. 민초들은 그들이
다시 일어나는 일이 없는 상식이 통하는 삶과 사회를 원한다.

1) 김윤식,《김윤식 교수의 시 특강 2》, 한국문학사, 1997.
2) 김수영문학관
3) 김수영문학관
4) 최하림,《김수영 평전》, 실천문학사, 2008.
5) 최하림,《김수영 평전》, 실천문학사, 2008.
6) 김정남,《4 · 19혁명》, 민주화운동기념사업회, 2009.
7) 최하림,《김수형 평전》, 실천문학사, 2008.

함석헌 시비(종로구 혜화동)

함석헌이 가진
사람들

오 사나운 서풍이여

너 가을 생명의 입김이여

……

오, 바람아,

겨울이 만약 온다면야, 봄이 어찌 멀었겠냐?

셸리의 〈서풍에 부치는 노래〉다. 함석헌이 젊었을 때 읽고 울림
이 커서 평생을 간직하며 산 시다. 그는 〈서풍의 소리〉라는 글(〈씨올
의 소리〉 제28호)[1]에서 "사나운 서풍이 가져오는 땅의 소리, 하늘의
소리, 그리고 역사의 소리, 거기는 심판이 있습니다. 예언이 있습
니다. 씨올을 신이 나게 하는 동원령이 있습니다"라고 평했다. 그는
이 시의 마지막 구절 "겨울이 만약 온다면야, 봄이 어찌 멀었겠냐?"
를 좋아했다. 이 시는 함석헌에게 민족 해방과 민주주의를 향한 혁

명의 메시지였을 것이다. 그 혁명의 발걸음마다 항상 함께한 동지들이 있었다. 함석헌의 시 〈그 사람을 그대는 가졌는가〉를 토대로 함석헌의 비폭력 평화 혁명의 역사를 살펴보자.[2)]

만리 길 나서는 길
처자를 내맡기며
맘 놓고 갈 만한 사람
그 사람을 그대는 가졌는가.

온 세상 다 나를 버려
마음이 외로울 때에도
'저 맘이야' 하고 믿어지는
그 사람을 그대는 가졌는가.

탔던 배 꺼지는 시간
구명대 서로 사양하며
'너만은 제발 살아다오' 할
그 사람을 그대는 가졌는가.

불의(不義)의 사형장에서
'다 죽여도 너희 세상 빛을 위해

저만은 살려두거라' 일러줄

그 사람을 그대는 가졌는가.

잊지 못할 이 세상을 놓고 떠나려 할 때

'저 하나 있으니' 하며

빙긋이 웃고 눈을 감을

그 사람을 그대는 가졌는가.

온 세상의 찬성보다도

'아니' 하고 가만히 머리 흔들 그 한 얼굴 생각에

알뜰한 유혹을 물리치게 되는

그 사람을 그대는 가졌는가.

함석헌의 명함에는 한국의 대표적인 사상가 · 철학자 · 반독재 인권운동가 · 언론인 · 역사학자 · 시인 등 많은 내용이 들어갈 것이다. 그는 시인이 될 생각이 없었으나, 일제에 의해 감옥에 갇히면서 시를 썼다. 〈그 사람을 그대는 가졌는가〉는 1947년 7월에 쓴 시다.

함석헌은 한평생 기독교 신앙을 토대로 독립운동과 민주화운동의 역사 속에서 살았다. 참하느님의 신앙, 비폭력적 독립운동, 평화적 민주화운동 과정에서 그와 함께한 사람들이 있었고 그에게 힘이 되어주었을 뿐만 아니라, 함석헌도 그들에게는 든든한 힘이었다. 그 친구들은 "맘 놓고 갈 만한 사람", "저 맘이야 하고 믿어지는 사람", "너만은 제발 살아다오 할 사람", "다 죽여도 너희 세상 빛 위해 저만은 살려두거라 일러줄 그 사람", "저 하나 있으니 하며 빙긋이 웃고 눈을 감을 그 사람", "알뜰한 유혹을 물리치게 되는 그 사람" 등이다. 글에서 사람들을 역할로 구분했지만, 함석헌에게 함께한 사람들은 모두 같은 사람들이었고 생명처럼 소중한 사람들이었다.

맘 놓고 갈 만한 사람, 김교신

함석헌은 1901년, 20세기가 시작하는 해에 평안북도 용천군에서 태어났다. 신분제는 없어졌으나 평민 집안이고 아버지는 한의사였다. 그는 아버지에게서 예술에 대한 감각과 합리적 사고력을, 어머니에게서 평등사상과 열린 마음을 물려받았다 한다.[3] 어린 시절 함석헌은 부끄럼을 많이 타는 내성적인 아이였다. 그때 정신적인 스승이 작은아버지인 함일형이었다. 그는 기독교 신자였고 계몽운동가이기도 했다. 함석헌은 함일형이 세운 기독학교인 덕일소학교에서 역사 · 산술 등 신식 교육을 받았으며, 기독교 신앙을 가지게 되었다.

평양고등보통학교에 다니던 1919년에 당시 19세였던 함석헌은 학교의 책임자로 열심히 3 · 1운동에 참여했다. 함일형의 둘째 아들이며 사촌 형인 함석은이 평양 지역 3 · 1운동 준비위원회의 총책임자를 맡으면서 함석헌도 주동자가 된 것이다. 그는 3 · 1운동에 대해 "내 예순이 되어오는 평생에 그날처럼 맘껏 뛰고 맘껏 부르짖고 그때처럼 상쾌한 적은 없었다"라고 회고했다.[4] 3 · 1운동은 함석헌의 삶을 바꾸어놓았다. 종교인으로서의 사회 참여에 눈을 떴고, 역사에서 '민중'을 주목하게 된 것이다.

3 · 1운동이 끝난 후 그는 기독교계 사립학교인 오산학교에 재입학했다. 열악한 교육 시설이지만, 오산학교에서 함석헌은 평생의 스승을 만났다. 남강 이승훈 · 도산 안창호 · 고당 조만식이다. 그는 오산학교에서 "민족주의 · 인도주의 · 기독교 신앙이 한데 녹아든 정신 교육"을 받았다. 또 그곳에서 다석 유영모를 스승으로 모시면서 노자와 장자 · 불교 · 주역 등 동양철학과 성경을 동양적 관점에서 재해석하는 시각을 익혔다.

1923년 3월, 함석헌은 일본 유학길에 올랐다. 그해 9월 1일 대지진이 간토 지방을 휩쓸었다. '조선인들이 폭동을 일으키고 있다'는 일본 정부의 유언비어로 인해 한국인들이 무참히 학살당했다. 함석헌은 일본 경찰 감옥에 수용되어 목숨을 부지했다.[5] 교사가 되기로 뜻을 굳힌 그는 동경고등사범학교에 입학하여 역사를 전공했다.

일본 유학 시절에 함석헌은 타고르의 시를 읽고 간디의 책과 톨

스토이에 매료되었다. 그때 오산학교 동창생 김교신을 만났다. 김교신은 함흥 출신으로 함석헌과 동갑이었는데, 우치무라 간조가 이끄는 성경 공부 모임에 꾸준히 참여하고 있었다. 일본의 무교회주의 지도자인 우치무라는 오산학교 교장 유영모를 통해 알고 있었던 인물이기도 했다.

김교신은 함석헌에게 우치무라의 성경연구회와 일본 무교회 운동을 소개했다.[6] 우치무라는 천황을 '살아 있는 신'으로 믿는 일본인들의 이데올로기를 거부했다. 그는 형식이나 의식에 구애받지 않고 기도와 성경 공부를 통해서만 인간이 하느님과 소통할 수 있다고 가르쳤다. 교회와 목사를 통해서만 구원을 받을 수 있다는 제도권 신앙을 부정했던 것이다. 성경을 토대로 한 무형식·무의식 신앙 공동체가 우치무라의 무교회주의였고, 함석헌도 무교회주의자가 되었다. 함께한 동료들로 김교신·송두용·정상훈·유석동·양인성 등이 있었다. 이 중 김교신과 송두용은 '맘 놓고 갈 만한' 동지였다.

김교신은 일본에서 귀국하자마자, 1927년 7월에 〈성서조선〉을 창간했다. 그는 오산학교에서 지리학과 자연사를 강의하면서 잡지 편집에 정열을 쏟았다. 김교신은 창간사에서, 힘든 민족의 고난을 성서 연구를 통한 순수한 기독교 신앙으로 극복하자면서 기성 교회의 행태를 비판했다. 함석헌도 창간호의 〈먼저 그 의를 구하라〉라는 글에서 "흰옷 입은 근역(槿域, 무궁화 피는 땅, 한국)의 자녀들

아. 그 의를 구하여라. 네 입은 옷은 정의의 흰빛이 아니냐. 네 맘도 그같이 희기를!"이라며 성경 구절을 통해 민족의식을 강조했다.[7]

1928년에는 오산학교에서 역사 · 지리와 수신 과목을 가르쳤다. 〈성서조선〉에도 10년 동안 종교, 역사와 관련된 글을 계속 썼다. 특히 1934년부터 22개월간 〈성서적 입장에서 본 조선 역사〉를 연재했다. 당시에 그는 오로지 '성경의 자리'에서만 역사를 쓸 수 있다고 생각했다. 그런 관점에서 우리 역사를 '고난의 역사'라고 규정했다. 그리스도의 고난이 인류 구원의 길이듯, 일제의 가혹한 통치에도 해방의 길은 반드시 올 것이라 확신했다. 함석헌은 이 글에서 하느님의 섭리사관과 더불어 민중의 역사관을 제시했다.

1936년 베를린올림픽 마라톤 금메달리스트 손기정과 동메달리스트 남승룡이 김교신의 제자였다. 손기정은 김교신에 대해 "그냥 바라만 보고 있어도, 아니 선생님이 계시다는 생각만 하고 있어도 무엇이 저절로 배워지는 것 같은 분이 바로 선생님이셨다"라고 회고한 바 있다.[8]

일제는 일본사 교육과 창씨개명, 황국신민서사 암송을 강요했다. 함석헌은 일제의 감시를 피해 우리말로 우리 역사를 가르쳤다. 1938년 3월, 일제의 감시가 조여오자 그는 오산학교를 떠나야 했다. 김교신도 양정중학교 학생들에게 황국신민서사를 '망국신민서사'로 외우게 하면서 저항했지만, 결국 1940년 3월에 학교를 그만뒀다.[9] 그들은 일본식 교육을 시킬 수 없었고, 창씨개명도 할 수 없었다.

함석헌은 일제에 '요주의 인물'로 낙인찍혀 있었다. 1940년 9월, 공산주의자로 의심받아 일본 헌병에 체포되어 1년간 수감 생활을 했다.[10] 그 시기에 아버지 함형택이 세상을 떠났고, 김교신과 송두용이 함석헌 대신 상주 역할을 했다. 출감한 후 함석헌은 서울에서 〈성서조선〉에 꾸준히 글을 썼다. 일제는 이 잡지를 주시하다가 김교신이 쓴 〈조와〉(弔蛙, 얼어 죽은 개구리를 애도한다)에서 혹한의 겨울과 개구리를 우리 민족의 처지에 빗댔다며 꼬투리를 잡아 〈성서조선〉을 폐간시키고 김교신·함석헌 등 13명을 서대문형무소에 가두었다.[11]

감옥은 함석헌에게 '인생의 대학'이었다. 그곳에서 불교 경전을 비롯하여 노자와 장자의 사상을 접하면서, 기독교와 불교·도교 등 종교에서 추구하는 진리는 근본적으로 하나라는 확신을 가졌다. 해방을 4개월 앞둔 1945년 4월, "맘 놓고 갈 만한 사람"이었던 김교신을 떠나보내야 했다. 사인은 장티푸스였다. 조국이 해방된 후, 함석헌은 김교신을 생각하며 다음과 같이 회고했다.[12]

> 1945년 8월 15일 해방의 소식이 들려 왔을 때, 나 자신 먼저 염두에 떠오른 것이 '김이 있었으면' 하는 생각이었고, 주위 사람들의 첫인사도 "김 선생 생각나지요" 하는 말이었다. …… 얽매인 겨레가 풀려 놓이는 날이 오기를 얼마나 기다리

고 또 그것을 위해 힘썼던고. 그러니 그 마음 내가 알고 내 마음 그가 안다고 생각하는 처지에 기쁨, 슬픔을 같이 나누는 것이 자연의 정이라면 그날에 그의 생각이 나는 것은 당연한 일이었다. 참 간절한 생각이었다.

김교신도 함석헌에 대해 다음처럼 평한 적이 있다.[13]

> 물 중에서 귀한 샘물은 약사 서운사 샘물, 절 중에서 절 같은 절은 묘향산 상원암이고, 중 같은 중도 그 암자에서 보았다. …… 바라보는 비로봉이 위대하였지만 나와 동행하는 자 중에 더욱 숭고한 자를 보았다.
>
> – 《김교신 일기》, 1930년 8월 1일 자

김교신과 함석헌이 오산학교 학생들을 인솔하고 묘향산에 갔을 때 쓴 일기다. 여기서 김교신이 말하는 '숭고한 자'는 함석헌을 가리킨다. 〈그 사람을 그대는 가졌는가〉도 친구 김교신을 생각하며 쓴 것이라 한다.[14]

저 맘 온전히 믿어지는 그 사람, 장준하

평안북도에서 함석헌은 일제에 의해 4번이나 투옥당하고 창씨개명도 거부한 유명 인사였다. 해방 직후에 그는 평안북도 지역의 문교부장[15]을 맡았으나, 소련 군정과 좌익의 탄압을 받았다. 그래서 남쪽을 택했다.

남한 사회에서는 친일파들이 득세하고 있었고, 좌우익의 대립이 극심했다. 그는 종교 모임에 참여하고 강연도 하면서 지냈다. 그러면서 사제지간의 수직적 전통을 강조하는 우치무라 간조의 무교회주의에서 벗어나 수평적 신앙을 행하고 있었다. 이러한 신앙관은 이후 신앙에서 자유 의지를 강조하는 퀘이커 신앙을 받아들이는 요인이 되었다.[16]

1950년대에 함석헌은 평생의 벗을 만났다. 당시 한국의 지식인 계층에게 가장 영향력 있는 잡지인 월간 〈사상계〉를 발행하던 장준하였다. 장준하는 함석헌에게 "저 맘이야 하고 믿어지는 그 사람"이었다. 주간이던 안병욱이 무명이나 다름없는 함석헌을 장준하에게 소개했다.[17] 그러나 장준하는 신성중학교 시절에 박학다식하다고 소문난 '함도깨비(함석헌) 선생님'을 보기 위해 오산학교를 찾아간 적이 있었다.[18]

장준하는 1918년 8월 평안북도 의주 태생으로 기독교 신앙 속에서 자랐다. 그는 제자인 김희숙과 결혼하여 일본군 위안부가 되지 않게 아내를 보호했고, 신사참배 거부로 일제에 찍힌 아버지 장석인 목사를 지키기 위해 1944년 1월에 자진하여 일본군에 입대했다.[19] 곧 일본군을 탈출하여 김준엽 등과 함께 엄청난 길을 걸어

충칭의 임시정부를 찾아갔다. 장준하의 일본군 입대에는 이미 이런 계획이 있었던 것이다. 충칭에서 한국광복군으로 국내에 진입하기 위해 미군의 OSS(미국의 전략첩보대) 요원으로 특수훈련을 받았다. 해방 직후에 김구의 수행 비서로 귀국했고, 한국전쟁 시기인 1953년 4월에 부산에서 〈사상계〉를 창간했다.

필진으로 새로 영입된 함석헌의 글은 〈사상계〉를 지식인의 필독서로 만들었다. 함석헌은 〈한국 기독교는 무엇을 하고 있는가〉(1956년 1월호), 〈할 말이 있다〉(1957년 3월호), 〈생각하는 백성이라야 산다〉(1958년 8월호) 등의 글을 써서 지식인들에게 커다란 울림을 주었다. 함석헌의 생각은 곧 장준하의 생각이고 그가 하고 싶은 말이었다.

1961년 5월 16일, 일본군 출신 박정희와 조카사위 김종필이 군사 쿠데타를 일으켰다. 이때부터 장준하는 박정희와 날이 선 대립을 시작한다. 그는 함석헌에게 5·16군사쿠데타에 대한 비판의 글을 부탁했다. 함석헌은 작심하고 〈5·16을 어떻게 볼까?〉(〈사상계〉 7월호)라는 글을 썼다. 함석헌은 감옥에 갈 각오로, 장준하는 폐간당할 각오로 했던 것이다.[20] 함석헌은 "혁명은 민중의 것이다. 민중만이 혁명할 수 있다. 군인은 혁명하지 못한다"라고 쓰며 5·16군사쿠데타를 혁명으로 인정하지 않았다. 군사정권은 장준하와 취재부장을 체포했지만, 함석헌은 건드리지 못했다. 민중의 대변자 함석헌이 두려웠을 것이다.

박정희가 군으로 돌아가겠다는 약속을 어기고 대통령이 되려고 획책하고 있다는 연락을 외국 순방 중에 장준하에게 받았다. 이에 함석헌은 〈민중이 정부를 다스려야 한다〉(《사상계》 1963년 4월호)라는 글을 기고해 군사정권에 대항하기 위해서는 민중이 깨어나야 한다고 주장했다. 언론이 침묵하고 있을 때 민중밖에 기댈 존재가 없다고 느꼈던 것이다. 그러나 1963년 10월 대통령 선거에서 박정희는 윤보선을 누르고 대통령이 되었다.

박정희 군정 세력이 한·일회담에 임하고 있을 때, 장준하와 함석헌은 굴욕적인 한·일회담 반대 투쟁의 선봉장이 되었다. 1964년 6월 3일, 광화문에 1만여 명의 시민들이 모여 시위를 벌였다. 이에 박정희 군사정권은 비상계엄령을 선포하고 무장 군인들로 시위대를 잠재웠다.

박정희 군사정권은 한·일회담 반대 투쟁을 〈사상계〉가 주도했다고 확신했다. 그 중심인물이 장준하이고 배후에 함석헌이 있다고 여겼다. 그래서 〈사상계〉 편집위원들을 '정치 교수'라고 낙인찍어 대학에서 몰아냈고, 이듬해 10월에는 장준하를 국가원수모독죄로 구속했다. 그가 박정희를 "밀수 왕초"라고 언급하고, 존슨 미국 대통령이 월남전에 "한국 청년의 피"가 필요해서 방한했다고 했기 때문이었다.[21] 본격적으로 일본군 장교 출신 박정희가 광복군 출신 장준하를 정조준한 것이다.

1967년 5월, 제6대 대통령 선거에서 공화당의 후보 박정희에 맞서 함석헌과 장준하는 야권 단일 후보로 윤보선을 내세웠다. 당시 장준하는 "박정희 씨는 일본 천황에게 충성을 맹세하고 일본군 장교가 되어 우리의 독립 광복군에 총부리를 겨누었으니 이런 인물이 우리나라 대통령으로 있는 것은 국가와 민족의 수치"라고 연설했다.[22] 그러나 부정선거와 경제개발 성과로 인해 윤보선이 맥없이 졌다.

박정희 정권은 장준하를 '허위 사실 유포죄'와 '대통령 후보자 비방죄'로 구속했다. 그해 6월 8일, 제7대 국회의원 선거에 함석헌은 장준하를 설득해 감옥에서 출마하도록 했다. 선거운동은 함석헌과 장준하의 아내 김희숙이 도맡아 했다. 장준하는 서울 동대문 을구에서, 육사 9기생이자 국가재건최고회의 최고위원을 지냈으며 현역 의원인 강상욱을 상대로 2만 1,733표 차로 압승을 거뒀다.[23]

정국은 급속하게 3선 개헌 방향으로 휩쓸렸다. 박 정권이 만든 1962년 헌법에는 같은 사람이 대통령직을 2번까지만 할 수 있다고 규정(3선 금지)되어 있었다. 야당 신민당은 3선개헌저지투쟁위원회를 설치하여 투쟁에 나섰고, 장준하와 함석헌은 전국을 돌며 3선 개헌 반대 연설을 했다. 언론이 목소리를 보태지 못하자, 함석헌은 "요즘 우리나라 신문은 신문이 아니다. 한심하다. 학생 데모는 제대로 보도도 못하면서 …… 여러분! 신문에 국민이 무섭다는 사실을 가르쳐주자"고 호소했다.[24] 헌법 개정 국민투표에서 3선

개헌을 좌절시켜야 하는데 언론이 제 역할을 하지 못하고 있던 실정이었다.

함석헌은 1970년 4·19혁명 10주년을 맞아 〈씨올의 소리〉를 창간했다. 장준하도 〈사상계〉에서 〈씨올의 소리〉로 옮겼다. 〈사상계〉가 1970년 5월호에 김지하의 담시 〈오적〉을 게재하여 강제 폐간됐기 때문이다.

〈씨올의 소리〉 편집인은 장준하·송건호·안병무 등이 맡았다. 함석헌의 나이 70에 장준하의 〈사상계〉를 잇는 민중의 목소리 운동을 전개한 것이다. 함석헌은 창간호에서 "풍토를 어떻게 고칩니까? 뒤집어엎어야 해! 누가 뒤집어엎습니까? 씨올(민중 또는 국민) 이외에 다른 것이 없습니다. 그렇게 생각할 때 미운 것은 신문입니다. 신문이 무엇입니까? 씨올의 눈이요, 입입니다. 그런데 이 사람들이 씨올이 마땅히 알아야 할 것을 가리고 보여주지 않고, 씨올이 하고 싶어 못 견디는 말을 입을 막고 못하게 합니다"라고 썼다.

1971년 제7대 대통령 선거에서 박정희는 김대중을 상대로 3선에 성공했다. 함석헌은 〈군인 정치 10년을 돌아본다〉(〈씨올의 소리〉 1971년 10월호)라는 글에서 "5·16은 오발탄"이라며 5·16이나 박정희 정권을 애초에 "쏴서는 안 되는 총알"에 비유했다.

1972년 10월 17일, 박정희는 오후 7시를 기해 전국에 비상계엄령을 선포하고, 국회를 해산하고 헌법을 개정하겠다며 유신헌법을 밀어붙였다. 헌법 쿠데타였다. 계엄령이 내려졌기 때문에, 국민투표장에는 유신헌법에 대한 반대 의견이나 비판 현수막이 허용되지 않았다. 그해 12월 23일, 통일주체국민회의에서 박정희는 99.9%의 찬성으로 제8대 대통령에 올라 4번 연거푸 대통령 자리를 지켰다.

유신 체제나 박정희에 대해 입도 뻥긋할 수 없는 상황에서 죽음을 각오하고 장준하가 먼저 움직였다. 그는 1973년 11월, '민주수호국민협의회' 명의로 유신독재 반대 성명서를 발표했다. 이 성명서에는 함석헌 · 법정 · 지학순 등 15명이 참여했다. 함석헌 · 법정 등 8명은 현장에서 체포되어 연행됐다. 장준하는 서명자에 이름을 올리지 않고 '유신헌법 개헌 청원을 위한 100만인 서명운동'을 준비했다.

12월 24일, 서울 YWCA에서 함석헌 · 법정 · 김수환 · 지학순 · 문동환 · 백기완 등 발기인 30명을 대표하여 장준하가 〈민주주의 회복, 현행 헌법 개정을 요구하는 청원 운동을 전개하며〉를 대표로 낭독했다. 그는 "이에 우리 국민은 이와 같이 헌법 개정 발의권으로부터의 소외를 극복하고 우리들의 천부의 권리를 제시하는 방법으로 대통령에게 현행 헌법(유신헌법)의 개정을 요구하는 100만인 청원 운동을 전개하는 바이다"라고 당당하게 읽어나갔다. 불과 10여 일 만에 30만 명이 서명운동에 동참했다.

박정희 정권은 유신헌법을 바꾸자는 서명운동에 강력히 경고했고, 곧이어 '긴급조치' 1 · 2호를 동시에 발표했다. 유신헌법에 대해 어떠한 말도 할 수 없고, 이 조치를 위반한 자는 법관의 영장 없이 체포하여 15년 이하의 징역에 처한다는 내용이다. 긴급조치 1호의 첫 구속자는 장준하와 백기완이었다. 두 사람은 징역 12년에 자격정지 12년을 선고받았다.

유신 체제에 반대하여 11월에는 정계·천주교·개신교·불교·언론계·학계·문인·법조인·여성계 등 각계 인사 71명이 기독교회관에서 〈민주회복 국민선언〉을 발표했다. 윤보선·김재준·김수환·김대중·함석헌·김영삼 등 정계·종교계 인사들이 '반박정희·반유신'을 공통분모로 총결집했다.

장준하는 야당과 재야 인사들 간에 '단일화된 (민주)헌법 합의안'을 만들기 위해 분주히 움직였다. 그 정보를 파악하고 있던 중앙정보부는 장준하에 대한 감시를 더욱 강화했다. 장준하는 김영삼·김대중 등 4명에게서 개헌안의 합의를 이끌어냈다. 한편으로 목숨을 걸고 유신헌법 개헌 청원을 위한 제2차 100만인 서명운동 추진 계획을 세웠다.[25] 개시일은 1975년 8월 20일이었다. 박정희는 더 이상 장준하를 두고만 볼 수 없었다. 8월 15일 광복절을 맞아 장준하는 김구·윤봉길·이봉창 등등 임시정부나 한인애국단 인물들의 묘역을 참배하고 부모님 묘에도 다녀왔다.

1975년 8월 17일, 장준하는 경기도 포천군 이동면 약사봉 계곡에서 의문의 변사체로 발견됐다. 57세였다. 박정희 정권은 가파른 암벽에서 추락했다고 발표했지만, 2012년 묘소 이장 과정에서 장준하의 두개골 부위에 원 모양으로 함몰된 부분이 확인되면서 둔기로 내리쳐 죽이고 시신을 계곡으로 옮겨놓은 것이라 추정하고 있다. 박 정권은 타살 의혹을 제기한 〈동아일보〉 기자를 긴급조치 9호 위반으로 구속했다.[26] 이날까지 박정희는 14년간 권좌에 앉아 있었고, 장준하는 3번 구속에 37번 연행됐다. 치열한 싸움이었다.

함석헌의 둘도 없던 친구, 반유신 투쟁의 선봉장 장준하는 그렇게 떠났다. 함석헌은 〈씨올의 소리〉(1977년 7 · 8월호)에 〈아 장준하!〉를 썼다.

> 장준하가 죽었다! 죽었다? 이 한마디가 이 8월 노염(老炎)의 무더운 공기마냥 부쳐도 부쳐도 또 오고 또 와서 가슴을 누릅니다. 사실 나는 이 몇 해 동안을 하루도 장준하의 죽음을 생각하지 아니한 날이 없습니다.

함석헌은 장준하의 죽음에 놀랐고(죽었다!) 살해당했을 것이라 확신했다(죽었다?). 박 정권과의 대립이 격화될수록 그는 박 정권이 장준하를 죽일 것을 걱정하고 있었다. 함석헌은 장준하를 대통령 감으로 기대했고, 정치적 성공을 위해 힘껏 도움이 되려 했다. 당시 장준하는 민주 인사들에게는 '재야 대통령'으로 불리고 있었다.

이제 장준하는 다시 살아나야 합니다. 힘있게 살아나야 합니다. 환하게 꽃 피우는 것은 자연의 놀라운 섭리입니다. 우리는 장준하의 뜻을 환하게 꽃피게 해서 그를 다시 힘있게 살려야 합니다.[27]

세상 빛을 위해 그만은 살려야 할 사람, 문익환

함석헌과 문익환은 장준하만큼 교분이 두터운 것이 아니었다. 오히려 함석헌은 문익환의 스승이었던 김재준 목사와 뜻을 나누며 중요한 고비를 함께했다. 문익환은 장준하와 가까웠다. 장준하는 문익환의 동생 문동환의 친구이자 아끼던 후배였다. 그러한 면에서 함석헌에게 문익환은 "다 죽여도 너희 세상 빛 위해 저만은 살려두거라" 할 사람이었다.

문익환[28]은 1918년 6월 1일 중국 지린성의 명동촌에서 태어났다. 그는 명동학교를 다니면서 윤동주 · 송몽규와 둘도 없는 친구가 되었다. 윤동주와는 평양 숭실학교에서도 함께 공부했고, 신사참배를 거부하며 학교를 함께 그만뒀다. 그가 도쿄에 유학 중일 때 동생 문동환도 유학을 왔고, 그곳에서 문동환의 친구 장준하도 만났다.

문익환이 봉천신학교에 돌아와 있을 때, 윤동주와 송몽규의 가슴 아픈 소식을 접했다. 해방 6개월 전이었다. 아시아 · 태평양전쟁에서 일본이 불리해지자, 일제는 조선인 학생들을 학도병으로 마구 데려갔다. 이에 윤동주와 송몽규가 학도병 징집을 이용해 무기를 일제에 향하도록 계획했다는 죄목으로 체포됐다. 윤동주와 송몽규는 일제에 생체실험을 당해 죽었다. 문익환의 슬픔은 너무나 컸다. 그는 살아가야 할 생에 윤동주와 송몽규의 삶까지도 함께하겠다고 결심했다.

해방 직후 간도 지역이 소련의 손아귀에 들어가자, 그는 주민들을 이끌고 남쪽으로 내려왔다. 그의 사상적 기저는 좌익도, 우익도 아닌 민족주의였다. 김천에서 문익환은 조선신학교에서 장준하를 다시 만나 김재준 목사의 강의를 듣고 그리스도 신앙을 배웠다. 그때까지 그는 사회운동에서 약간 비켜서 있었다. 당시 문익환은 성서 공동 번역 작업에 신경이 쏠려 있었고, 1968년 '대한성서공회 신구약 공동번역위원장'에 선임되었다. 그는 한문투의 성서가 아니라 한글로 성서의 의미를 담아내는 번역을 하고 싶었다. 당시 51세였다.

1970년 벽두에 문익환을 세상으로 끌어낸 사건이 발생했다. 노동자였던 전태일의 죽음이었다. 전태일의 죽음에 그는 "그 죽음 앞에서는 모든 사람이 죄인이 되어, …… 죽음에 몸을 던져 죽음을 폭발시켜버리고 새 희망으로 햇살 쳐오는 인생이 부활이라는 걸 우리는 믿습니다"라는 글[29]을 《전태일 평전》에 바쳤다. 함석헌도 미국 순방 중에 전태일 사건을 접했다. 그도 그 소식에 양심의 자

책을 느껴 "밤새 울었다"고 했다. 또 그는 22살 청년 전태일을 역사 속에서 다시 살리자고 했다.[30]

1970년대 박정희의 유신 철권 통치 시대에 그는 함석헌 · 김재준 · 문동환 · 장준하 등과 저항하느라 바쁜 시간을 보냈다. 장준하에 대해 문익환은 "장준하 선생은 저보다 나이로 말하면 몇 달 늦고 학교로 말하면 제 동생과 한 반이어서 3년 후배지요. 늘 동생처럼 생각해왔고 그러다가 해방 후 서울에 와서 같이 지내면서 보니까 너무너무 내 눈이 미치지 않을 정도로 앞서가고 있는 대선배라는 것을 발견하고 깜짝 놀랐습니다"라고 말하며 존경까지 표하고 있다.[31]

박정희는 야당 대통령 후보 김대중보다 장준하의 말과 행동이 더 두려웠다. 그 시기에 문익환은 장준하가 약사봉에서 실족사했다는 소식을 접했다. 1975년 8월 21일, 명동성당에서 김수환 추기경이 집전한 장준하의 영결식에 김대중 · 김영삼 등 1,500여 명이 참여했다. 문익환은 장례위원장으로 장례식을 거행했다. 그리고 "그의 죽음을 땅에 묻어서는 안 된다! 그래, 네가 하려다 못한 일을 내가 해주마!"라고 약속했다. 이때부터 문익환의 삶은 전태일과 장준하가 못 다한 삶이었다. 전태일과 장준하를 이 땅의 역사에 부활시키는 일에 온 생애를 바친 것이다.

장준하적 삶의 첫 번째 일이 1976년 '3 · 1민주구국선언'이었다. 그는 함석헌을 먼저 찾아가 뜻을 물었다. 이어 윤보선 · 김대중

· 안병무 · 문동환 · 백기완 등 재야 민주 인사들도 서명인 명단에 이름을 올렸다. 그런데 기획자이며 주동자인 문익환의 이름은 빠졌다. 그 대신 동생 문동환을 주모자로 올렸다. 성서 번역 작업을 마무리해야 했기 때문이다. 당일 오후 6시, 명동성당에서 장덕필 신부의 사회로 서명자와 신도 700명이 모인 가운데 '3 · 1민주구국선언식'이 거행되었다.

> 오늘로 3 · 1절 쉰일곱 돌을 맞으면서 1919년 3월 1일 전 세계에 울려 퍼지던 민족의 함성, 자주독립을 부르짖던 그 아우성이 쟁쟁히 울려와서 이대로 앉아 있는 것은 구국 선열들의 피를 땅에 묻어버리는 죄가 될 것 같아 우리의 뜻을 모아 민주구국선언을 국내외에 선포하고자 한다.

이 선언을 계기로 유신헌법 개헌으로 전개되던 민주운동이 박정희 유신정권 퇴진 운동으로 전환되었다. 문동환 · 이문영 등 서명자들이 체포됐고 심문을 당했다. 결국 문익환이 주동임이 밝혀지면서 그도 당국에 체포됐다. 중앙정보부는 김대중을 중심으로 전 대통령인 윤보선 등이 교수와 신부를 끌어들여 현 정부를 무너뜨리고 정권을 탈취하기 위해 획책한 사건으로 각색했다.

재판정에서 함석헌은 전통 상복을 입고 "민주주의가 죽었어"라고 하자, 신현봉 신부가 "아이고! 아이고!" 곡을 했다. 김대중 · 이

문영·안병무·서남동 등 쟁쟁한 학자들과 신학자들이 유신헌법의 위헌성을 날카롭게 공격했다. 언론은 이 법정을 '민주 교실'이라 보도했다. 〈뉴욕타임스〉 등 미 언론에서도 박정희 군사 독재 정권에 저항한 민주 인사들의 법정 투쟁을 생생하게 보도했다. 재판 결과 윤보선·함석헌·김대중·문익환 등에게 각각 5년형이 내려졌다. 문익환의 첫 번째 감옥행이었다.

전주교도소에서 문익환은 단식투쟁을 전개했다. 그는 박정희와 끝장을 볼 결심이었다. 단식에 함석헌 등 많은 인사들이 만류했다. 그는 "(전)태일이는 노동자들의 권익을 위해서, (김)상진이는 자유와 민주를 위해서 죽었지만, (장)준하가 원했던 것은 민주 통일이었"다고 말하며 단식 중단을 거절했다.[32] 결국 그는 캐나다에서 온 어머니 김신묵의 설득으로 단식을 중단했다. 긴장하던 박정희 정권도 단식을 풀자 형 집행 정지로 문익환을 석방시켰다. 죽음을 각오한 단식투쟁이 두려웠던 것이다. 그러나 출감한 지 10개월 만에 그는 유신헌법의 비민주성을 폭로한 혐의로 다시 감옥에 갔다.

1979년 10월, 박정희 대통령이 시해되면서 전두환 등 정치 군인들이 권력에 눈독을 들이고 있던 때였다. 학생들의 유신 철폐 서울역 시위에 문익환도 민주화의 촉진을 연설했다. 전두환 신군부는 '김대중 내란음모사건'을 조작하고 문익환 등 많은 민주 인사들을 동조자로 엮어 고문을 가하고 있었다. 광주에서는 대대적인 학살극을 자행하고 있었다. 군사 법정에서 김대중은 사형선고를 받았다. 김대중의 생명이 위험해졌다. 문익환은 공주교도소에서 김대중의 처우 개선과 생명 보장을 요구하며 23일간 단식투쟁을 전개했다.

너만은 제발 살아다오, 김대중

장준하가 의문의 죽임을 당한 후 함석헌은 김대중에게 조용히 말했다. "장준하는 김대중과 화해한 것이 죽음을 불러왔어. 저놈들이 둘이 합치면 어찌 된다는 것을 알기 때문이지. 둘 중 하나는 죽어야만 했을 것이야."[33] 박정희에게 두려운 적은 김대중과 장준하였다. 그런데 두 사람이 반박정희 · 반유신을 목표로 손을 잡았으니 박정희는 극도로 불안했을 것이다. 장준하를 잃은 함석헌은 박정희의 마수에서 김대중만은 잘 지켜야 했다. 함석헌에게 김대중은 "너만은 제발 살아다오 할 그 사람"이었다.

김대중은 1924년 1월 전남 신안군 하의도에서 서자로 태어났다. 해방 공간에서 김대중은 건국준비위원회에 참여했다. 그도 '좌우 합작'만이 당시의 문제를 푸는 답이라고 인식했던 것 같다. 그는 1952년 5월, 부산 정치 파동[34]을 보고 정치를 해야겠다고 결심했다.[35] 김대중은 이승만의 반칙을 용납할 수 없었다.

김대중은 1954년 목포에서 무소속으로 국회의원 선거에 출마했고, 민주당에도 입당했다. 낙선을 거듭하다가 1961년 5월 인제

보궐선거에서 마침내 당선됐다. 그러나 5·16군사쿠데타가 일어나 국회 문을 밟아보지도 못했다. 1967년 6월 국회의원 선거로 국회에 입성했다.

박정희가 3선개헌안을 밀어붙이자, 김대중은 함석헌·장준하 등 재야 세력과 연대하여 3선개헌 반대 투쟁을 이끌었다. 1971년 제7대 대통령 선거에서 신민당 후보 김대중은 박정희가 당선되면 '영구 집권의 총통 시대'가 올 것이라고 호소했다. 박정희 정권과 중앙정보부는 김대중을 공산주의자로 몰아 지역감정을 조장했다. 투표와 개표에서 부정이 판을 쳤다. 개표 결과, 박정희가 김대중보다 94만여 표가 더 나왔다. 경상도 지역에서만 150만여 표가 많았다.[36) 역으로 분석해보면 김대중 후보는 경상도 지역만 빼고 거의 모든 지역에서 박정희 후보를 앞질렀던 것이다. 결국 박정희는 지역주의와 부정선거로 김대중을 꺾었다는 말이다.

그해 5월 국회의원 선거를 앞두고 야당 총재도 아닌 김대중에게 야당 후보들의 찬조 연설 주문이 쇄도했다. 그는 동료 후보들을 지원하기 위해 전국을 누볐고, 그 과정에서 대형 트럭이 김대중이 탄 승용차와 크게 부딪치는 사고가 발생했다. 대형 트럭의 소유자는 박정희의 공화당 비례대표 8번에 이름을 올린 변호사였다.[37) 국회의원 선거에서 야당은 204석 중 89석을 얻었다. 서울에서는 19개 선거구에서 18개, 부산에서는 8개 선거구에서 6개 의석을 냈다. 여당 공화당이 3분의 2를 차지하지 못하게 막은 야당의 대약진이었다. 대신 김대중은 남은 생을 지팡이에 의지해야 했다.

1972년 10월 17일, 박정희가 유신 쿠데타를 일으켰을 때 김대중은 미국과 일본을 오가며 유신헌법 저지 투쟁을 전개하고 있었다. 그때 중앙정보부가 '김대중 납치 사건'을 일으켰다. 박정희는 김대중을 바다에 수장시킬 생각이었다. 이 사건은 곧바로 일본과 미국에 알려졌고, 각국의 압력 속에 박정희 정권은 김대중을 살려줄 수밖에 없었다. 김대중은 동교동 집에 연금됐다. 그래서 함석헌·장준하 등이 주도하는 '유신헌법 개헌 청원을 위한 100만인 서명운동'에 이름을 올리지 못했다. 대신 '3·1민주구국선언'에서 함석헌·문익환 등 민주 인사들과 행동을 같이했다.

운명의 해인 1979년, 박정희의 유신 체제도 내리막길을 향하고 있었다. 8월, YH무역회사 사건을 계기로 박정희 유신정권에 대한 저항 운동이 급물살을 탔다. 노조 해산 과정에서 여성 노동자가 사망하고, 신민당 국회의원들이 경찰에 폭행을 당했다. 신민당의 총재 김영삼은 미국 언론과의 인터뷰에서 미국의 박정희 지지 철회를 요구했고, 박정희는 김영삼을 의원직에서 제명했다. 10월 16일, 김영삼의 지역구가 있는 부산에서 반유신 운동이 일어났고 불길은 마산으로 옮겨붙었다. 부·마 민주화운동에 대해 박정희와 경호실장 차지철은 강경 유혈 진압을 주장하여 중앙정보부장 김재규와 입장을 달리했고, 결국 10월 26일 궁정동 비밀 술집에서 김재규에 의해 살해됐다.

함석헌은 해외 순방 중에 이 소식을 듣고 급히 귀국했다. 11월 24일, YWCA 강당에서 위장 결혼식 사건이 있었다. 함석헌이 귀국한 지 10일째 되던 날이다. 가짜 결혼식에 민주 인사들이 모여서 유신헌법과 통일주체국민회의를 해체하고 직선제로 대통령을 선출해야 한다고 선언했다. 함석헌 등은 계엄군에 끌려가 혹독한 고문을 당했다.[38]

국무총리 최규하가 유신헌법으로 대통령이 되었지만, 그는 이미 허수아비였다. 전두환·노태우 등 신군부 세력이 12·12쿠데타를 일으켜 육군본부를 총칼로 제압했다. 1980년 4월, 전두환은 합동수사본부장·보안사령관·중앙정보부장 서리를 모두 장악했다. 국가의 모든 정보기관을 장악한 것은 제2의 박정희가 되려는 움직임이었다.

5월 10일, 서울역에 15만 명의 학생과 시민들이 모여 유신헌법 철폐, 비상계엄 해제를 요구하는 시위를 벌였다. '서울의 봄'이었다. 군부가 탱크 부대를 동원했고, 시위대는 해산했다. 5월 17일, 전두환은 전군 지휘관 회의를 열어 비상계엄을 전국으로 확대했다. 전두환의 5·17쿠데타였다. 전두환의 집권욕이 확실하게 드러난 그때 전두환의 방문을 받은 김수환 추기경은 "서부 활극을 보는 것 같습니다. 서부 영화를 보면 총을 먼저 빼든 사람이 이기잖아요"라고 대놓고 뼈있는 말을 했다.[39]

신군부는 '내란 음모'로 김대중을 합동수사본부에 연행했고, 한

완상·설훈 등 23명을 함께 엮었다. 김대중은 가혹하게 고문하지 않았지만, 다른 사람들에겐 심한 고문이 가해졌다. 김대중의 내란 음모를 조작해내야 했기 때문이다. 그때 신군부는 계엄령 해제와 김대중 석방을 요구하던 광주를 공수부대로 잔인하게 진압하고 있었다. 김대중이 광주사건을 알게 된 것은 사건 발생 42일 후였다. 신군부 실세인 이학봉의 회유를 받은 직후, 직원이 준 신문을 보고 나서 알았다. 그는 이학봉을 통해 전달된 전두환의 제안(협력하면 대통령직 이외의 어떤 직책이라도 제공하겠다는 제안)을 거부했다.[40] 죽음을 각오했던 것이다.

함석헌도 역사의 무대에 올라설 수 없도록 계엄군이 철저하게 압박했다. 그의 말의 대변지였던 〈씨올의 소리〉도 강제 폐간됐다. 두 번째였다. 〈창작과비평〉 등 모두 172종이 폐간되고, 617개 출판사가 등록 취소됐다.[41]

전두환 신군부는 광주를 집권의 제물로 삼았다. 대한민국 최고의 정예 부대인 공수부대를 풀어 광주 시민들을 빨갱이로 몰아 총칼로 죽였다. 5월 27일 새벽 1시, 계엄군은 '상무충정작전'이라는 작전명으로 6,000여 명의 병력을 전남도청에 풀었다. 도청 안에는 보잘것없는 무기로 무장한 채, 군사 훈련도 받지 못한 광주 시민 157명이 있었다.[42] '5월 광주'를 겪으며 함석헌은 내면의 분노를 비유적으로 표현했다.

천하 사람으로 하여금 감히 말도 못하고 감히 노하지도 못하
게 만들어놓았으니,

외로운 한 지아비(진시황)의 마음이 날이 갈수록 교만하고 완
고하게 되었구나.

(그렇지만 그것이 도리어 천하 인심을 불러일으키게 되어) 이곳저곳서 반
군이 일어나 아우성을 치게 되니, 어떤 군대를 가지고도 깨칠
수 없다던 함곡관이 그만 맥없이 빠지고 말았고, ……

– 함석헌, 〈치인사천막약색(治人事天莫若嗇)〉

(《씨올의 소리》 1980년 7월호) 중에서

함석헌은 이 글에 덧붙여 "씨올 하나에 있습니다. 씨올 사랑하면
나라 될 것이고 씨올 사랑 아니하면 진시황만 아니라 그 누구도 다
오래갈 수가 없고 훗사람이 불쌍히 여길 뿐일 것입니다"라고 썼다.
전두환을 진시황에 빗대어 광주학살을 자행한 정권은 민중에 의
해 반드시 망할 것이라 한다.

광주학살 소식을 들은 김수환 추기경도 즉시 전두환에게 달려
갔으나 이야기할 시간을 얻지 못했고, 글라이스틴 주한 미 대사와
위컴 한미연합사 사령관과 연락을 취하기 위해 노력했으나 수포
로 끝났다. 이런 상황에서 할 수 있는 일이란 윤보선 전 대통령·
함석헌·천관우 등과 함께 광주사태의 평화적 해결을 촉구하는
시국 성명을 발표하는 것뿐이었다. 그러나 이 성명도 신군부의 언

론 검열로 어디에서도, 한마디도 보도되지 않았다. 김수환 추기경은 1970년대부터 근 20여 년간 민주화운동 과정에서 가장 괴롭고 고통스러웠던 순간으로 '5월 광주'를 꼽았다.[43] 하느님의 백성이 죽임을 당하고 있는 것을 뻔히 보면서 아무 손을 쓸 수 없었던 자신의 모습에 더 괴로웠을 것이다.

문익환도 공주교도소에서 "당신만이 / 오직 당신만이 / 오월의 양심이어요"로 시작하는 〈오월의 양심〉이라는 시를 썼다.[44] '5월 광주'는 함석헌이나 김대중·문익환 등 민주인사들에게, 그리고 학생들에게 엄청난 부채의식을 남겼다. 이전까지의 민주 운동이 '5월 광주'로 빨려 들어갔고, 이어지는 민주 운동은 '5월 광주'에서 나왔다.

1987년 5월 18일, 명동성당에서 거행된 '5·18 광주 항쟁 희생자 7주기 추모 미사'에서 김수환 추기경도 '5월 광주'에 대해 입을 열었다.[45]

> 광주의 한, 그것은 민족의 한이요, 역사의 한입니다. 민족의 가슴에 칼을 찔러 깊은 상처를 내고 피를 흐르게 한 그 어처구니없는 사람들은 스스로 민족 앞에 나서서 죄를 고백하고 속죄해야 합니다.

군 재판장은 '내란 음모' 등으로 김대중에게 사형을 언도했다.

한국 언론은 침묵했지만, 함석헌 등 재야 인사들은 장준하에 이어 김대중까지 잃을 수 없었다. 그 소식이 국내외로 퍼져나갔다. 김대중의 생명을 구하기 위해 김수환 추기경은 최선을 다했고, 강원룡 목사도 전두환의 국정자문위원을 맡는 것으로 전두환과 담판했다. 또 서독 등 많은 나라 정부와 교황 바오로 2세도 전두환에게 김대중의 사형을 보류할 것을 요청했다. 미국 레이건 행정부도 한·미정상회담 개최 여부에 무게를 실어 같은 뜻을 전달했다. 결국 전두환은 김대중을 무기징역으로 감형했고, 미국으로 간다는 조건 하에 김대중을 석방했다.

한편, 국내에서는 다른 상황이 벌어지고 있었다. 1982년 1월 30일, 함석헌은 YMCA 강당에서 간디 34주기 추모 강사로 나서서 전두환을 향해 작심한 듯 발언했다.[46]

> 나는 도저히 '광주사태'를 잊을 수 없습니다. 나만이 아니라 모든 사람들이 이걸 잊을 수 없을 겁니다. 난 이 자리에서 미리 잘라 말씀드립니다. …… '광주사태'가 '내란'이란 이름으로 역사에 적힌다면 이놈의 민족은 망하는 겁니다.

'5월 광주'에서 '양키 고 홈'이라는 구호가 나왔다. 전두환 신군부의 광주학살은 한국군의 군사작전권을 갖고 있던 미국의 승인 없이는 불가능했다. '민주주의와 정의의 나라' 미국은 허상이었음이 증명되었던 것이다. 1982년 3월, 부산의 대학생들이 미문화원에 불을 질렀다. 이 사건은 한국에 있는 미국 공공기관 점거의 신호탄이었다. 함석헌 · 문익환 등 재야 지도자들이 '광주학살 진상규명'을 요구하며 단식농성에 들어갔다.

같은 시기에 김대중은 극도의 불안감을 가지고 귀국을 서둘렀다. 한국에서는 1984년 6월 김대중의 동교동계와 김영삼의 상도동계가 '민주화추진협의회(민추협)' 결성 대회를 가졌다. 1985년 2월 12일의 국회의원 선거를 앞두고 동교동계와 상도동계는 민추협을 토대로 신한민주당(신민당)을 창당했다.

김대중의 귀국 투쟁과 국민들의 민주화 열기에 힘입어 국회의원 선거에서 신민당은 67석을 획득하여 이름뿐인 제1야당인 민주한국당을 제쳤다. 특히 서울 · 부산 · 광주 · 인천 · 대전 등 5대 도시에서 전원이 당선되는 쾌거를 이루었다. 3월, 24개 민주운동 단체를 통합하여 '민주통일민중운동연합(민통련)'이 결성되었다. 의장은 67세의 문익환이었다. 그만큼 전두환 정권의 탄압도 거세졌다. 함석헌 · 문익환 등 재야 세력, 김대중 · 김영삼 등 야당 세력, 그리고 학생운동권이 전두환 군부독재 타도로 힘을 모으면서 역사는 1987년으로 향하고 있었다.

빙긋이 웃고 눈을 감을 사람, 김수환

김수환 추기경은 함석헌이 마음으로 믿고 의지하던 인물이었다. 그는 독재 시대에 언론이 숨죽이고 있을 때 종교인이자 지성인으로 목소리를 냈던 극히 드문 사람들 중 한 명이었다. 그는 항상 가난하고 소외받는 사람들과 함께했고, 그들의 방패막이자 안식처였다. 그렇기에 김수환 추기경은 함석헌에게 "저 하나 있으니" 할 수 있는 사람이었던 것이다.

김수환 추기경[47]은 1922년 5월 대구의 가톨릭 집안에서 태어났다. 그는 어머니의 염원에 따라 1934년 대구의 성유스티노신학교에 5학년 과정에 입학했다. 지학순 주교가 입학 동기다. 일본 유학 시절에 영적 스승인 독일인 게페르트 신부를 만났고, 한국전쟁이 한창이었던 1951년 9월에 사제 수품을 받았다. 그는 안동 본당의 신부직을 시작으로 여러 직을 거쳐 사제 수품 15년 만에 주교로 임명됐다. 또 2년 후 대주교를 거쳐 1969년에는 추기경으로 서임됐다.

추기경으로 서임되기 2년 전, 그는 가톨릭노동청년회 총재 주교 자격으로 강화도 심도직물 사건에 개입했다. 당시 노동자에게 인권이라는 개념은 아예 없었다. 그는 하느님의 모습 그대로 창조된 인간은 존엄한 존재이기 때문에 어떠한 상황에서든 그 권리와 존엄성을 보호받아야 한다는 신념에 따랐다. 이런 신념은 1970년대와 1980년대에 그가 약자의 편에 서서 민주화운동을 실천했던 이

유이기도 했다.

　3선개헌안을 통과시켜 또다시 대통령직을 거머쥔 박정희는 유신 체제로 향하려 시동을 걸었다. 김수환 추기경은 KBS TV로 전국에 생방송되던 1971년 성탄 자정 미사에서 "그렇지 않아도 대통령한테 막강한 권력이 가 있는데, 이런 법을 또 만들면 오히려 국민과의 일치를 깨고, 그렇게 되면 국가 안보에 위협을 주고, 평화에 해를 줄 것입니다"라고 직격탄을 날렸다.[48]

　김수환 추기경이 정치적·사회적인 문제에 직접 뛰어든 계기가 전국민주청년학생총연맹(일명 '민청학련', 1974년) 사건이었을 것이다. 도반 지학순 주교도 긴급조치 위반자 180명 중 '공산주의를 신봉하는 사람'에 속해 있었다. 김수환 추기경은 주교회의를 소집하고 의장 자격으로 박정희를 면담했다. 그 자리에서 지학순 주교의 석방과 민청학련 사건에 연루된 젊은이들의 사형선고에 반대하는 입장을 명확히 했다. 그러나 지학순 주교는 젊은이들의 목숨을 구하기 위해 유신헌법의 무효와 그 폭력성을 양심으로 호소하고 감옥행을 택했다. 1975년 4월 9일, 박 정권은 민청학련의 배후로 인민혁명당 재건위원회 사건을 조작해냈다. 법원은 8명에게 사형을 선고했고, 형 확정 18시간 만인 새벽 4시 55분 서도원을 시작으로 사형을 집행했다. 사법 살인이었던 것이다. 2007년 1월 23일, 서울중앙지법은 사건에 연루되어 사형이 집행된 8명에 대해 전원 무죄를 선고했다. 그야말로 야만의 시대였다.

김수환 추기경은 10·26사태 직후 전두환의 12·12쿠데타를 지켜보면서 불길한 예감이 들었고, 광주학살 소식을 듣고 백방으로 뛰었지만 역부족을 느껴야 했다. 그에게도 '5월 광주'는 마음의 짐, 부채의식으로 남아 있었다.

드디어 1987년 새해가 밝았다. 함석헌은 김재준과 공동으로 〈새해 머리에 국민 여러분께 드리는 글〉을 발표했다.[49]

> 국민을 전투의 대상으로 아는 이 정부의 횡포를 용인해서는 안 됩니다. 악의 뿌리가 문제입니다.

1987년은 민주 세력과 전두환 군부독재 세력 간의 정면 대결로 치달은 해다. 민청련 의장 김근태 고문 사건, 권인숙 부천경찰서 성고문 사건의 뒤를 이어, 1987년 1월에 서울대생 박종철이 물고문으로 죽는 사건이 발생했다. 시민들의 분노가 들끓었다. 김수환 추기경도 분노했다. 1월 26일 박종철 군 추모 미사에서 "이 정권은 '하느님이 두렵지도 않느냐?'라고 묻고 싶습니다. …… 지금 하느님께서는 동생 아벨을 죽인 카인에게 물은 것처럼 '네 아들, 네 제자, 네 국민인 박종철 군이 어디 있느냐'라고 묻고 계십니다"라고 강론하며 전두환 정권을 신랄하게 비판했다.[50]

그날 미사 직후, 김승훈 신부는 "박종철 군 고문치사 사건의 진상이 조작되었다"는 성명을 발표했다. 함석헌 등 민주 세력은 기독교회관에서 '고 박종철 군 국민추모회준비위원회'의 발족식을 열고, 국민이 연대하여 민주를 쟁취할 때까지 투쟁하기로 결의를 다졌다.[51] '민주헌법쟁취국민운동본부'를 발족할 때 함석헌은 문익환·김대중·김영삼 등 여러 인사들과 함께 공동 고문을 맡아 맨 앞자리에서 이 단체를 이끌었다.[52] 드디어 6월 민주항쟁의 서막이 올랐던 것이다.

직선제 개헌을 요구했고, 전두환 정권은 4·13호헌조치[53]로 맞섰다. 마침내 전 민주 세력이 하나로 단결해 전두환 정권의 독재와 비도덕성을 규탄했다. '넥타이부대'라 불리는 시민들도 시위 대열에 적극적으로 가담했다. 그들도 주체로 나선 것이다. 전국 18개 도시와 대학가에서 동시에 '호헌 철폐, 독재 타도'를 한목소리로 외쳤다. 전두환 정권은 최루탄으로 강경 진압했다. 6월 9일, 연세대생 이한열이 최루탄에 맞아 사망했다. 국민의 분노가 더해졌다. 시위대는 명동성당으로 몰려 들어가 5박 6일간 밤낮으로 농성 투쟁을 이어나갔다.

전두환 정권은 명동성당에 전투경찰을 강제로 투입하려 했다. 그때 김수환 추기경은 "경찰이 성당에 들어오면 제일 먼저 나를 만나게 될 것입니다. 그다음 시한부 농성 중인 신부들을 보게 될 것입니다. 또 그 신부들 뒤에 수녀들이 있습니다. 당신들이 연행하려는 학생들은 수녀들 뒤에 있습니다. 학생들을 체포하려거든 나를 밟고, 그다음 신부와 수녀 들을 밟고 지나가십시오."라고 막아섰다. 그는 이 순간을 이 나라가 민주화의 길로 나아갈지, 아니면 군부 정권의 연장으로 갈지, 갈리는 승부처라고 보았던 것이다.[54] 전두환 정권은 김수환 추기경과 교황청을 밟고 지나갈 수 없었고, 학생들의 안전 귀가를 보장하고 경찰 병력을 철수시켰다.

이때 백악관이 개입해 직선제 수용을 종용했다.[55] 시위가 반미 투쟁으로 옮아가는 것을 막기 위해서였다. 결국 전두환 정권은 차기 민정당의 대통령 후보자 노태우의 입을 빌려 6·29선언[56]을 발표했다. 국민이 승리한 것이다. 그 소식을 듣고 김수환 추기경은 "하느님, 감사합니다. 드디어 한국에서도 민주주의의 꽃이 필 것 같습니다"라고 기도했다.[57] 이렇게 명동성당은 국민들 사이에 '민주화의 성역'이라는 인식이 확고하게 자리 잡았다. 6월 29일, 함석헌은 담도암으로 서울대학병원에 입원했다. 그는 아픈 몸을 이끌고 민중의 대열 앞에서 주요 성명을 낭독하면서 민주주의를 위해 마지막 힘을 썼던 것이다.

6월 민주항쟁의 역사를 문익환은 감옥에서 듣고 있었고, 6·29선언 분위기를 타고 7월 8일에 가석방되었다. 이한열 노제 때 연세대 집회장에서 문익환은 "전태일 열사여! 김상진 열사여! …… 박영진 열사여!"라며 26명의 이름을 절규하며 외쳤다. 한국 연설사 앞머리에 올린 명연설이었다.[58] 연세대에서 출발한 이한열의 운구가 시청에 들어섰을 때 100만 인파가 모여 이한열을 추도했고, 민주주의의 승리감은 그 어느 때보다 높았다. 김대중도 이때 사면·복권되어 부인 이희호와 함께 이한열 영결식에 참석했다. 6월 민주항쟁의 열기는 급속하게 12월 대선으로 옮아갔다.

대통령직에 강한 집념을 가지고 있던 김영삼과 김대중 간에 후보 단일화가 성사되지 않으면, 6월 민주항쟁의 의미는 크게 퇴색할 수밖에 없었다. 아픈 몸을 이끌고 함석헌은 후보 단일화를 위해 뛰어다녔고, 병문안 온 두 사람에게도 간절히 부탁했다. 문익환도 후보 단일화를 촉구하며 절실한 마음을 담아 중재했다. 후보 단일화를 염원하는 마음은 김수환 추기경도 같았다. 그러나 결국 두 사람은 기호 2, 3번으로 출마했다.

1987년 12월, 1노 3김의 대결로 벌어진 대통령 선거는 민주주의 세력의 참패로 끝났다. 전두환 정권의 부정선거에 김영삼과 김대중의 분열로 인해 군부독재 세력인 노태우 후보자가 당선된 것이다.[59] 그러나 함석헌의 '생각하는 국민'들은 1988년 4월 26일 제13대 국회의원 선거에서 한국 정당 정치사상 처음으로 여소야대 국회를 만들었다.[60] 국민들은 정치인들과 달리 6월 민주항쟁을 승리로 매듭 지었던 것이다. 그래서 노태우 대통령은 국민의 눈치를 보며 정책을 집행해야 했다. 그 당시 20대로 6월 민주항쟁을 승리로 이끈 세대가 2016년 말에는 시민촛불혁명에서 또다시 주역으로 나섰다.

알뜰한 유혹을 물리치게 되는 그 사람, 씨올

함석헌의 삶과 생각이 온전히 녹아들어 있는 단어가 '씨올'이다. 그러나 함석헌 자신도 씨올에 대해 일반인이 이해할 만큼 명확하게 개념을 정의하지 못한다. 이는 씨올 개념이 다의적으로 사용되고 있다는 뜻일 것이다.

그는 1970년 4월, 〈씨올의 소리〉를 창간했다. 창간호에 씨올에 대해 "씨라는 말과 올이라는 말을 한데 붙인 것"이라 설명했다. 씨가 싹을 틔워 자라 열매가 맺힌다는 뜻을 함축하고 있는 듯하다. 이는 보통 사회과학에서 말하는 계급적 개념을 지닌 '민중'과는 그 의미가 다르다.[61] 그런데 보통 민중이라는 말로 쓰이고 있다. 〈씨올의 소리〉에서 그는 '민(民)'의 소리를 내야 한다고 했다. 민의 소리라는 말에서 그가 생각하는 민은 수동적 의미가 아니라 적극적으로 행동하는 민을 나타낸다. 이 잡지 발행에 대해 그는 다음과 같이 썼다.

> 〈씨올의 소리〉를 내기 시작할 때, 나 개인으로는 페스탈로치의 이른바 '채 익지 못하고 버러지 먹고 병들어 여름철에 빨개 떨어지는 과일'의 심정이었습니다. 올차게 자라지는 못했지만 이것으로나마 썩어 나를 낳고 길러준 그 뿌리로 돌아가 거름이 돼보잔 생각이었습니다.

자신과 〈씨올의 소리〉는 "채 익지 못하고 버러지 먹고 병들은 과일"로 버려지는 존재일 수밖에 없지만 그 존재로 "거름이 돼보잔 생각"이었다고 한다. 이것은 장준하 · 문익환 · 김대중 · 김수환도 마찬가지였다. 무엇에 대한 거름일까? '나를 낳고 길러준 그 뿌리'에 대한 거름이다. 그 뿌리는 자연이며 '민'이다. 어떤 민일까?

> 나라를 온통 잿더미, 시체 더미로 만들었던 6 · 25 싸움이 일어난 지 여덟 돌이 되도록 우리는 그 뜻을 깨닫지 못하였다. 역사의 뜻을 깨달은 국민이라면 이러고 있을 리가 없다.
>
> – 함석헌, 〈생각하는 백성이라야 산다〉

이 글에 그가 생각하는 씨올의 개념이 있다. 그의 씨올은 단순한 민, 민중이 아니라 '생각하는 민중'이다. 그는 생각하는 데서 4 · 19가 나왔다고 하면서 "꿈틀거리는 백성이라야 산다"는 말을 통해 씨올의 행동을 강조했다(〈꿈틀거리는 백성이라야 산다〉).

그는 씨올 안에 '뜻'을 간직하고 있다고 했다. 그 뜻은 절대적인 의지를 말한다. 절대적인 의지란 '거기 그대로', 즉 보편적 인간이라면 누구나 갖고 있는 본래의 모습이다. 그 모습이란 공자의 인(仁)이고, 기독교의 사랑이며 불교의 자비다. 이것을 기독교식으로 말하면 최초에 하느님과 함께 있던 말씀이다. 그래서 그는 씨올을 영어로 grass root라고 표현했다(〈씨올의 소리〉). '풀의 뿌리', 즉 사람의 공통된 근원이다.

그는 "씨올이란 지극히 작다고 하는 것, 지극히 작은 것 속에 전체가 들어 있"다고 설명한다(《씨올의 소리》). 다시 말해 전체 속에 내가 있고 전체가 내 속에 있는 것을 구체적으로 표현한 것이 씨올이라는 것이다. 그래서 '같이 사는 것'이 씨올 운동의 주제라고 말한다. 곧 '상생(相生)'이다. 씨올이 본질로 같이 지니고 있는 것은 양심이며 평등사상, 자유사상, 민주주의다(《씨올의 소리》). 또 다른 개념으로 '인권'이다.

'생각하는 민중'은 어떻게 역사를 보고 실천해야 할까? 그는 〈저항의 철학〉에서 다음과 같이 말했다.

> 사람은 저항하는 거다. 저항하는 것이 곧 인간이다. 저항할 줄 모르는 것은 사람이 아니다. 왜 그런가? 사람은 인격이요 생명이기 때문이다. 인격이 무엇인가? 자유하는 것 아닌가? 우선 나는 나다, 하는 자아의식을 가지고, 나는 나를 위한 것이다, 하는 자주하는 의지로써, 내 뜻대로 내 마음껏, 나를 발전시켜 완전에까지 이르자는 것이 인격이다.

그는 인격이란 저항이며 자주(自主)하자는 뜻을 나타낸다고 했다. 같은 글에서 함석헌은 '맨 처음에 말씀이 계셨다' 하던 그 말씀이 바로 저항이었을 것이라 이야기한다. 그는 하느님의 기본 성격

중 하나로 '노여움'을 전제하고 "민중이 노하지 않고 역사가 나간 일은 한 번도 없다"(〈국민감정과 혁명의 완수〉)라고 단호하게 말했다.

민중의 노함, 즉 저항에 있어서 함석헌이나 장준하·문익환 같은 인물은 어떤 역할을 해야 할까?

> 민중의 마음이 바위라면 민중 운동자의 마음은 빗방울이다. 도저히 대가 되지 않는 것 같지만, 빗방울같이 작고, 겸손한 혼으로 그 바위를 때리고 때리면 깨지고야 만다.
>
> – 〈국민감정과 혁명의 완수〉

민중 운동자의 역할은 바위를 때리고 때려 깨어지게 하듯이 민중을 깨어나게 하는 것이다. 그러나 민중 스스로 깨닫게 하는 것이 중요하다. 민중 운동자의 역할은 민중이 '제 속에 있는 걸 깨닫게' 하는 선에서 머물러야 한다. 깨달은 민중이 '같이 살기' 운동을 하면 악법 속에 있더라도 오히려 이겨낼 수 있다고 한다(〈씨올의 소리〉).

씨올은 어떠한 방법을 통해 이겨낼 수 있다고 보았을까? 함석헌이 제시한 방법은 '비폭력'이었다. 그는 "비폭력주의는 서로 경쟁이 아니고 문제가 있는 때에도 자기희생에 의하여 서로 저쪽의 속에 숨어 있는 좋은 힘을 끌어내도록 하자는 노력이다"(〈인간 혁명의 철학〉)라고 정의했다. 비폭력은 약자의 강자에 대한 소극적 저항

행위가 아니라, 약자가 강자의 폭력에 맞서 폭력성 그 자체를 없애버리는 더 강한 저항인 것이다.[62] 그는 "전체가 소리를 낼 때 개인으로서는 누구도 할 수 없었던 혁명이 이루어집니다"라고 강조했다.

그는 하늘나라가 씨올에 내장되어 있다고 여기며, 민이 주인이 되는 민주주의를 더욱 적극적으로 실현해가야 한다고 했다.[63] 그 민주주의를 위해 자신도 씨올의 하나로 살았다. 이것이 바로 함석헌의 혁명이다. 혁명의 목적은 평화다. 평화는 생명과 정신의 알맹이, 즉 씨올에서 나온다고 한다. 이 생명과 정신이 참되게 실현되고 완성되는 것이 평화다. 평화는 씨올들이 서로 주체임을 인정하고 전체를 지키는 것이다.[64] 그를 평화주의자라고 하는 이유가 바로 여기에 있다.

함석헌은 88서울올림픽 때 서울올림픽평화대회 추진위원장을 맡았고 대통령과 함께 평화대회의 공동의장으로 한반도 평화를 위해 마지막 생을 불사르다가 1989년 2월 4일 89세를 일기로 눈을 감았다. 그는 두 번씩이나 노벨평화상 후보에 올랐다.

문익환 목사는 국가보안법의 칼날에 정면으로 맞서며 통일의 첫걸음을 떼기 위해 평양에서 김일성과 만나는 등 통일 운동을 전개하다가 1994년 1월 18일 심장마비로 삶을 내려놓았다. 향년 77세였다.

김수환 추기경은 평화신문·평화방송 등을 만들었고 1988년

76세의 나이로 교구장직의 짐을 넘겨주었다. 그는 '혜화동 할아버지'로 살다가 2009년 2월 16일, 향년 87세로 선종했다.

김대중은 1997년 12월에 대한민국 제15대 대통령에 당선되었다. 그는 대북 화해 협력 정책을 인내심을 가지고 추진하여 김정일과 최초의 남북정상회담을 열었다. 민주화운동과 한반도 평화에 공헌한 점을 높이 사서 노벨평화상도 수상했다. 2009년 8월 18일, 폐렴이 악화돼 향년 86세로 서거했다.

> 나는 빈 들에 외치는 사나운 소리
>
> 살갗 찢는 아픈 소리
>
> 나와 어울려 부르는 너희 기도 품고
>
> 무한으로 갔다 내 다시 돌아오는 때면
>
> 그때는 이 나 소리도 없이
>
> 고요한 빛으로 오리라
>
> — 함석헌, 〈나는 빈 들에 외치는 소리〉 중에서

함석헌이 빈 들에 뿌린 비폭력·평화주의 정신은 2015년 말 한국사 국정화 교과서 반대 촛불시위, 2016년 말 박근혜 대통령 탄핵 촛불시민혁명, 2019년 9월 이후 검찰 개혁 촛불시위 때 '깨어난 씨올'이 되어 고요한 수백만 촛불로 다시 왔다.

1) 본문의 함석헌 관련 글들은 한길사에서 발행한《함석헌저작집》시리즈에서 인용했다.
2) 함석헌의 일대기는《저항인 함석헌 평전》(김삼웅),《씨알 함석헌 평전》(이치석),《함석헌 평전》(김성수) 등의 책을 바탕으로 골격을 잡았다.
3) 김삼웅,《저항인 함석헌 평전》, 현암사, 2016.
4) 김삼웅,《저항인 함석헌 평전》, 현암사, 2016.
5) 김성수,《함석헌 평전》, 삼인, 2001.
6) 김성수,《함석헌 평전》, 삼인, 2001.
7) 김삼웅,《저항인 함석헌 평전》, 현암사, 2016.
8) 박찬규,《김교신 거대한 뿌리》, 익두스, 2011.
9) 박찬규,《김교신 거대한 뿌리》, 익두스, 2011.
10) 김성수,《함석헌 평전》삼인, 2001.
11) 박찬규,《김교신 거대한 뿌리》, 익두스, 2011.
12) 박찬규,《김교신 거대한 뿌리》, 익두스, 2011.
13) 이치석,《씨알 함석헌 평전》, 시대의창, 2015.
14) 박찬규,《김교신 거대한 뿌리》, 익두스, 2011. 이 시의 대상이 스승 유영모였다는 주장도 있다(이치석, 위의 책).
15) 지금의 도 교육감에 해당된다.
16) 김성수,《함석헌 평전》, 삼인, 2001.
17) 김삼웅,《저항인 함석헌 평전》, 현암사, 2016.
18) 김삼웅,《장준하 평전》, 시대의창, 2013.
19) 고상만,《중정이 기록한 장준하》, 오마이북, 2015.
20) 고상만,《중정이 기록한 장준하》, 오마이북, 2015.
21) 김삼웅,《장준하 평전》, 시대의창, 2013.
22) 고상만,《중정이 기록한 장준하》, 오마이북, 2015.
23) 김삼웅,《장준하 평전》, 시대의창, 2013.
24) 고상만,《중정이 기록한 장준하》, 오마이북, 2015.
25) 고상만,《중정이 기록한 장준하》, 오마이북, 2015.
26) 김삼웅,《장준하 평전》, 시대의창, 2013.
27) 1977년 8월 17일, 명동성당에서 거행된 장준하 선생 추모 행사에서 함석헌의 추도사 중 일부다. 〈씨알의 소리〉(1977년 8월)
28) 문익환 관련 글은《문익환 평전》(김형수)을 참고했다.
29) 조영래,《전태일 평전》, 돌베개, 2001.
30) 이치석,《씨알 함석헌 평전》, 시대의창, 2015.
31) 김형수,《문익환 평전》, 다산책방, 2018.
32) 김형수,《문익환 평전》, 다산책방, 2018.
33) 김삼웅,《저항인 함석헌 평전》, 현암사, 2016.
34) 이승만은 국회 간선제로 재임할 자신이 없자 폭력배를 동원하여 의사당을 장악하고 계엄령을 선포해 야당 의원들을 체포하는 등 정치 탄압을 자행한 가운데 직선제 개헌안을

통과시켰다.

35) 김택근, 《새벽, 김대중 평전》, 사계절, 2012.

36) 조희연, 《박정희와 개발독재시대》, 역사비평사, 2007.

37) 김택근, 《새벽, 김대중 평전》, 사계절, 2012.

38) 이치석, 《씨올 함석헌 평전》, 시대의창, 2015.

39) 평화신문 엮음, 《추기경 김수환 이야기》, 평화방송 · 평화신문, 2009.

40) 김삼웅, 《김대중 평전 Ⅰ》, 시대의 창, 2010.

41) 이치석, 《씨올 함석헌 평전》, 시대의창, 2015.

42) 민주화운동기념사업회 한국민주주의연구소 엮음, 《한국민주화운동사3》, 돌베개, 2015.

43) 평화신문 엮음, 《추기경 김수환 이야기》, 평화방송 · 평화신문, 2009.

44) 김형수, 《문익환 평전》, 다산책방, 2018.

45) 평화신문 엮음, 《추기경 김수환 이야기》, 평화방송 · 평화신문, 2009.

46) 이치석, 《씨올 함석헌 평전》, 시대의창, 2015.

47) 김수환 추기경에 대한 글은 김수환 추기경이 구술하고 〈평화신문〉이 엮은 《추기경 김수환 이야기》를 참고했다.

48) 평화신문 엮음, 《추기경 김수환 이야기》, 평화방송 · 평화신문, 2009.

49) 이치석, 《씨올 함석헌 평전》, 시대의창, 2015.

50) 평화신문 엮음, 《추기경 김수환 이야기》, 평화방송 · 평화신문, 2009.

51) 김삼웅, 《저항인 함석헌 평전》, 현암사, 2016.

52) 김삼웅, 《저항인 함석헌 평전》, 현암사, 2016.

53) 1980년 10월 27일, 전두환 신군부가 대통령 선거인단에서 대통령을 선출하며 임기를 7년으로 규정하여, 군부 독재 세력의 영구 집권을 도모한 헌법을 고수하는 내용이다.

54) 평화신문 엮음, 《추기경 김수환 이야기》, 평화방송 · 평화신문, 2009.

55) 민주화운동기념사업회 한국민주주의연구소, 《한국민주화운동사 3》, 돌베개, 2015.

56) 대통령 직선제 개헌, 시국사범의 석방, 국민기본권 신장, 언론 자유 창달, 정당의 자유로운 활동 보장 등을 규정하고 있다.

57) 평화신문 엮음, 《추기경 김수환 이야기》, 평화방송 · 평화신문, 2009.

58) 김형수, 《문익환 평전》, 다산책방, 2018.

59) 후보자별 전국 득표로 노태우 36.6%, 김영삼 28.0%, 김대중 27.1%, 김종필 8.1%다[《한국민주화운동사 3》(돌베개)에서 인용함].

60) 13대 총선에서 지역구 224석 중 여당인 민정당 87석, 평민당(총재: 김대중) 54석, 민주당(총재: 김영삼) 46석, 공화당(총재: 김종필) 27석, 기타 10석으로 야당은 득표율 66%를 얻어 34%의 여당에 대해 2배가량 압승을 거뒀고, 의석수에서도 174:125로 1.4배에 달하는 성과를 거두었다[《한국민주화운동사 3》(돌베개)에서 인용함].

61) 이흥기, 《신채호&함석헌》, 김영사, 2013.

62) 김대식, 《함석헌의 평화론》, 모시는사람들, 2018.

63) 이치석, 《씨올 함석헌 평전》, 시대의창, 2015.

64) 박재순, 《함석헌 씨올사상》, 제정구기념사업회, 2013.

시 〈자조〉에 드러난, 민을 위한 정도전의 혁명과 삶

• 자료

정도전 저, 한영우 역,《조선경국전》, 올재, 2015.

정도전 저, 심경호 역,《삼봉집》, 한국고전번역원, 2016.

맹자 저, 김선희 역,《맹자》, 풀빛, 2011.

• 저서

이덕일,《정도전과 그의 시대》, 옥당, 2014.

이덕일,《부자의 길, 이성계와 이방원》, 옥당, 2014.

한영우,《왕조의 설계자 정도전》, 지식산업사, 2004.

조유식,《정도전을 위한 변명》, 휴머니스트, 2014.

정성식,《정몽주》, 성균관대학교출판부, 2009.

허균, 신분보다 능력이 중심인 세상을 그리다

• 자료

허균 저, 허경진 엮어 옮김,《허균 산문집 홍길동전》, 서해문집, 2013.

허균 저, 허경진 역,《교산 허균 시선》, 평민사, 2002.

• 저서

《허균의 생각》, 이이화, 교유서가, 2014.

《허균 평전》, 허경진, 돌베개, 2015.

《조선의 천재 허균》, 신정일, 상상출판, 2015.

정약용, '이게 나라냐'

• 자료

정약용 저, 송재소 역주,《다산시선》, 창작과비평사, 1988.

임영택 편역,《이조 시대 서사시 상》, 창작과비평사, 1992.
정약용 저, 다산연구회 편역,《정선 목민심서》, 창작과비평사, 2010.
정약용 저, 박석무 편역,《유배지에서 보낸 편지》, 창작과비평사, 2010.

• 저서
함규진,《정약용, 조선의 르네상스를 꿈꾸다》, 한길사, 2015.
김남기,《정약용 선생의 선물》, 저녁바람, 2017.
이덕일,《정약용과 그 형제들 1 · 2》, 김영사, 2011.
이덕일,《조선 왕 독살 사건 2》, 다산초당, 2009.
이이화,《민란의 시대》, 한겨레출판, 2017.
김동욱,《실학 정신으로 세운 조선의 신도시, 수원 화성》, 돌베개, 2002.
박영규,《한 권으로 읽는 조선왕조실록》, 웅진지식하우스, 2017.

〈절명시〉속, 나라를 위한 전봉준의 붉은 마음

• 자료
강창일 번역, '전봉준 회견기 및 취조 기록', 〈사회와 사상〉, 한길사, 1988년 9
월 창간호.
〈전봉준 공초〉, 사단법인 전봉준장군동상건립위원회 홈페이지

• 저서
이이화,《전봉준, 혁명의 기록》, 생각정원, 2018.
이이화,《이이화 · 한국사 이야기18—민중의 함성 동학농민혁명》, 한길사,
2015.
이이화,《민란의 시대》, 한겨레출판, 2017.
이이화,《위대한 봄을 만났다》, 교유서가, 2018.
우윤,《1894 · 갑오농민전쟁 최고 지도자, 전봉준》, 하늘아래, 2003.

김삼웅, 《녹두 전봉준 평전》, 시대의창, 2013.
안도현, 《서울로 가는 전봉준 · 안도현 시집》, 문학동네, 2002.

한용운, '님의 침묵'에 사랑의 노래로 화답하다
• 자료
한용운, 《님의 침묵》, 미래사, 1991.
만해사상실천선양회, 《만해 한용운 논설집》, 장승, 2000.
한용운, 《조선 독립의 서》, 범우사, 2011.

• 저서 및 논문
고은, 《한용운 평전》, 향연, 2004.
김삼웅, 《만해 한용운 평전》, 시대의창, 2011.
김광식, 《만해 한용운 연구》, 동국대학교출판부, 2011.
박찬승, 《1919》, 다산초당, 2019.
박찬승, 《한국독립운동사》, 역사비평사, 2014.
신용하, 《신간회의 민족운동》, 지식산업사, 2017.
이이화, 《이이화 한국사 이야기 20—우리 힘으로 나라를 찾겠다》, 한길사, 2004.
이이화, 《이이화 한국사 이야기 21—해방 그날이 오면》, 한길사, 2004.
김윤식, 《김윤식 교수의 시 특강 1》, 한국문학사, 1997.
전보삼, 〈만해 한용운과 신간회〉, 〈유심〉 14 · 15, 2003.
강미자, 〈한용운의 신간회와 반종파 운동 인식에 대한 일고찰〉, 〈한국불교학〉 48, 2007.

이육사, 시에 독립투쟁을 담다
• 자료

이육사,《광야》, 미래사, 2003.

• 저서
김희곤,《이육사 평전》, 푸른역사, 2013.
김학동,《이육사 평전》, 새문사, 2012.
한상도,《대륙에 남긴 꿈 김원봉》, 역사공간, 2017.
김삼웅,《약산 김원봉 평전》, 시대의창, 2016.
김삼웅,《의열단, 항일의 불꽃》, 두레, 2019.
류종훈,《우리가 잃어버린 이름 조선의용군》, 가나출판사, 2018.
님 웨일즈/조우화 역,《아리랑》, 동녘, 1984.
박찬승,《한국독립운동사》, 역사비평사, 2014.
김윤식,《김윤식 교수의 시 특강 1》, 한국문학사, 1997.

신석정의 꽃덤불 세상
• 자료
신석정,《아직은 촛불을 켤 때가 아닙니다》, 미래사, 1991.

• 저서
윤여탁,《신석정》, 건국대학교출판부, 2000.
김윤식,《김윤식 교수의 시 특강 1》, 한국문학사, 1997.
김윤식,《김윤식 교수의 시 특강 2》, 한국문학사, 1997.
임종국,《친일문학론》, 민족문제연구소, 2019교주본증보판.
장호철,《부역자들, 친일문인의 민낯》, 인문서원, 2019.
정운현,《친일파의 한국 현대사》, 인문서원, 2016.
《친일인명사전 Ⅰ, Ⅱ, Ⅲ》, 민족문제연구소, 2016.
《친일파99인—3》, 반민족문제연구소, 돌베개, 2009.
서중석,《이승만과 제1공화국》, 역사비평사, 2007.

서중석, 《서중석의 현대사 이야기 1》, 오월의봄, 2016.
오익환·김민웅·송건호, 《반민특위의 역사적 의미를 다시 묻는다》, 한길사, 2019.
박찬승, 《한국독립운동사》, 역사비평사, 2014.
박찬승, 《대한민국은 민주공화국이다》, 돌베개, 2016.
김삼웅, 《이회영 평전》, 책보세, 2014.
김삼웅, 《김상덕 평전》, 책보세, 2011.

김수영, 민초들의 자유와 사랑을 읊다

• 자료
김수영, 《김수영 전집 1 · 시》, 민음사, 2017.
김수영, 《김수영 전집 2 · 산문》, 민음사, 2017.

• 저서
최하림, 《김수영 평전》, 실천문학사, 2008.
김정남, 《4 · 19혁명》, 민주화운동기념사업회, 2009.
서중석, 《이승만과 제1공화국》, 역사비평사, 2014.
김윤식, 《김윤식 교수의 시 특강 2》, 한국문학사, 1997.

함석헌이 가진 사람들

• 자료
《함석헌 저작집》 시리즈, 함석헌, 한길사, 2009.

• 저서
김삼웅, 《저항인 함석헌 평전》, 현암사, 2016.
김성수, 《함석헌 평전》, 삼인, 2001.

이치석,《씨울 함석헌 평전》, 시대의창, 2015.

박찬규 엮음,《김교신, 거대한 뿌리》, 익두스, 2011.

고상만,《중정이 기록한 장준하》, 오마이북, 2015.

김삼웅,《장준하 평전》, 시대의창, 2013.

김형수,《문익환 평전》, 다산책방, 2018.

김택근,《새벽, 김대중 평전》, 사계절, 2012.

김삼웅,《김대중 평전 Ⅰ》, 시대의창, 2010.

김수환 추기경 구술 · 평화신문 엮음,《추기경 김수환 이야기》, PBC평화방송 · 평화신문

박재순,《함석헌 씨울사상》, 제정구기념사업회, 2013.

김대식,《함석헌의 평화론》, 모시는사람들, 2018.

이흥기,《신채호&함석헌, 역사의 길, 민족의 길》, 김영사, 2013.

조희연,《박정희와 개발독재시대》, 역사비평사, 2007.

민주화운동기념사업회 한국민주주의연구소 엮음,《한국민주화운동사 3》, 돌베개, 2015.

'성서조선 김교신'(biblekorea.net)

〈이 도서는 한국출판문화산업진흥원의 '2019년 출판콘텐츠 창작 지원 사업'의 일환
으로 국민체육진흥기금을 지원받아 제작되었습니다.〉

시인의 삶으로 역사를 읽다

초판 1쇄 발행 2020년 1월 30일
초판 2쇄 발행 2020년 7월 27일

지은이 김정남
펴낸이 김남중

펴낸곳 한권의책
출판등록 2011년 11월 2일 제406-251002011000317호
주소 경기도 파주시 노을빛로 109-26, 202호
전자우편 knamjung@hanmail.net
전화 (031)945-0762
팩스 (031)946-0762
종이 엔페이퍼 **인쇄·제본** 현문인쇄

값 16,000원 ISBN 979-11-85237-40-4 03910

국립중앙도서관 출판시도서목록(CIP)

시인의 삶으로 역사를 읽다 / 지은이: 김정남. -- 파주 : 한권의
책, 2020
p. ; cm

ISBN 979-11-85237-40-4 03910 : ₩16000

시 평론[詩評論]
시(문학)[詩]
시인(시)[詩人]
                                        CIP2020004218